मोदी का बनारस

मोदी का बनारस

अरविन्द चतुर्वेदी

ink | OCCAM

Title: Modi Ka Banaras
Author: Arvind Chaturvedi

ISBN: 978-93-92209-95-6
E-Book 978-93-92209-89-5

First published in India 2023
This edition published 2023

Published by:
BluOne Ink LLP
A-76, 2nd Floor, Noida Sector 136,
Uttar Pradesh 201305

Website: www.bluone.ink
Email: publisher@bluone.ink

Printed and bound in India by Nutech Print Services

ink | OCCAM

-स्व माँ को समर्पित-

विषय सूची

आभार

किसी भी नई पुस्तक की रचना करना। समुद्र से अमृत निकालने जैसा है। "मोदी का बनारस" लिखने की परिकल्पना कैसे बनी। इसकी चर्चा करना बहुत महत्वपूर्ण है। एक दिन की बात है। मैं और सुनील बंसल जी, दिल्ली के साउथ एवेन्यू आवास पर बनारस को लेकर चर्चा कर रहे थे। बात हो रही थी कि प्रधानमंत्री नरेंद्र मोदी जी के बनारस जाने के बाद वहां की दशा और दिशा दोनों बदल गई है। मैंने भी उसमें जोड़ते हुए कहा कि पहले जब हम दिल्ली से एयरपोर्ट पर उतरते, तो दिल्ली से बनारस तक का सफर तो एक घंटे में पूरा हो जाता था। पर, एयरपोर्ट से घर तक के सफर में तीन घंटे से चार घंटे का समय लग जाता था। जिससे मन खीझ उठता था। फिर मैंने सुनील जी से कहा कि आज कल जो कोई भी मुझे दिल्ली, गुजरात, मध्य प्रदेश, बंगाल, उड़ीसा, कर्नाटका, तमिलनाडु, तेलंगाना, आन्ध्रप्रदेश या विदेश का मिलता है। तो वह ज़रूर पूछता है कि मोदी जी का बनारस कैसा है। मैं उनसे बेहिचक कहता हूं कि बहुत बढ़िया। क्या आप ने देखा है? तो वो उत्साहित होकर कहते हैं कि जिंदगी में एक बार तो जरूर जाऊँगा बनारस।

मैं एक बात और बताना चाहता हूं। वह यह कि मैं मेरे प्रिय विषय पर एक पुस्तक बड़ी शिद्दत से लिख रहा था। वह पुस्तक लगभग आधी लिख चुका था। उसे जल्दी से जल्दी पूरा करके छपने के लिए देना चाहता था। जिन पर पुस्तक लिख रहा था, उन्होंने एक दिन मुझे बुला कर कहा कि अरविंद जी अभी आप मेरी पुस्तक को थोड़ा विराम दे दीजिए। मैं थोड़ा निराश हुआ।

तभी मेरे मन में एक विचार आया कि जब पूरी दुनिया कह रही है, पूछ रही है, आवाज लगा रही है कि मोदी जी का बनारस कैसा है, तो क्यों न मैं सबको यही बता दूं, कि नरेंद्र मोदी के आने के पहले का बनारस और नरेंद्र मोदी के आने के बाद का बनारस आखिर कैसा है।

मैं पूरे मनोयोग से इस पुस्तक की रचना में जुट गया। आज पुस्तक की स्क्रिप्ट मेरे सामने पड़ी है। इस पुस्तक का पूरा होना, मेरे लिए किसी सपने के पूरा होने जैसा है। नरेंद्र मोदी को बनारस से चुनाव में उतारने का फैसला। उसके जरिए पूर्वांचल और बिहार को फतह करना कोई आसान काम नहीं था। यह सब कुछ एक पथरीले रास्ते पर चलने जैसा था। इस रास्ते पर चलने के दौरान ठोकर लगना, गिर जाना, राजनीति के विशाल मंच पर सच्चाइयों के नारों के बीच गुम हो जाना तो आम था। पर नरेंद्र मोदी और अमित शाह ने संघ के साथ मिलकर ऐसी रणनीतिक लकीर खींच दी, जिसे कोई राजनीतिक दल पार नहीं कर सका।

इस पुस्तक को पूरा करने के लिए मैं उन लोगों का विशेष आभारी हूं। जिन्होंने हर परिस्थिति में मेरा साथ दिया। सबसे पहले मैं सुनील बंसल जी का धन्यवाद करना चाहता हूं, जिन्होंने मुझे हमेशा रास्ता दिखाने का काम किया। जब कभी मैं निराश या हताश होता, तो उनके बताये मार्ग मुझे हमेशा सही पथ चुनने का हौसला देते। मेरे चैनल के मैनेजिंग डायरेक्टर कार्तिकेय शर्मा जी, जो अब राज्यसभा के सांसद भी हैं, उनको भी मैं विशेष धन्यवाद देता हूं। इसलिए कि अगर वह मुझे दिल्ली नहीं बुलाते तो शायद इस पुस्तक की रचना संभव ही नहीं थी। मेरी पत्नी प्रीति ने इस पुस्तक की रचना में बड़ी तपस्या की है। वह बच्चों के साथ लखनऊ रही। उनकी समस्याओं को देखती रही। पर कभी नाराज नहीं हुई। मैं जब कभी निराश होता, तो मेरा हौसला बढ़ाती। कहती कि अभी आप को बहुत आगे जाना है। तो प्रीति को धन्यवाद दिए बिना तो आगे बढ़ा ही नहीं जा सकता। मेरी बड़ी बेटी दिव्यांशी जो इस पुस्तक लेखन के दौरान मेरे साथ दिल्ली में ही थी। पुस्तक के विषय वस्तु को लेकर कि गई परिचर्चा ने भी पुस्तक को बेहतर बनाने बहुत योगदान दिया , छोटी बेटी

अदिति बेटे अथर्व के ढेरों अनमोल पल। मैंने इस पुस्तक को दिए हैं। इसलिए उनको भी ढेरों प्यार।

बड़े भैया विभूति जो सहारा अखबार पूर्वांचल के यूनिट हेड के पद पर कार्यरत हैं, उनकी तरफ से 2014 से 2023 तक के कई अखबार उपलब्ध करवा दिए जाने से मेरे पुस्तक लेखन को गति मिल गई। भैया के बच्चे अनुष्का और अनूभूति की गंभीरता ने भी मुझे हमेशा प्रेरित किया। भाभी का उलाहना, श्वेता, चिम्मा और चिंगम की डिबेट ने पुस्तक को नया मैटेरियल प्रदान किया। पिता जी की उम्र तो बढ़ चली है। पर उनका मुझ पर अटूट विश्वास हमेशा आत्मबल प्रदान करता रहा। इसी के साथ ही मेरी पत्नी की मौसी चंद्रावती मिश्रा ने भी इस पुस्तक के लेखन में मेरा खूब हौसला बढ़ाया। सिद्द समाज इंटरमीडिएट कॉलेज के बच्चे, जिन्हें मेरे आने का हमेशा इंतजार रहता है। बहुत दिनों से वहां पर भी नहीं जा पाया। पर उन्होंने न कोई शिकायत की और न ही उलाहना दिया। उनको भी धन्यवाद देना बनता है। इसी के साथ यूपी काडर के 1989 बैच के आईएएस अफसर, जिनके पास मुझे देने के लिए आईडिया होते हैं और हमेशा कि तरह मनोज सिंह सर ने मेरा हौसला अफजाई की। हिंदुस्तान अखबार के वरिष्ठ पत्रकार अरविंद सिंह जी को भी साधुवाद देता हूं, जो रिसर्च के दौरान मेरे साथ रहे। इसी के साथ रेल मंत्री अश्विनी वैष्णव जी के ओएसडी वेद प्रकाश जी का भी विशेष आभार, जिन्होंने बनारस में रेलवे के किए कामों से मुझे अवगत कराया। महेंद्र रंगा सर को विशेष सहयोग के लिए धन्यवाद देना चाहता हूं, जिसमें वह अपनी आलोचनाओं के जरिए मुझे सत्य को पाने के लिए प्रेरित करते रहे। साथ ही समय-समय पर मुझे महत्वपूर्ण सुझाव भी देते रहे। कुछ और लोगों को विशेष धन्यवाद देना चाहता हूं, आईएएस अफसर मुकेश मेश्राम, जिन्होंने बनारस की संस्कृति को समझने में मेरी बहुत मदद की। भारत सरकार में संयुक्त सचिव के पद पर तैनात दीपक अग्रवाल ने भी इस पुस्तक लेखन बाबा विश्वनाथ दरबार के बारे में किए गए काम की ढेरों जानकारी उपलब्ध करवाई। बनारस मंडल के कमिश्नर कौशल राज शर्मा सर का भी विशेष धन्यवाद, जिन्होंने बनारस में किए जा

रहे विकास के कामों के आंकड़े उपलब्ध करवाए। इसी के साथ बनारस के हमारे चैनल के संवाददाता पंकज, आकाश और जमील ने भी इस पुस्तक के रिसर्च अपना महत्वपूर्ण योगदान दिया। उनको भी मैं धन्यवाद करता हूं। देवेंद्र जी, जो गुपचुप तरीके से काम करने के लिए जाने जाते हैं। बिना उनको धन्यवाद दिए आगे कैसे बढ़ा जाए। वहीं, एक बार फिर से मैं प्रवीण तिवारी जी को धन्यवाद दूंगा। जिन्होंने हाल में ही जॉब (नौकरी) परिवर्तन कर दिया। पर मेरा साथ कभी नहीं छोड़ा। यहाँ पर मैं मनीष खत्री को धन्यवाद देना चाहता हुं जिन्होंने "पुस्तक मोदी के बनारस" के लिए बहुत सी अद्‌भुत तस्वीरों को उपलब्ध कराया। साथ ही समीर त्रिपाठी जो की ज्योतिष ज्ञान में पारंगत होने के साथ ही ज्योतिष ज्ञान को मेधज एस्ट्रो के जरिये पूरी दुनिया में फ़ैलाने का काम कर रहे है उनके समय- समय पर दी गई सलाह ने भी पुस्तक को रोचक बनाने में अत्यंत महत्वपूर्ण भूमिका निभाई। एस के त्रिपाठी जी को भी सादर धन्यवाद देना चाहता हूं जिनकी यह जिज्ञासा कि आखिर पुस्तक कहां तक पहुंची ..ने भी इस पुस्तक को जल्द पूरा करने मददगार साबित हुई। इसके साथ ही गौरव को भी धन्यवाद देना चाहता हूं क्यों मैं किसी समस्या में होता तो उसे बता कर भूल जाता वह कुछ दिनों बाद उस समस्या के निदान के साथ मेरे सामने होता। डा के एन पाण्डेय जी को भी धन्यवाद देना चाहता हूं हर परिस्थियों साथ खड़े रहते है।

अंत में मैं एक और व्यक्ति को धन्यवाद देना चाहता हूं, वो हैं यूपी सरकार में राज्यमंत्री स्वतंत्र प्रभार नितिन अग्रवाल , जिनका देश और विदेश में किए गए अध्ययन के अनुभव और सलाह ने इस पुस्तक को सारगर्भित बनाने में बहुत मदद की।

अपनी बात

काशी कहिए, बनारस या वाराणसी कहिए। विश्व की सबसे प्राचीन और जीवित नगरी। लौकिक से ज्यादा अलौकिक के लिए जानी जाती है। मिथक इसे पृथ्वी पर नहीं, शिव के त्रिशूल पर बसा बताते हैं। अद्‌भुत शहर है बनारस। इस शहर जैसी लय किसी दूसरे शहर में आप को मिल ही नहीं सकती। मेरा तो पूरा बचपन यहां की गलियों में बीता है। जहां गर्मी में भी एसी (AC) की आवश्यकता नहीं पड़ती है। यहां पर हर कोई अपने रंग में मस्त है।

एक उदाहरण देकर समझाने कि कोशिश करता हूं।

कहीं पर भी जब कोई दुकान बहुत प्रसिद्ध हो जाती है तो वह चौबीसों घंटे खुली रहती है। उसका मालिक केवल पैसा कमाने के बारे में ही सोचता है। पर बनारस में ऐसा नहीं है।

चूंकि यह घटना मेरे साथ घटी है, इसलिए इसका मैं यहां पर उल्लेख करना चाहता हूं। यह दुकान बनारस में चौक के पास चौखंभा में स्थित है। बताते हैं कि इनके दादा बिहारी साव का मिठाई की दुनिया में बहुत बड़ा नाम था। मेरे एक मित्र अमित जी भी हमारे साथ थे, उन्हीं के आग्रह पर मैं, प्रीति राम भंडार पर देशी घी से बनी कचौड़ी-सब्ज़ी, जलेबी खाने पहुंचे थे। जब हम सब दुकान पर पहुंचे तो उस समय दस बजने में पांच मिनट ही शेष थे। हमारे साथ गए मित्र अमित ने दुकानदार से कहा कि चार प्लेट कचौड़ी लगा दें। इतना सुनना था कि दुकान के मालिक ने जवाब दिया कि अब दुकान बढ़ा दी जा रही है (यानि बंद की जा रही है)। कल आइए, तो आप सब को भरपेट कचौड़ी-जलेबी खिलाएंगे। मुझे थोड़ा अटपटा लगा कि ये कैसा दुकानदार है, जो घर आती लक्ष्मी को ठुकरा रहा है। ऐसा

हमने पूरे देश और दुनिया में कहीं नहीं देखा था। पर हम भी तय करके ही आए थे कि कचौड़ी खा कर ही जाएंगे। किसी तरह वह कुछ कचौड़ी निकालने के लिए तैयार हो गया। जब हम सभी लोगों ने कचौड़ी-सब्जी, जलेबी खा ली तो मैंने दुकान मालिक से पूछा कि आप के यहां इतनी भीड़ लगी है, फिर भी आप दुकान बंद कर रहे है क्यों ? उनका बड़ा सरल सा जबाब था। का छाती पर लाद के ले जाए के हव। मैं समझ गया कि इनको पैसे का लालच नहीं है। फिर उन्होंने कहा कि भाई साहब अब दुकान बंद करके चलेंगे। आराम से नहाना-खाना होगा। परिवार को समय देंगे। मैं ये सुनता रहा। यह सोचने के लिए मजबूर हो गया कि कैसे लोग पैसे के पीछे भाग रहे हैं। पर यह तो कमाल का आदमी निकला। पूरे देश और दुनिया में कई जगह जाने का मौका मिला है मुझे। पर ये संतोष तो केवल बनारस में ही देखने को मिला।

काशी, इतिहास से परे है। यहां का गंवईपन सादगी किसी को भी अपनी ओर खींच ले आती है। क्या देशी, क्या विदेशी। सब यहां आकर बनारस के रंग में रंग जाते हैं। इसके सैकड़ों उदाहरण आप को देखने को मिलेंगे। अमेरिकी कवि गिन्सबर्ग को भी बनारस अपनी ओर खींच ले आया। गंगा के किनारे कुछ महीने रह कर उन्होंने बनारस को देखा। दिल्ली से कोलकाता की यात्रा के दौरान गालिब भी कुछ महीने बनारस में रुके थे। सुबह-ए-बनारस पर गालिब कुछ इस कदर फिदा हुए कि उन्होंने बनारस को हिंदुस्तान का काबा तक कहा।

वो काशी ही है, जो आप को मृत्यु के बंधन से मुक्त कर देती है। काशी यानि बनारस सिर्फ देना जानती है। जो भी यहां पर आया, वह कुछ न कुछ अपनी झोली में डाल कर ले गया। ले जाने के बाद जिसने उसे बांट दिया, वह तो अमर हो गया। पर जिसने रख लिया। उसका दुनिया में कोई नाम लेने वाला भी नहीं रह जाता। यही मैंने बचपन से देखा, सुना और समझा है। बनारस में सारी दुनिया से लोगों के आने का सिलसिला जो प्राचीन काल से चल रहा है। वह आज भी जारी है। तभी तो बनारस तीनों लोकों में न्यारी है। जब देवताओं ने बनारस में डेरा डाला और यही वास करने लगे। राजाओं

अपनी बात | xv

ने बनारस पर प्रभुत्व स्थापित करने की कोशिश की है। इसमें क्या हिंदू राजा, क्या मुसलमान, मराठा, अंग्रेज हर कोई बनारस पर अपना आधिपत्य चाहता था। राजाओं के राजपाट तो चले गए पर उनके विध्वंस आज भी विद्यमान हैं। जो हमें अतीत की याद दिलाते हैं। वहीं, विद्धानों ने भी बनारस यानि काशी से बहुत कुछ पाया ही है। तभी तो मैं बनारस को प्रकृति की तरह देखता हूं, जो आप को सिर्फ देना जानती है। विश्व के सबसे पुरानी पुस्तक ॠगवेद, जिसमें काशी का वर्णन मिलता है। बुद्ध (भगवान बुद्ध), जैन (तीर्थंकर सुपाश्र्ववर्नाथ, अष्टम तीर्थंकर चंद्रनाथ, तीर्थंकर श्रेयांसनाथ, तेईसवें तीर्थंकर पार्श्वनाथ) इन सबका जन्म काशी में हुआ। तुलसी, सूर, कबीर, संत रविदास, लोष्ठक या लोष्टदेव, श्रीधर स्वामी, वेदव्यास, शंकराचार्य, महाप्रभु चैतन्य, रामावत सम्प्रदाय के रामानंद जी, एकनाथ जी, शिवा जी के गुरु स्वामी रामदास, गुरु नानक देव, कीनाराम, भगवान अवधूत राम, महाराजा हरिश्चंद्र, झांसी की रानी लक्ष्मीबाई के जन्मस्थान सदैव देश और दुनिया को प्रेरणा देता है। कोई सत्य के मार्ग पर चलना सिखाता है तो कोई कभी भी हार न मानने की ललक देता है।

इसी के साथ अनेक विदेशियों को भी बनारस बहुत सुहाता था। हेव्नसांग, जेम्स प्रिंसप, जोनाथन डंकन, मार्क ट्वेन न जाने कितने नाम हैं, जो बनारस से जुड़े हैं। महान पुरूषों की बात करें, जिन्होंने पूरी दुनिया में बनारस के गौरव में चार चांद लगा दिए। वह महामना पं. मदन मोहन मालवीय, आचार्य रामचंद्र शुक्ल, जयशंकर प्रसाद, आचार्य हजारी प्रसाद द्विवेदी, मुंशी प्रेमचंद, सुखदेव सिंह और न जाने कितने नाम हैं, जो आसमान में सितारों की तरह दुनिया में बनारस की रोशनी बिखेर रहे हैं। वहीं, गरीबी और अभाव से जिंदगी की शुरुआत करने वाले स्व. लाल बहादुर शास्त्री के योगदान को हम आखिर कैसे भुला सकते हैं। जय जवान-जय किसान के नारे से उन्होंने देश के वीर सपूतों और किसानों में वह चेतना जगाने का काम किया, जिसने भारत को दुनिया में कई मामलों में आत्मनिर्भर बना दिया। महान शहनाई वादक और गंगा जमुनी तहजीब के प्रतिनिधि उस्ताद बिस्मिल्ला खां,

पं. रविशंकर, गिरिजा देवी, गोपाल शंकर मिश्र, गोपी कृष्ण, किशन महराज, एन राजम, सितारा देवी जैसी महान विभूतियों ने भी काशी को सुशोभित किया है। इसलिए तो काशी इतिहास से पुरातन होने के बाद भी हमेशा नवीनतम का संचार करती है।

यह परंपराओं से भी पुरातन है। पर हर आने वाली नई परंपरा का स्वागत करती है। यह किंवदंतियों से भी प्राचीन है। पर नई किंवदंतियों को सहर्ष स्वीकार करती है। अविनाशी काशी भारतीय संस्कृति और परंपराओं की जीवंत अभिव्यक्ति है। विश्व में अनेकों दर्शन और मान्यताएं आईं और काल के गाल में समा गईं, लेकिन काशी का गौरव सदा बना रहा। काशी सामाजिक और जातीय समन्वय का भी अद्भुत संगम है। भाषा संस्कृति तथा आधुनिक जीवन शैली की होड़ के बावजूद काशी के प्रति संपूर्ण विश्व के आकर्षण का मूल कारण, यहां कण-कण में शिव के वास से है। परिर्वतन सृष्टि का नैसर्गिक नियम है। नरेंद्र मोदी के बनारस आने के बाद प्राचीन काशी की परंपराओं और आधुनिक वाराणसी के विकास से नगर में आधुनिकता एवं मौलिकता का अद्भुत संगम दिखता है, तभी तो यह मोदी का भी बनारस है।

1

मोदी के बनारस का आरंभ

यह सापेक्ष सत्य है कि कुछ घटनाएं इतिहास को बदल देती हैं। गुजरात में नरेंद्र मोदी की तीसरी जीत भी कुछ ऐसी ही थी, जिसने भारतीय जनता पार्टी के इतिहास में एक नए अध्याय का सृजन कर दिया था। वरिष्ठ पत्रकार सुजीत ठाकुर बताते हैं कि गुजरात राज्य की स्थापना के पचास साल पूरे हुए थे। गुजरात सरकार की तरफ से जश्न मनाने के लिए अहमदाबाद के मोटेरा स्टेडियम में रंगारंग कार्यक्रम रखा गया था। दिल्ली से लगभग सभी बड़े संस्थानों के पत्रकारों को भी इस कार्यक्रम में आमंत्रित किया गया था। पत्रकारों के बगल में ही वीवीआईपी लोगों के बैठने की भी व्यवस्था की गई थी। प्रांत में तीसरी बार बड़ी जीत हासिल करने के बाद हुए इस रंगारंग कार्यक्रम को देश के साथ पूरी दुनिया देख रही थी। इस कार्यक्रम में सीएम नरेंद्र मोदी ने हिंदी में भाषण दिया। इस भाषण का संकेत यही था कि नरेंद्र मोदी से अब दिल्ली दूर नहीं है। शाम को जब अरुण जेटली से मुलाकात हुई। तो उन्होंने स्वप्न दास गुप्ता और मुझ से (सुजीत) पूछा कि तुम्हारी समझ नरेंद्र भाई के हिंदी में दिए भाषण को लेकर क्या कहती है। इस भाषण को लेकर दोनों लोगों ने एक मत से कह दिया कि मोदी जी अब दिल्ली की तरफ कूच करेंगे।

वहीं, दिल्ली की राजनीति अपनी गति से चल रही थी। ऐसे में ही एक दिन संसद में यूपीए सरकार के प्रधानमंत्री मनमोहन सिंह ने लालकृष्ण आडवाणी से मुखातिब होते हुए कहा, कि आप

कभी भारत के प्रधानमंत्री नहीं बन सकते। इसी दौरान लालकृष्ण आडवाणी ने भी अपने ब्लॉग में मनमोहन सिंह को "दस जनपथ का दास" बता दिया था। इन बातों पर सफाई देने के लिए अगले दिन 11 अशोक रोड पर भारतीय जनता पार्टी की तरफ से प्रेस कान्फ्रेंस रखी गई थी। जिसे सुषमा स्वराज और अरुण जेटली संबोधित कर रहे थे। सुजीत ठाकुर ने अपने दिमाग पर जोर डाल याद करते हुए बताया कि मैंने उस दौरान एक सवाल पूछा था कि क्या आडवाणी जी पीएम नहीं बन पाएंगे? इस सवाल का जवाब देने की बजाए सुषमा स्वराज पीछे हट गईं। तब अरुण जेटली ने माइक सम्हाला। उन्होंने कहा कि "बीजेपी कार्यकर्ता ही पीएम बनेगा"।

सुजीत का कहना था कि मेरे मन में ढेरों सवाल कौंध रहे थे। मैं वहां से उठने के बाद तुरंत वेंकैया नायडू के यहां पहुंचा। मैंने उनसे भी यही सवाल किया, तो वेंकैया की सोच स्पष्ट थी। उन्होंने उसी समय कह दिया था कि नरेंद्र मोदी देश के पीएम बनेंगे। पर यह बातें एक बंद कमरे में हो रही थीं। सुषमा उस समय तो चली गईं, पर वह जानती थीं कि मोदी तीसरा चुनाव जीत कर अपनी ताकत बढ़ा चुके हैं। वह भी मोदी से टकराने के मूड में नहीं थीं। पर उन्हें रास्ता भी नहीं देना चाहती थी। सुजीत ने बताया कि शाम को सुषमा स्वराज के घर से फोन आया। (सुजीत) मुझे आने के लिए कहते हुए बताया गया कि आपसे दीदी मिलना चाहती हैं। जब सुजीत सुषमा के घर पहुंचे, तो वहां उनके सबसे भरोसेमंद व्यक्ति सुजीत का इंतजार कर रहे थे। उन्होंने कहा कि दीदी को बहुत जरूरी काम से एकाएक बाहर जाना पड़ा। उन्होंने सुजीत को बैठने के लिए कहा और बोला आइए हम-आप बात करते हैं। सुजीत और वह अब एक बंद कमरे में बैठे थे। मोदी के लिए उस व्यक्ति ने कहा कि नरेंद्र मोदी को हम लोग 2019 के लिए तैयार कर रहे हैं। क्योंकि 2014 में हम किसी तरह का रिस्क नहीं ले सकते हैं। फिर उस शख्स ने आगे जोड़ते हुए कहा कि बाकी पार्लियामेंटरी बोर्ड है। मोदी के लिए उस व्यक्ति ने यह भी कहा कि मोदी हमारे ट्रंपकार्ड हैं। उन्हें हम जाया नहीं कर सकते।

इसी दौरान मध्य प्रदेश में संघ का एक बड़ा कार्यक्रम था। इस कार्यक्रम में बीजेपी के कई नेताओं को भी आमंत्रित किया गया था। इस कार्यक्रम के दौरान राजनाथ सिंह ने कहा कि जो भी बीजेपी का राष्ट्रीय अध्यक्ष बने। उसे दो बार कार्यकाल दिया जाए। इस बात पर सहमति बन गई। इस बैठक के दस पंद्रह दिनों के बाद नरेंद्र मोदी, मुरली मनोहर जोशी से मिलने के लिए गए। जोशी जी से नरेंद्र मोदी ने पुनः कहा कि क्या इन्हीं (नितिन गडकरी) के नेतृत्व में 2014 का चुनाव लड़ना है। इस पर जोशी ने नरेंद्र भाई से क्या कहा। इस पर सुजीत ठाकुर ने कुछ भी टिप्पणी नहीं की।

इसके कुछ दिनों के बाद पूर्ति घोटाले का जिन्न बोतल से बाहर आ गया। पूर्ति घोटाले में उस समय बीजेपी अध्यक्ष रहे नितिन गडकरी का नाम जुड़ा था। इससे बीजेपी में तो भूचाल आ गया। पर बीजेपी ने सभी आरोपों को झूठा करार दे दिया। नितिन गडकरी को दोबारा टर्म देने की बात जोर-शोर से की जाने लगी। इसके कुछ दिनों के बाद ही लालकृष्ण आडवाणी ने अपने घर पर एक बैठक बुलाई। जिसमें यशवंत सिन्हा, मुरली मनोहर जोशी जैसे बड़े नेता शामिल हुए। जब आडवाणी के सहायक दीपक चोपड़ा ने पत्रकारों को घर के बाहर भीड़ लगाए देखा। तो उन्होंने चुनिंदा पत्रकारों को अंदर बुला लिया। आडवाणी जी के घर में बुलाए गए लोगों में सुजीत भी शामिल थे। सुजीत ने बताया कि उस समय आडवाणी जी के चेहरे पर ऐसी खुशी झलक रही थी, जो मैंने वर्षों बाद देखी थी। यह विजय की मुस्कान लग रही थी। आखिर इस बैठक में हुआ क्या था, अब सुजीत भी जानने को उत्सुक हो उठे।

सुजीत कहते हैं कि उस समय मैंने अपने करियर का सबसे बड़ा रिस्क लिया। अपने अखबार के लिए खबर लिखी कि गडकरी को नहीं मिलेगा दोबारा राष्ट्रीय अध्यक्ष का पद। अंदरखाने से मुझे जानकारी मिल गई थी कि बीजेपी में अध्यक्ष पद के निर्वाचन की प्रक्रिया आरंभ हो गई है। इस चुनाव को संपन्न कराने के लिए थावर चंद गहलोत को चुनाव अधिकारी नामित किया गया था। उसी दिन नितिन गडकरी की तरफ से एक बयान जारी किया गया कि राष्ट्रीय अध्यक्ष की दूसरी पारी शुरू होने से पहले विपक्षी कांग्रेस पार्टी उन्हें

बदनाम कर रही है। जब यह कवायद चल ही रही थी। तभी थावर चंद गहलोत जो चुनाव अधिकारी थे, वह सुजीत के पास आए। बोले, क्या आप गलत खबर लोगों को दे रहे हैं। यह देखिए, हम लोग अध्यक्ष पद के चुनाव के लिए फार्म बांट रहे हैं। अभी-अभी फार्म यशवंत सिन्हा ले कर गए हैं। इतना सुनना था कि सुजीत के चेहरे पर मुस्कान तैर गई, उन्होंने अपने संपादक को फोन लगाया। इस जानकारी को आगे बढ़ा दिया।

बीजेपी में हलचल चरम पर थी। इसी दौरान राजनाथ सिंह के पास नितिन गडकरी का फोन आया। जो कि सामान्य हाल चाल के लिए था। पर, राजनीति में कभी भी कुछ सामान्य नहीं होता। खासकर तब जब सत्ता का संघर्ष चल रहा हो। नितिन गडकरी ने पूछा कि अभी आप कहां पर हैं, तो राजनाथ सिंह का जवाब था। मैं जनता से मिलने गाजियाबाद जा रहा हूं। उस समय राजनाथ सिंह गाजियाबाद से सांसद थे। उन्होंने कहा आप वापस लौट आएं। अरुण जेटली के घर पर लालकृष्ण आडवाणी, सुषमा स्वराज, मुरली मनोहर जोशी आदि की बैठक चल रही थी। इस बैठक में राजनाथ सिंह अनुपस्थित थे, क्योंकि उनके नाम पर किसी बात को लेकर विचार चल रहा था। सुजीत को इस बात की भनक लग गई थी कि अगला अध्यक्ष राजनाथ सिंह को बनाया जा रहा है। सुजीत ने बताया कि मैं राजनाथ सिंह के घर के बाहर खड़ा हो कर हलचल का इंतजार करने लगा। बहुत देर तो कुछ नहीं हुआ। शाम ढलने को थी। तभी दिल्ली की मेयर रहीं आरती मेहरा एक बड़ा सा गुलदस्ता लेकर राजनाथ सिंह के घर के बाहर पहुंचीं। अब मुझे यकीन हो गया कि राजनाथ सिंह अध्यक्ष चुन लिए गए हैं। सुजीत ने बताया कि मैंने देखा की पहली बार राजनाथ जी ने मुरली मनोहर जोशी के सार्वजनिक तौर पर पैर छूकर आशीर्वाद लिया था। राजनाथ जी ने आडवाणी जी से भी आशीर्वाद लिया। क्योंकि वह मुरली मनोहर जोशी और लालकृष्ण आडवाणी की वजह से राष्ट्रीय अध्यक्ष बनने में कामयाब हुए थे। आडवाणी ने राजनाथ सिंह को गले लगा लिया। वैसे राजनाथ सिंह और लालकृष्ण आडवाणी की आपस में कभी नहीं बनी ये बात जगजाहिर है।

इन सारी घटनाओं के सुजीत गवाह थे। जब राजनाथ सिंह अध्यक्ष बने, तो उन्होंने अमित शाह को महासचिव बनाने के साथ ही उत्तर प्रदेश का प्रभारी बनाने का पहला निर्णय लिया। राजनाथ सिंह ने अमित भाई से कहा कि अमित भाई मुझे उत्तर प्रदेश से लोकसभा की पचास सीटें चाहिए। इस पर अमित शाह ने राजनाथ सिंह को कहा कि अध्यक्ष जी दे दूंगा। अगर आप को पचास सीटें चाहिए तो आपको मेरी एक बात माननी होगी। राजनाथ सिंह ने कहा वह क्या ? इस पर अमित भाई ने कहा कि यूपी के सारे नेता चाहे वह सांसद हो विधायक हो, मेरे काम में हस्तक्षेप नहीं करेंगे। और दृढ़ता के साथ अमित भाई ने राजनाथ सिंह से भी ऐसा ही अनुरोध किया कि आप का भी हस्तक्षेप कम होगा, तो मंजिल पाने में आसानी होगी। राजनाथ सिंह ने अमित भाई की बात पर मुहर लगा दी। जब उत्तर प्रदेश का चुनाव बीजेपी भारी बहुमत से जीत गई। तब अमित शाह ने पत्रकारों से मुखातिब होते हुए कहा कि राजनाथ जी ने बहुत बड़ा दिल दिखाया। आगे उन्होंने ये भी कहा कि मैं होता तो शायद ये नहीं कर पाता।

बीजेपी का मोदी को प्रचार समिति का प्रमुख बनाए जाने के पहले की बात है। जब राष्ट्रीय कार्यकारिणी की बैठक होनी थी। उस समय लालकृष्ण आडवाणी के लिए आखिरी मौका था। ऐसे में मोदी और आडवाणी में खींचतान स्वाभाविक थी। अब सबसे बड़ा प्रश्न था कि आखिर राष्ट्रीय कार्यकारिणी की बैठक किस राज्य में कराई जाए। इसके लिए तीन राज्यों के नाम दिए गए। उसमें पहला मध्य प्रदेश था। जहां शिवराज सिंह चौहान मुख्यमंत्री थे। उनका लालकृष्ण आडवाणी के साथ समीकरण ठीक था। दूसरा राज्य राजस्थान था, जहां वसुंधरा राजे नेता थीं, उनका भी लालकृष्ण आडवाणी से समीकरण ठीक था। तीसरा दिल्ली था, जहां सभी बड़े नेता रहते थे। ऐसे में सुजीत ने बताया कि मोदी खेमा यह चाहता था कि कार्यकारिणी किसी ऐसी जगह हो जहां पर उनके पक्ष का नेता हो। ऐसे में मोदी खेमा चाहता था कि गोवा इसके लिए मुफीद रहेगा। जहां पर मनोहर पर्रीकर मुख्यमंत्री थे। उनकी आडवाणी से बहुत नहीं बनती थी। सुजीत ने मुझे बताया कि आप को याद होगा, जिस समय गुजरात में दंगे हुए थे, तो उस साल बीजेपी की कार्यकारिणी

की बैठक गोवा में ही हुई थी। उस बैठक में मोदी सरकार को जीवन दान मिला था। बारह साल बाद, एक बार फिर बीजेपी की राष्ट्रीय कार्यकारिणी की बैठक गोवा में होने जा रही थी। बारह साल का वक्त वो वक्त होता है, जब कोई ग्रह अपनी साइकिल यानि सर्कल पूरा कर लेता है।

अब सबसे बड़ा सवाल कि इस कार्यकारिणी की बैठक का एजेंडा क्या है ? आडवाणी खेमे ने पूछा ? इस पर राष्ट्रीय अध्यक्ष की तरफ से कहा गया कि संगठन के काम और 2014 के नेतृत्व पर चर्चा। सुजीत ठाकुर ने बताया कि आडवाणी जी एक कदम आगे बढ़कर कर एक बड़ी बात सबके सामने रखी। उन्होंने कहा कि 2014 के कैम्पेन कमेटी का जो चेयरमैन होगा या प्रधानमंत्री पद का उम्मीदवार होगा। वो किसी संवैधानिक पद पर नहीं होगा। उन्होंने अटल जी का उदाहरण देते हुए यह बात कही। इधर मोदी खेमे की तरफ से पूरी तैयारी हो चुकी थी। अरुण जेटली की अगुआई में सारे तीर कमान तैयार थे। जैसे ही कार्यकारिणी आरंभ हुई, लालकृष्ण आडवाणी यह भांप गए कि अब वह पीएम पद के उम्मीदवार नहीं बन पाएंगे।

इसके बाद उन्होंने अपने राजनैतिक जीवन का आखिरी दांव चला। पहले तो उन्होंने अपने खेमे के नेताओं को फोन किया कि आप कार्यकारिणी में भाग लेने के लिए मत जाओ। लेकिन, तब तक मोदी का खेमा भी सक्रिय हो चुका था। सुषमा स्वराज को मोदी और राष्ट्रीय अध्यक्ष राजनाथ सिंह का फोन आ चुका था। सुषमा स्वराज को लगने लगा कि इन सब में सबसे बड़ी विघ्न कहीं मैं न बन जाऊं। लेकिन, सुषमा ने भी उस समय दबाव बनाने की कोशिश की थी।

सुजीत कहते हैं कि राष्ट्रीय कार्यकारिणी की बैठक गोवा के होटल मैरिएट में चल रही थी। पर सुषमा स्वराज किसी और होटल में पहुंच गईं। देश के टेलीविजन सेट पर खबरें चल रही थीं कि सुषमा नाराज। फिर से राजनाथ सिंह ने सुषमा स्वराज को फोन किया। तब सुषमा कार्यकारिणी की बैठक में पहुंचीं। उन्होंने साड़ी बदलने की बात कह कर मामले को ठंडा करने की कोशिश की। अरुण जेटली लगातार मीडिया में कह रहे थे कि पार्टी को निर्णय तो लेना पड़ेगा। तभी राष्ट्रीय अध्यक्ष राजनाथ सिंह ने कहा कि मैं पार्टी अध्यक्ष के

नाते नरेंद्र भाई दामोदर दास मोदी को कैम्पेन कमेटी का अध्यक्ष नियुक्त करता हूं। पत्रकारों से बातचीत के दौरान सुषमा स्वराज ने तो पहले इससे अपने को अलग रखा। लेकिन, जब राजनाथ सिंह और अरुण जेटली जब मीडिया को ब्रीफ करने लगे तो वह भी उससे जुड़ गईं। मुरली मनोहर जोशी ने गोवा में मोदी को कैम्पेन कमेटी का चेयरमैन बनाए जाने के तरीके का विरोध किया था। पर सभी बातें उलट गईं। लालकृष्ण आडवाणी के घर के बाहर प्रदर्शन हो रहे थे। उसका कारण था मोदी का विरोध। इस तरह से नरेंद्र मोदी और उनकी टीम ने पहला पड़ाव पार कर लिया था। अब आगे आप विस्तार से पढ़ेंगे कि कैसे मोदी बनारस पहुंचे। कैसे उन्होंने बनारस जीता।

(वरिष्ठ पत्रकार सुजीत ठाकुर से बातचीत पर आधारित)

2

मोदी का बनारस

ऐसा बमुश्किल ही होता है कि किसी मुल्क का मुकद्दर उसके मुखिया के साथ गहराई से जोड़कर देखा जाए। हाल तक देश की सबसे बड़ी महान राजनैतिक हस्तियों की फेहरिस्त में महात्मा गांधी, जवाहर लाल नेहरू और इंदिरा गांधी तक सीमित हुआ करती थीं। कुछ अन्य नेता जो इस त्रिमूर्ति के करीब पहुंचे। वह थे अटल बिहारी बाजपेयी, राजीव गांधी, नरसिम्हा राव और कुछ वक्त के लिए मनमोहन सिंह भी, जब वह दूसरी बार प्रधानमंत्री चुने गए। लेकिन, यह लोगों के दिलों में पूज्यनीय का दर्जा नहीं पा सके। हालांकि, अब उस परम सत्ता के नए दावेदार का उभार हो चुका है। उनका नाम है नरेंद्र दामोदर दास मोदी।

हम अपने नेताओं को जिस आकार के स्क्रीन पर देखते आए हैं। उसमें बहुत बदलाव हुए हैं। टेलीविजन सेट पर उभरती लाल-भूरी आभा वाली गांधी और नेहरू की तस्वीरें और इंदिरा की चंचल काली सफेद छवियों से बात काफी आगे निकल चुकी है। अब हम अपने नेताओं को हथेली के आकार वाली स्क्रीन पर देखते हैं। उनके तीखे ट्वीट के जरिए हम उन पर नजर रखते हैं। अब हम उनसे पहले से कही अधिक करीब से जुड़े हैं। मोदी ने जिस प्रकार लोगों से जुड़ने में महारत दिखाई है। ऐसा आज तक कोई दूसरा भारतीय नेता नहीं कर सका है। इसका परिणाम यह हुआ कि केवल नौ वर्ष में ही उनका व्यक्तित्व हमारी सामूहिक चेतना में सत्तर मिमी की फिल्म स्क्रीन से भी बड़ा हो चुका है। पौराणिक जर्मन देवता थार

की तरह मोदी अब वह माने जा रहे हैं, जो बादलों की गड़गड़ाहट और बिजली की चमक पैदा कर सकते हैं। वह ऐसे तूफान ला सकते हैं, जो मतदाताओं के पैरों और नजरों, दोनों का अपने मनचाहे तरीके से इस्तेमाल कर सके। अब वह महज मंच के केंद्र में नहीं हैं, बल्कि खुद मंच बन गए है।

मोदी के पास जनता को पहचानने का जो हुनर है, वैसा हाल के इतिहास में किसी और नेता के पास नहीं था। इसके साथ ही मोदी का ज़बरदस्त आत्मविश्वास, गहरी प्रतिबद्धता, कड़ी मेहनत, बड़ा सोचने की क्षमता और उससे भी बढ़कर जोखिम लेने का कौशल। कार्यों को बड़े नाटकीय अंदाज में कराने के कारण ही मौजूदा समय ने उन्हें शिखर पर स्थापित कर दिया है। लोगों को लगता है कि मोदी जनता और देश के खिलाफ कोई गलत काम कर ही नहीं सकते। यही कारण था कि नरेंद्र भाई दामोदर दास मोदी ने जब बाबा विश्वनाथ की नगरी बनारस से चुनाव लड़ने की घोषणा की, तो लोगों को लगा कि कुछ तो बात है बनारस में। जिसने नरेंद्र भाई दामोदर दास मोदी को यहां से चुनाव लड़ने के लिए प्रेरित किया। नरेंद्र मोदी के गांव वडनगर में उनके घर तक जाने के लिए हमें गलियों का वैसे ही इस्तेमाल करना पड़ता है, जैसे बनारस में बाबा विश्वनाथ के दरबार या मां गंगा के चरणों में जाने के लिए हम गलियों का इस्तेमाल करते हैं। उन पर बिछा पुराना पत्थर बदला जा रहा है। काशी विश्वनाथ मंदिर की गलियों में तो संगमरमर लग गया है। इन गलियों में नरेंद्र मोदी के आने के बाद पत्थर बदलने का काम आरंभ हो चुका था।

यह बदलाव नए और पुराने का मेल है। यही बनारस का असली रंग है। मुझे अच्छी तरह से याद है। जब मैं प्रधानमंत्री पर पुस्तक "द रियल मोदी" लिख रहा था, तब मैं पं मदन मोहन मालवीय के पौत्र गिरधर मालवीय से मिलने के लिए गया था। उनका स्वास्थ्य उन दिनों ठीक नहीं चल रहा था। वह हौज खास स्थित एक अस्पताल में अपना इलाज करवा रहे थे। यह 2014 की बात है। मेरी मुलाकात से पहले मुझे यह जानकारी मिल गई थी कि नरेंद्र भाई बनारस से भी चुनाव लड़ेंगे। मदन मोहन मालवीय के पौत्र गिरधर मालवीय उनके चुनाव में एप्रुवर बनेंगे। नरेंद्र मोदी हर उस महत्वपूर्ण व्यक्ति

को अच्छे दिनों में याद करें या न करें पर कठिन समय में उन्हें जरूर याद करते हैं।

मेरे मन में भी ढेरों सवाल थे कि आखिर मोदी ने बनारस को ही चुनाव लड़ने के लिए क्यों चुना। मैंने मालवीय जी से पुनः कहा कि आप नरेंद्र मोदी के चुनाव प्रस्तावक हैं, तो उन्होंने मुझे बताया कि एक दिन रात आठ बजे के आसपास अमित शाह जी का फोन आया था। उन्होंने मुझे कहा कि गुजरात के मुख्यमंत्री जी को जानकारी मिली है कि आप का आपरेशन हुआ है। वह आपका हालचाल लेना चाहते हैं। नरेंद्र भाई कि खासियत है कि वह हर उस शख्स के साथ आत्मिक रिश्ता जोड़ लेते हैं, जिनसे उन्हें लगाव हो। इस बार भी ऐसा ही हुआ। मोदी का यह गुण कोई मुख्यमंत्री या प्रधानमंत्री बनने के बाद विकसित हुआ हो, ऐसा नहीं है। पूर्व प्रधानमंत्री चंद्रशेखर की जीवनी के विमोचन के समय नरेंद्र मोदी ने एक किस्सा सुनाया कि कैसे पूर्व उपराष्ट्रपति भैरों सिंह शेखावत की उपस्थिति में उनकी पूर्व प्रधानमंत्री चंद्रशेखर से कैसे मुलाकात हुई थी। उस मुलाकात के बाद ही यह नजदीकी ताउम्र बनी रही। नरेंद्र भाई ने बताया कि वह और पूर्व उपराष्ट्रपति कहीं जाने के लिए विमान का इंतजार कर रहे थे। तभी उनको जानकारी मिली कि भारत के पूर्व प्रधानमंत्री चंद्रशेखर वहां आने वाले हैं। भैरों सिंह शेखावत ने तुरंत अपनी जेब में पड़ा सारा समान निकाल कर नरेंद्र मोदी के कुर्ते की जेब में रख दिया। उन्होंने ऐसा क्यों किया यह जल्द ही जाहिर हो गया। चंद्रशेखर ने आते ही भैरों सिंह जी के सभी जेबों की तलाशी ली। पता चला शेखावत पान मसाला खाने के शौकीन थे। पूर्व पीएम उन्हें हमेशा इसके लिए मना करते थे। मोदी ने कहा, कल्पना कीजिए, एक समाजवादी नेता होने के बावजूद जनसंघ के नेता की सेहत को लेकर वह कितने चिंतित थे। नरेंद्र दामोदर दास मोदी की इसी अदा ने बाबा विश्वनाथ और मां गंगा के लोगों को अपना बना लिया।

नरेंद्र मोदी ने बनारस चुनाव में अरविंद केजरीवाल को तीन लाख इकहत्तर हजार सात सौ चौरासी वोटों से मात दी। प्रधानमंत्री बनने के बाद नरेंद्र मोदी अब तक तीस बार से ज्यादा बार बनारस का दौरा कर चुके हैं। इस कार्यकाल में किस तरह से बदल रहा है

बनारस। उस बदलते बनारस की यात्रा से मैं आप को दो चार करवाउंगा, तो चलिए यात्रा शुरू करते हैं।

भारत इस धरती की सबसे पुरानी जीवित सभ्यताओं में से एक है। सैन्यबल के दम पर इस दौरान जो भी सभ्यताएं उभरीं, वह समय के साथ काल-कवलित हो गईं। भारत ने किसी देश पर कभी आक्रमण नहीं किया। बल्कि सदियों तक आक्रमणों का सिलसिला झेलने के बावजूद आज तक मजबूती से खड़ा है। इस ताकत का स्रोत आध्यात्मिकता में निहित है। इस धरती पर बचा हुआ प्राचीन ज्ञान यहीं के लोगों के लिए ही नहीं, बल्कि पूरी दुनिया के लिए वरदान है। सदियों से काशी ज्ञान की राजधानी मानी जाती रही है। यहां जिस दौर में आध्यात्मिकता अपने उत्कर्ष पर थी, भारत की संपन्नता भी अपने चरम पर थी।

काशी अत्यंत प्राचीन नगरी है। पर यह हमेशा देश और दुनिया को नया रास्ता दिखाने का काम करती आई है। यहां से निकलने वाला संदेश पूरी दुनिया में अपनी गहरी छाप छोड़ जाता है। भारतवर्ष का मस्तक उत्तमांग गंगा का तीर्थ श्रुति-काल से बना हुआ है। मिस्त्र (EGIPT) देश की प्राचीन जाति, प्राचीन सभ्यता का केंद्र मन्नफर (MAMFIS) नगर लुप्त हो गया। नील नदी, जिसके किनारे वह बसा था, यही दशा उफ्राट (EUPHRATES) जो पश्चिमी एशिया की सबसे लंबी नदी कही जाती है, की भी हुई। इसके किनारे बसी बाबिली और काल्दी जाति की राजधानी, बाबील नगरी लुप्त हो गई। दजला (Tigris) के किनारे बसी असीरी जाति की राजधानी नैनवा भी विलुप्त हो गई और वर्तमान के लिए अतीत का इतिहास बन गई। अब यह तमाम शहर बस इतिहास के पन्नों में दर्ज हैं। पूरी दुनिया में काशी को छोड़कर केवल तीन ही ऐसे ऐतिहासिक नगर हैं, जिनकी सभ्यता जीवित है। जार्डन नदी के किनारे बसा यह शहर यरूसलम मूल रूप से यहूदियों का शहर था, लेकिन बाद में यह ईसाई और मुस्लिमों के लिए भी पवित्र स्थल बन गया। मुंशी प्रेमचंद संपादित हंस में लिखते है कि "इलिस्सस नदी के किनारे बसा एथेंस, जो ग्रीस देश और ग्रीक जाति की राजधानी है। टैबर नदी के किनारे पर बसे रोम को लेकर भी यह पुस्तक बताती है कि यरूसलम 1500

ईसा पूर्व बसा। एथेंस करीब 1400 ईसा पूर्व और रोम की नींव 754 में पड़ी।

काशी उस सभ्यता की सदा से परिपोषक रही है, जिसे हम भारतीय सभ्यता कहते हैं। इसको बनाने में अनेक मत-मतांतरों और विचार-धाराओं का सहयोग रहा है। यह नगरी धर्म, शिक्षा व व्यापार के लिए पूरी दुनिया में विख्यात थी। यहां का अध्यात्म, दर्शन व संस्कृति से पूरी भारतीयता का पता चलता है। हिंदू समाज में सैकड़ों वर्षों से काशी के प्रति अगाध श्रद्धा रही है। भारतवर्ष में काशी को हिंदुओं का सर्वाधिक पवित्र तीर्थ माना जाता है। संसार के सभी आस्तिक धर्मों में यही सीख दी जाती है कि नैतिक जीवन के साथ-साथ ईश्वर की आराधना की जाए, आराधना का स्वरूप सभी धर्मों में अलग-अलग है। ईसाई लोगों के लिए यरूसलम, मुसलमानों के लिए मक्का-मदीना की यात्रा पुनीत कही जाती है। बौद्ध धर्म के अनुयायियों के लिए लुम्बिनी, बोधगया, सारनाथ, कुशीनगर की यात्रा सबसे महत्वपूर्ण है। जैन लोग गिरनार और पार्श्वनाथ पर्वत के दर्शनों को पुण्यात्मक मानते हैं।

भारतवर्ष बहुत बड़ा देश है। यहां अनेकों धर्म और तीर्थ स्थान हैं। पर इन सबमें तीन तीर्थस्थल प्रमुख है। काशी, प्रयाग और गया। इसी प्रकार सात पुरियां हैं और चार धाम। इन सभी का अपना-अपना महत्व है। हिंदुओं के धार्मिक जीवन में किसी न किसी रूप इनका कुछ ना कुछ समावेश होता ही है।

काशी और वाराणसी अति प्राचीन काल से एक दूसरे के पर्याय के रूप में प्रयोग होते रहे हैं। काशी की अति पुराणता पर काशी के आरंभ का पता नहीं चलता है। बुद्धदेव के समय में बहुत बसा हुआ नगर था। बौद्ध जातक माला नाम के ग्रंथ में काशी की और यहां के राजा की चर्चा है। खोजबीन से पता चलता है कि काशी एक क्षेत्र या जनपद की अभिव्यक्ति करता है। "वाराणसी" यह नाम गंगा में वरुणा नदी के संगम पर स्थित होने के कारण अभिव्यक्ति पाने लगा। वरुणा नदी का उल्लेख कुछ पुराणों में और "वाराणसी" का नाम महाभारत में आया है। काशी की धार्मिक महत्ता की खोज में मनुस्मृति में कुछ सूचना मिलती है। यहां आर्य देश को चार भागों में विभाजित किया

गया है, सबसे पवित्र सबसे छोटा ब्रह्मावर्त था जो सरस्वती एवं दृदृपदृती नदियों के बीच में था। (मनुस्मृति २!१७) यह स्थान कुरूक्षेत्र के आसपास था। महाभारत में इसे कुरुक्षेत्र कहा गया है। (महाभारत ३|८३|४ तथा २०५)। इससे बड़ा इसके चारों ओर ब्रह्म्षी देश था। इसमें कुरुक्षेत्र अर्थात ब्रह्मावर्त से कम था। परंतु आगे कहे जाने वाले प्रदेशों से अधिक था। इसके बाद मध्यदेश था, जिसमें ये दोनों भाग शामिल थे। पूर्व में उसकी सीमा प्रयागराज अर्थात इलाहाबाद तक थी। इसके उत्तर और दक्षिण में हिमालय और विंध्य पर्वत माला थी। मोदी @ 20 के एक लेख में भारत कोकिला लता मंगेशकर कहती हैं कि नरेंद्र भाई अपने स्वभाव से ऐसे राजनेता नहीं, जैसा कि हम पारंपरिक रूप से एक राजनेता की परिकल्पना करते हैं। लता जी कहती हैं जो मेरी उनके साथ अलग-अलग समय पर बातचीत हुई, उससे मैंने महसूस किया उनका काम करने का तरीका अलग ही है। उनको सत्ता से कोई लगाव नहीं, पर कुछ अलग करने का माद्दा, चुनौती स्वीकार करने का जुनून हमेशा मोदी को कुछ नया करने के लिए प्रेरित करता है। मोदी के बनारस से चुनाव लड़ने को भी इसी से जोड़कर देखा जा सकता है।

3

मोदी ने बनारस को क्यों चुना

कभी किसी ने कहा था कि चुनाव एक ऐसा काम है। जिसे हम भारतीय बहुत अच्छी तरह से करते हैं। यह कि पूरे देश में चुनाव इतने बहुरंगी और रोमांचक नहीं होते, जितने उत्तर प्रदेश में होते है। इस राज्य में हर चुनाव में खासी सरगर्मी रहती है। शब्दाडंबर से लबरेज प्रचार इसकी पहचान बन चुकी है।

हिंदुस्तान समंदर की तरह है, काशी यानि बनारस समंदर से निकलने वाले रत्न की तरह है। जहां दर्शन है, अध्यात्म है। जहां लोग अपने जीवन से मुक्ति पाने की इच्छा रखते हैं। लोगों को लगता है, कि यहां से मिली मुक्ति आप को अमर कर देगी। आम मनुष्य हो या फिर देवी या देवता, हर कोई शंकर की नगरी में वास करना चाहता है। जहां गंगा के अमृत जैसे जल का वह पान कर बाबा के दरबार में हर रोज हाजिरी लगा सके। बनारस में गंगा ईश्वर और मनुष्य के बीच की कड़ी है। बनारस के नदी तट पर देवता, मनुष्य, पशु, पुष्प, धुआं, मंत्र, मृत्यु सब समान रूप से व्याप्त हैं। गंगा में लहरों की कलकल से प्रतीत होता है कि मोक्ष की ओर प्रस्थान जारी है। इस नदी की मुग्ध कर देने वाली दैविक उपस्थिति गुलाब और गेंदे के फूलों में लिपटे निर्वाण के प्रतीकों से भी परे है। गंगा के किनारे हिंदुओं के सबसे प्राचीन माने जाने वाले शहर वाराणसी में राजनीति सबसे ज्यादा नुमायां है। वह आत्मा की राजनीति, सभी घाटों या मंदिरों में धर्म का आत्मचिंतन, राजनीति का सार शाश्वत परम आनंद में निहित नजर आता है। घाटों पर तीर्थयात्रियों के प्रातःकालीन स्नान

में, उगते सूरज के समक्ष जुड़े उनके हाथों के बीच प्रतिज्ञा में बहुरंगी मोक्ष पाने की लालसा को सूर्यास्त के समय गंगा आरती में देखिए। जब घाटों पर बस आपको लोग ही लोग नज़र आते हैं। क्या देसी क्या विदेशी, सब उस पल को अपनी आंखों में कैद कर लेना चाहते हैं, जैसे यही मुक्ति का मार्ग हो।

जब संस्कृत के श्लोकों बीच गंगा की आरती उतारी जाती है, तो अंधेरे में बहती गंगा के पानी में उसकी मनोहारी दीप्ति झिलमिल करती नजर आती है। जो जीवन में आगे बढ़ने का मार्ग प्रशस्त करती है। बनारस यानी काशी में शक्ति और जीवन के देवता, जो सदियों की राजनीति से खुद अछूते नहीं रहे, उन बाबा विश्वनाथ के प्रांगण में विजय और विध्वंस का इतिहास, विश्वास तथा श्रद्धा के रहस्य को एक साथ देखा जा सकता है।

कहते हैं न, जीवन के विकास में प्रभावी सोच की भूमिका ही प्रमुखतम रहती है। ऊंचे कुल में जन्म लेना या कुंदन परिवेश में लालन-पालन ही पर्याप्त नहीं है। कर्म की उच्चस्तरीय पवित्रता ही हमारे लक्ष्य को उपादेय और महत्वपूर्ण बनाती है। कबीर दास के शब्दों में 'ऊंचे कुल का जनमिया, करनी ऊंची न होय। सुवर्ण कलश सुरा भरा, साधू निंदा होय'। नरेंद्र मोदी इसी विश्वास के प्रतीक हैं। नरेंद्र मोदी का बनारस से चुनाव लड़ना भी इसी सोच और प्रतीक का हिस्सा है। वह भी धर्म और मोक्ष की नगरी को अपनी कर्म की राजनीति से दो चार करवाना चाहते थे।

बनारस से चुनाव लड़ने के फैसले की कहानी

बचपन में हर रोज देखे गए सपने उसकी ताबीर, पिता की मौत के बाद मां का संघर्ष, जीवन में मां की प्रेरणा। मोदी के जीवन का आरंभ कुछ ऐसा ही था। गुजरात के छोटे से गांव वडनगर से निकलकर पहले विसनगर फिर अहमदाबाद के बस स्टैंड के करीब चाय की दुकान पर काम करना। संघ में प्रवेश के बाद गुरू लक्ष्मण राव ईनामदार की देखरेख में समाज सेवा और राजनीति की समझ हासिल करना। गुरू की तरफ से आपातकाल में दी गई,

जिम्मदारियों को बखूबी अंजाम तक पहुंचा कर संघ में महत्वपूर्ण स्थान हासिल करना। अपने काम और समर्पण से गुजरात का संगठन महामंत्री बनना। गुजरात की जनता के प्रति समर्पण ने मोदी को गुजरात के मुख्यमंत्री पद पर आसीन होने का मौका दिया। लगातार तीन बार गुजरात के मुख्यमंत्री पद की शोभा बढ़ाने के बाद देश के प्रधानमंत्री की कुर्सी पर आसीन होना, यह सब कुछ इतना आसान नहीं था।

25 सितंबर 2013 के इंडिया टुडे की एक रिपोर्ट में कहा गया है कि आखिरकार अपने राजनैतिक संरक्षक के विरोध के बावजूद मोदी ने पार्टी का दिल जीता। रिपोर्ट आगे बताती है कि याद कीजिए। दिसंबर 2012 में हुए गुजरात विधानसभा चुनाव में मोदी की हैट्रिक ने अचानक देश का मिजाज बदल दिया। गुजरात विधानसभा का यह चुनाव मोदी ने इस संदेश के साथ लड़ा था कि इस बार का वोट मुख्यमंत्री के लिए नहीं, प्रधानमंत्री बनाने के लिए है। जीत हासिल करने के बाद जीत का भाषण उन्होंने गुजराती में देने के बजाए हिंदी में दिया था। इस भाषण में मोदी ने राष्ट्रीय मुद्दों पर ही अपने भाषण में जोर दिया। संघ से निकलकर राजनीति में विस्तार करने वाले नरेंद्र मोदी संघ की अहमियत बखूबी जानते हैं। इसलिए संघ सेवा के रिश्ते को मजबूत बनाना चाहते थे। इस क्रम में अक्टूबर 2012 में नागपुर में सर संघ चालक मोहन भागवत के साथ हुई उनकी लंबी बैठक और इससे निकल कर मोदी का यह ऐलान कि “संघ प्रमुख से मेरी मुलाक़ात फलदायी रही”, इसने मोदी की खिलाफत कर रहे राजनेताओं को एक नया संदेश दे गया था। पर हमेशा कुछ अलग करने की चाहत, हाड़तोड़ कठिन परिश्रम ने आखिर मोदी को मंजिल पर पहुंचा ही दिया। मोदी के प्रधानमंत्री पद के उम्मीदवार के नाम का ऐलान करने लिए सितंबर महीने की तेरह तारीख चुनी गई। अतीत के गौरवशाली पन्नों में रहने के अभ्यस्त लोगों को इस बात का सुख होता है कि उन्हें बदलाव को लेकर चिंतित नहीं रहना पड़ता। पुराने दौर के साथ कदमताल करने में उनका स्वार्थ सधता है। लेकिन, जब वक्त का निर्मम पहिया घूमता है तो सबसे पहले इन अतिजीवी लोगों को ही कुचलता है। भारतीय राजनीति अपने आकार और

स्वभाव में इतनी भारी और सुस्त है कि इनमें कोई बदलाव मुमकिन नहीं है।

2013 की राजनीति ने हमें दिखाया और सिखाया कि राजनीति में कुछ भी स्थिर नहीं है। मोदी की ख्वाहिश दुनिया में संतुलनकारी ताकत के रूप में भारत की भूमिका को "नेतृत्वशील ताकत" में तब्दील कर देने की थी, जिससे भारत अपना सही मुकाम हासिल कर सके। मोदी मानते हैं कि ऐसा देश जहां पर मानवता का छठां हिस्सा निवास करता है, वह उसे दुनिया की तीसरी सबसे बड़ी अर्थव्यवस्था बना सकते हैं। भारत रत्न से सम्मानित दक्षिण अफ्रीका के पूर्व राष्ट्रपति नेल्सन मंडेला कहा करते थे "न डरने को दिलेरी नहीं कहा करते। दिलेरी तो डर पर जीत का नाम है। बहादुर वह नहीं, जिन्हें डर नहीं लगता, बल्कि वह हैं जो डर को मात देते हैं।" कुछ इसी तर्ज पर मोदी ने राजनैतिक डर को पीछे छोड़ दिया और आगे बढ़ते गए।

आपातकाल में अपने राजनैतिक हुनर से लोगों के मन-मस्तिष्क में घर कर जाने वाले मोदी जब गुजरात के साबरमती के तट से चल कर बनारस के गंगा तट पर लोगों के सपनों को पंख लगाने का मंसूबा बनाया, तो ये डगर बहुत आसान नहीं थी। एक ऐसा मुल्क जहां शासक वर्ग का मिजाज अपने अवाम की आकांक्षाओं से मेल नहीं खाता। इसके बाद भी नरेंद्र भाई दामोदर दास मोदी के देश विजय अभियान की शुरूआत तो बनारस यानी काशी से होनी थी। जो राजनीति के लिए एक बड़ा संदेश था। 20 दिसंबर 2013 को मोदी ने बनारस में कहा "दूसरों के लिए गंगा सिर्फ नदी हो सकती है, लेकिन हमारे लिए यह हमारी माता है।" गंगा को साफ करने के लिए बहुत सी योजनाएं लागू की गईं, लेकिन इस सारी योजनाओं ने पैसा नदी में बहा दिया। इस भाषण से मोदी का रुख स्पष्ट था।

काशी की पवित्रता आप इसके भूगोल को देखकर भी जान-समझ सकते हैं। काशी में गंगा नदी, जो कि सामान्यत: हिमालय से दक्षिण में सागर की ओर प्रवाहित होती है। वह एक मोड़ लेकर, उत्तर की ओर प्रवाहित होती है। गंगा का यह विपरीत प्रवाह, आध्यात्मिक रूप से महत्वपूर्ण माना जाता है।

अनिर्बान गांगुली और शिवानंद द्विवेदी "अमित शाह और भाजपा की यात्रा" में लिखते हैं ये बात सितंबर 2010 की है। वह पहली बार बनारस गए थे। इस समय तक वे न तो भाजपा के राष्ट्रीय अध्यक्ष थे न ही महामंत्री थे। यूपी से उनका दूर-दूर तक कोई वास्ता नहीं था। उनकी तात्कालिक पहचान गुजरात के एक भाजपा विधायक भर की थी, जो अदालत के फैसले के कारण दिल्ली में एकाकी जीवन काट रहा था। बाबा विश्वनाथ की मंगला आरती करने के बाद वे उसी रोज इस पुण्यनगरी की गंगा आरती में आमजन की तरह शामिल हुए। भारत जहां दुनिया की 18 प्रतिशत आबादी निवास करती है, वहां वैश्विक जल संसाधनों का केवल चार प्रतिशत मौजूद है।

गंगा की लहरों में नौका विहार करते हुए उनके जेहन में कई अजनबी सी लहरें हिलोरे लेने लगीं। वह इन लहरों से पूर्व परिचित नहीं थे। फिर भी वह एक आवेग से उनके देह पर कब्जा करती जा रही थी। शाह के मन में सवाल था कि इस अक्षत नगरी कि आखिर इतनी दुर्दशा क्यों ? क्या गंगा की गोद केवल मैला ढोने के लिए ही बनी है ? क्या इन घाटों की नियति भिनभिनाती मक्खियां और बजबजाती गंदगी है ? गंगा नदी नहीं जीवनदायिनी है। इनके दर्शन मात्र से सारे पाप नष्ट हो जाते हैं। यह समाज की जीवन रेखा थी, हमने उसके साथ क्या किया ? इसे बचाना होगा। क्या अध्यात्म की यह शाश्वत नगरी विकास के नाम पर घोर उपेक्षा और भ्रष्टाचार का दंश झेलने के लिए अभिशप्त है।

अमित शाह गंगा की इस दुर्दशा को देखकर द्रवित हो उठे। वे भविष्य को तो नहीं जानते थे। पर वह 'कॉलिन पावेल' के इस कथन में जरूर विश्वास करते थे कि 'सपने जादू से सच नहीं होते, उसके लिए पसीना बहाना पड़ता है। दृढ़संकल्प और कड़ी मेहनत करनी पड़ती है।' अमित भाई को तो इसमें महारत हासिल है। वर्तमान में ऐसा कुछ भी नहीं था, जो उन्हें काशी यानि बनारस से जोड़ता। उस समय न तो चुनाव था न ही कोई राजनीति। अमित भाई के मन में एक कसक थी, एक तकलीफ थी। काशी का जाने किस जन्म का कर्ज था, जो उनके कंधे पर आकर बैठ गया। गांगुली और शिवानंद आगे

लिखते हैं कि अमित भाई ने अपने एक साथी से कहा 'जैसे ही मौका मिलेगा। इस शहर और राज्य के लिए कुछ करना है। गंगा की तकलीफ मानो अमित भाई के मन में टीस कर गई, यहां से एक संकल्प ने जन्म लिया कि अगर ईश्वर ने कभी मौका दिया तो मोक्ष की नगरी काशी यानि बनारस को सपनों का शहर बना देना है। जिससे इसके भव्य गौरव को पुनः स्थापित किया जा सके।

इसी सपने ने अमित शाह की निगाह उत्तर प्रदेश पर टिका दी। अमित शाह पर मोदी के कितने भरोसेमंद हैं, यह इन दो उदाहरणों से समझा जा सकता है। चाहे वो बहुत बड़ा विषय रहा हो या फिर छोटा। नरेंद्र भाई के पास अमित शाह ही वह हथियार हैं, जिसका वह हर जगह इस्तेमाल करने का अधिकार रखते हैं। मोदी की नजर शाह पर पहली बार अहमदाबाद संघ की एक सभा में पड़ी। जब शाह संघ के प्रचारक थे, कुछ मुलाकातों के बाद वह शाह को पसंद करने लगे। अरविंद चतुर्वेदी ने "पुस्तक द रियल मोदी" में अमित भाई शाह और मोदी के एक किस्से का जिक्र किया है कि नरेंद्र भाई अमित भाई शाह पर किस कदर भरोसा और विश्वास करते हैं। यह कहानी कुछ यूं है कि नरेंद्र भाई अपने मित्र रमेश भाई मेहता के साथ राजस्थान की यात्रा के लिए निकलने वाले थे। तय यह हुआ था कि रमेश भाई अपने परिवार के साथ अहमदाबाद के संघ कार्यालय पर आकर नरेंद्र भाई से मिलेंगे। यहीं से यात्रा का आरंभ होगा। सभी तैयारियां पूरी हो चुकी थीं। यह दीवाली की सुबह थी। सूरज चढ़ता जा रहा था। पर जिस गाड़ी वाले से राजस्थान चलने के लिए कहा गया था वह नहीं पहुंचा था। समय के पाबंद नरेंद्र भाई को बहुत गुस्सा आ रहा था। रमेश भाई ने बताया कि जब यह सुनिश्चित हो गया कि वह गाड़ी वाला अब नहीं आएगा, तो नरेंद्र भाई ने अपने हनुमान अमित भाई को फोन लगाया। एक मेटाडोर का इंतजाम करने को कहा। एक बार कहने के बाद नरेंद्र भाई कहां शांत बैठने वाले थे। उस समय मोबाइल फोन का जमाना नहीं था। एक के बाद एक नरेंद्र भाई, अमित भाई को लगातार फोन लगाए जा रहे थे। तब अमित भाई ने कहा नरेंद्र भाई आप फोन रखेंगे। तभी तो मैं आपके

लिए गाड़ी का इंतजाम कर पाउंगा और अमित भाई ने गाड़ी भेज दी। यह बात तो बहुत छोटी सी है।

पर यह नरेंद्र मोदी और अमित शाह के विश्वास व भरोसे की कहानी कहती है। अमित भाई शाह अकल्पनीय साहसी है। अखिल भारतीय विद्यार्थी परिषद की स्थानीय इकाई में काम कर चुके संघ कार्यकर्ता भरत भाई भट्ट कहते हैं कि विद्यार्थी परिषद में काम करने के दौरान हमने उनके कहने पर सिनेमा घरों में टिकटों की कालाबाजारी करने वालों की घेराबंदी की। उन्हें पकड़ा और पुलिस को सौंपा। इस काम में वह खुद सबसे आगे रहते थे। अमित शाह की दिलेरी का यही गुण उन्हें नरेंद्र मोदी के करीब ले आया। जब फर्जी मुठभेड़ के मुकदमों के दौरान तत्कालीन मुख्यमंत्री के खिलाफ सरकारी गवाह बनने से उन्होंने इनकार कर दिया, तब अमित शाह को तीन माह जेल में रखने के बाद 2010 में अदालत ने जमानत पर छोड़ दिया। ताकीद की कि वे करीब दो वर्ष तक गुजरात से बाहर रहें। जिससे सबूतों से छेड़छाड़ न की जा सके। अपने वनवास के दिनों में अमित भाई ने अपना समय दिल्ली के जंगपुरा स्थित एक छोटे से कमरे में बिताया। इस त्याग ने अमित भाई शाह को मोदी के बेहद करीब ला खड़ा कर दिया। नरेंद्र भाई इस सिपहसालार की सलाह और सुझाव पर आंख मूंद कर भरोसा करते हैं। अमित शाह उस जादूगर की तरह हैं, जो चुनाव जिताने की हर तरकीब जानता है। उसके लिए वह हर कुछ करने के लिए तैयार रहते हैं जो जरूरी हो। अमित भाई अब बनारस मां गंगा का कर्ज चुकाना चाहते थे। इसके लिए उन्होंने प्रधानमंत्री पद के बीजेपी उम्मीदवार नरेंद्र भाई के काशी से चुनाव लड़ाने की शानदार स्क्रिप्ट लिखी।

4

बनारस चुनाव: नरेंद्र के लड़ने में पेंच

उत्तर प्रदेश का भौगोलिक क्षेत्र दुनिया के करीब 150 देशों से बड़ा है। आबादी के मामले में भी पूरी दुनिया में केवल पांच देशों की ही आबादी यहां से अधिक है। मार्च 2014 तक में जब बीजेपी ने नरेंद्र मोदी को उत्तर प्रदेश चुनाव लड़ाने के बारे में अंतिम फैसला नहीं किया था। तब भी राज्य के प्रभारी पार्टी महासचिव के इरादे इस बारे में साफ थे कि मोदी जी को उत्तर प्रदेश के पूर्वी क्षेत्र से ही चुनाव लड़वाना है। उन्होंने तत्कालीन पार्टी अध्यक्ष राजनाथ सिंह से इसकी सिफारिश की। खुद उत्तर प्रदेश के बड़े नेताओं में शुमार राजनाथ सिंह, शाह के इस प्रस्ताव से कुछ खास उत्साहित नहीं हुए। उन्होंने अमित भाई से सवाल किया ? क्या पार्टी अध्यक्ष और प्रधानमंत्री पद के उम्मीदवार, दोनों को एक ही राज्य से चुनाव लड़वाना ठीक रहेगा। शाह ने कोई जवाब नहीं दिया और अगले मुद्दे पर आ गए। बीजेपी की बैठक खत्म होने के बाद शाह ने एक बार फिर से अनुरोध किया कि राजनाथ सिंह उनके सुझाव पर गौर करें।

मामला जहां का तहां रहा। राजनाथ सिंह सोचते रहे और बीच का रास्ता निकालने की कोशिश में मोदी के लिए पटना सीट पर विचार करते रहे। क्योंकि, बिहार भी उतना ही महत्वपूर्ण था। लेकिन, शाह अपनी आदत के अनुसार इस तरह के फैसलों के विरोधी

रहे हैं। शायद अपने दूसरे गुणों के साथ इस गुण की वजह से भी वह मोदी के कृपापात्र हैं। शाह ने बहुत गहरे अध्ययन के बाद यह नतीजा निकाला था। उन्हें विश्वास था कि उत्तर प्रदेश में जाति-धर्म के पेंचीदा जाल से पार पाने के लिए बीजेपी के पास एक ही रास्ता है। मोदी लहर पैदा की जाए। उसे लगातार हवा देकर फ़िज़ा में फैला दिया जाए। प्रधानमंत्री पद की शह के साथ शाह ने अपना सुझाव शीर्ष नेतृत्व को याद दिलाया और बार-बार याद दिलाते रहे। अंत में उन्होंने मान लिया कि उनका सुझाव स्वीकार हो गया, पीएम पद के भावी उम्मीदवार नरेंद्र मोदी बनारस से भी चुनाव लड़ेंगे। अमित भाई ने तुरंत ही अगला सुझाव दाग दिया कि अध्यक्ष जी आप कहां से लड़ना चाहते हैं ? कुछ ही सप्ताह में यह मुद्दा सर के बल खड़ा हो गया, राजनाथ सिंह अब अपना निर्वाचन क्षेत्र तय करने के लिए छटपटाने लगे। कुछ घबराहट के पल भी आए। जब यह कहा जाने लगा कि राजनाथ सिंह अगर झारखंड से चुनाव लड़ते हैं, तो पार्टी को बहुत फायदा होगा। उधर, उनके अपनों ने तुरंत फुर्ती दिखाई और अटल बिहारी बाजपेयी की विरासत लखनऊ को अपना बना लिया। विशेष बात यह है कि मोदी को शाह के फैसलों पर भरोसा है और मंजूरी मिलने के बाद कामयाबी पाने के लिए दिन रात एक करने के उनके गुणों की वह प्रशंसा भी करते हैं।

अमित शाह की मुराद पूरी हो चुकी थी। अब 2010 में मां गंगा, बाबा विश्वनाथ और बनारस से किए गए वायदे को पूरा करने का वक्त आ गया था। पर मन ही मन प्रधानमंत्री पद की लालसा पाले कुछ नेताओं को छोड़कर बीजेपी में अधिकतर नेता मोदी के पीछे खड़े थे। मोदी के संरक्षक आडवाणी, पार्टी के पूर्व अध्यक्ष मुरली मनोहर जोशी, वरिष्ठ नेता जसवंत सिंह जैसे अन्य नेताओं को नेतृत्व के कठोर तेवरों और निष्कासन तक का सामना करना पड़ा था। 13 अप्रैल 2014 को मुरली मनोहर जोशी ने मनोरमा न्यूज को कहा था "मोदी प्रधानमंत्री पद के उम्मीदवार के रूप में पार्टी के प्रतिनिधि हैं। इसलिए यह बेहद व्यक्तिगत नहीं प्रतिनिधि लहर है। वह जनता के मूड और बदलाव की इच्छा के प्रतीक हैं।" जोशी को अगले दिन न सिर्फ अपने वक्तव्य पर स्पष्टीकरण देने के लिए मजबूर किया गया,

बल्कि दो दिन बाद जब वह कानपुर में बीजेपी के कार्यक्रम में कार्यकर्ताओं को संबोधित कर रहे थे तो मोदी समर्थक उन्हें बोलने से रोकने के लिए "हर-हर मोदी घर-घर मोदी" के नारे लगा रहे थे। आखिरकार जोशी को वहां से जाना पड़ा। इससे पहले जोशी को वाराणसी से उखाड़कर कानपुर भेजा गया था, ताकि मोदी बनारस से चुनाव लड़ सकें।

बीजेपी के प्रधानमंत्री पद के उम्मीदवार ने पार्टी का मोदीकरण आरंभ कर दिया था। दिल्ली में मतदान के दिन अखबारों में पूरे पेज पर मोदी की छपी तस्वीर ने यह साबित कर दिया था कि आने वाले राजनीति का युग, मोदी युग ही कहलाएगा। यह विज्ञापन यह बता रहा था कि "बीजेपी उम्मीदवार को दिया गया आपका वोट मेरे लिए है। आपका वोट मोदी की जीत के लिए, मोदी के लिए है।" देश में 1971 के बाद से एक व्यक्ति पर केंद्रित चुनाव नहीं हुआ था, जब उन्होंने यानि इंदिरा गांधी ने 'गरीबी हटाओ' का नारा दिया था। वहीं, इस चुनाव में मोदी का नारा था, कांग्रेस मुक्त भारत। उनके सबसे भरोसेमंद अमित शाह ने उस समय कहा था, "देश की जनता ने पार्टी का औपचारिक उम्मीदवार घोषित होने से पहले ही मोदी जी को प्रधानमंत्री चुनने का मन बना लिया है। इस चुनाव में मोदी के उदय ने बीजेपी के स्वरूप को बदल दिया। इंदिरा गांधी ने जिस तरह कांग्रेस में सर्वशक्तिमान सिंडिकेट के पर कतरे थे। उसी तरह मोदी ने भी इस चुनाव में ऐसे लोगों का महत्व कम कर दिया। कभी नरेंद्र मोदी के संरक्षक रहे लालकृष्ण आडवाणी मई 2013 में बीजेपी की राष्ट्रीय कार्यकारिणी की बैठक में इसलिए शामिल नहीं हुए थे कि पार्टी के प्रचार प्रमुख पद पर मोदी की नियुक्ति रुकवा सकें। जवाब में दिल्ली में पृथ्वीराज रोड पर उनके घर के बाहर मोदी समर्थक उनके विरोध में नारे लगा रहे थे। यह इत्तेफाक था कि उस समय मोदी की लहर और आडवाणी के विरोध का मैं प्रत्यक्षदर्शी था। क्योंकि, चैनल की तरफ से मुझे उस विरोध को कवर करने के लिए भेजा गया था। राजनीति कब किस करवट बैठ जाए। यह वाकई कोई नहीं जानता। पर, उसकी समझ रखने वाले ही वैतरणी पार कर पाते हैं। गोवा में पार्टी अध्यक्ष राजनाथ सिंह के साथ विपक्ष के नेता अरुण

जेटली ने संसदीय बोर्ड से इस नियुक्ति पर अपनी मुहर लगवा ली। उन्होंने तर्क दिया कि पार्टी नेतृत्व नरेंद्र मोदी को प्रधानमंत्री पद का उम्मीदवार बनाने की संगठन की मांग को ज्यादा समय तक अनदेखा नहीं कर सकता।

बीजेपी के भीतर मोदी का उदय कई भीतरी लड़ाईयों की भी देन है, जिन्होंने 2004 और 2009 में पार्टी को कांग्रेस के लिए गंभीर चुनौती बनने नहीं दिया था। 2009 में लोकसभा चुनाव में पार्टी की हार ने आरएसएस को कमान सम्हालने के लिए मजबूर कर दिया। इसने D4 कहे जाने वाले दिल्ली के उस गुट का वर्चस्व खत्म कर दिया। इस गुट में लालकृष्ण आडवाणी, अरुण जेटली, सुषमा स्वराज, अनंत कुमार और एम वैंकेया नायडू शामिल थे। सुषमा स्वराज को 2009 में लोकसभा का नेता और अरुण जेटली को राज्यसभा का नेता बना दिया गया। संघ ने नितिन गडकरी पर भरोसा जताते हुए उन्हें पार्टी का राष्ट्रीय अध्यक्ष बना दिया। उधर, गुजरात में मोदी गुजरात माडल के जरिए हिंदुत्व के प्रतीक तौर पर खुद को नायक की तरह पेश करने में कामयाब रहे। 2013 में गडकरी अपनी कंपनियों के भ्रष्टाचार में उलझ गए और उनकी जगह यूपी के मिर्जापुर के महाविद्यालय में शिक्षक की भूमिका निभाने वाले राजनाथ सिंह ने ले ली। गुजरात में जब मोदी ने अपना तीसरा चुनाव भारी बहुमत से जीत लिया, तब उनके दिल्ली में आने के सपने सच होने के करीब पहुंच रहे थे। पर आडवाणी ने एक बार फिर कोशिश की कि आखिर वह फिर से बीजेपी के राष्ट्रीय अध्यक्ष पद पर आसीन हो सकें। लेकिन, संघ की तरफ से कोई सहारा ना मिलने से उनकी योजना धरी रह गई। इधर मोदी हिंदुत्व के प्रतीक होने के साथ-साथ पार्टी में नेताओं और कार्यकर्ताओं के बीच अपनी लोकप्रियता को बढ़ाते चले गए।

राष्ट्रीय स्वयं सेवक संघ के सर संघ चालक मोहन भागवत जब 14 फरवरी 2014 में पांच दिन का अपना शीत प्रवास वाराणसी में किया, तो उसी समय परोक्ष रूप से वहां से नरेंद्र मोदी की उम्मीदवारी पर मुहर लग गई। वाराणसी से सांसद मुरली मनोहर जोशी को इस बात की भनक लगते ही 20 फरवरी 2014 को उन्होंने अपनी पत्नी सरला जोशी से भोजूवीर कचहरी में चुनाव कार्यालय का उद्घाटन

करवा दिया। इसके बाद जोशी ने वाराणसी में डेरा डाल दिया। जोशी के सर्मथकों ने होली की बधाई देने के क्रम में पूरे बनारस को बैनर एवं पोस्टरों से पाट दिया। इन पर लिखा था “बोले काशी विश्वनाथ, डॉ जोशी का देंगे साथ” इसके विरोध में मोदी समर्थकों ने भी मोर्चा संभाल लिया और “बनारस करे पुकार, मोदी अबकी बार” के नारे वाले मोदी के पोस्टर और होर्डिंग लगा दिए।

अब डॉक्टर मुरली मनोहर जोशी की खीझ खुलकर सामने आ गई। 11 मार्च 2014 को बनारस में एक कार्यक्रम पद्मभूषण पंडित छन्नूलाल मिश्र के सम्मान में आयोजित किया गया था। इसमें मुरली मनोहर जोशी ने कहा कि “कुछ पुण्य था जो कि मैंने भारत में जन्म लिया और काशी में रहने का मौका मिला। कुछ पाप भी किया होगा जिसके चलते संसद में हूं। संसद में जाने के पीछे जोशी किस “पाप” की बात कह रहे थे। इसे आसानी से समझा जा सकता था। मोदी के लिए बनारस की राह कठिन जरूर थी। लेकिन, उनके विश्वस्त अमित शाह ने राजनैतिक कौशल प्रबंधन से नरेंद्र भाई की राह आसान तो बना दी पर अभी मंजिल पर पहुंचना बाकी था।

5

नरेंद्र मोदी को मां का बुलावा

"पहले मैं सोचता था कि भारतीय जनता पार्टी ने मुझे भेजा है यहां। कभी मुझे महसूस होता था, कि काशी जा रहा हूं मैं। लेकिन, यहां आने के बाद महसूस कर रहा हूं कि न मुझे किसी ने यहां भेजा और न स्वयं मैं यहां आया हूं। मां गंगा ने मुझे यहां बुलाया है। मैं ऐसा ही महसूस कर रहा हूं, जैसे एक बच्चा अपनी मां की गोद में आने पर महसूस करता है। मैं प्रार्थना करता हूं कि ईश्वर मुझे इस नगर की सेवा करने की शक्ति दें।" यह बातें नरेंद्र मोदी ने बनारस में तब कही थी, जब वह अपना नामांकन करने के लिए आए थे।

नरेंद्र मोदी ने हमेशा मां से ही सीखा मां हीरा बा हमेशा शिक्षक की ही भूमिका में रहीं। मां ने बेटे को हमेशा अच्छे कामों के लिए प्रेरित किया। तभी तो नरेंद्र भाई मां को लेकर हमेशा भावुक रहे। मां और बेटे का यह ऐसा रिश्ता है, जो बहुत कम ही देखने को मिलता है। लेखक अरविंद चतुर्वेदी ने पुस्तक द रियल मोदी नरेंद्र मोदी और मां को लेकर एक कहानी लिखी है। अरविंद लिखते है कि नरेंद्र मोदी जब 27 सितंबर 2015 को फेसबुक के संस्थापक मार्क जुकरबर्ग के सवालों का जवाब दे रहे थे तो उनकी आंखों से आंसू बह रहा था। मोदी ने कहा जब हमारे पिता जी की मृत्यु हो गई। मेरी मां जो आज भी सारा काम खुद करती है, जिनकी उम्र नब्बे साल के उपर हो गई है। नरेंद्र भाई ने कहा हम सब छोटे थे। घर की गाड़ी को चलाने के लिए मां पास के घरों में बर्तन धोने के लिए जाती थी, पानी भरती थी, मजदूरी करती थी, आप कल्पना कर सकते हैं, एक मां बच्चे को

बड़ा करने के लिए पूरा जीवन खपा देती है। कितना कष्ट उठाती है। नरेंद्र मोदी की बहन बासंती ने बताया कि मां सबसे ज्यादा नरेंद्र भाई को ही प्यार करती है। वहीं, नरेंद्र मोदी के छोटे भाई पंकज ने नरेंद्र मोदी और मां के प्रेम का अलौकिक किस्सा सुनाया। पंकज ने बताया कि दिन में खाने को पूरे परिवार के लिए बाजरे की रोटी बनती थी साथ में दाल भी बनाई जाती थी। प्रतिदिन जो बाजरे की रोटी दिन में बना ली जाती थी, उसमें से मां एक अलग रोटी नरेंद्र भाई के लिए रखती थी। जब सबकी रोटी बन जाती थी तब नरेंद्र भाई की रोटी उसी तवे पर छोड़ दी जाती थी।

नरेंद्र भाई कहते हैं मां, यह सिर्फ एक शब्द नहीं है। यह जीवन की वह भावना है, जिसमें स्नेह, धैर्य, विश्वास कितना कुछ समाया रहता है। दुनिया का कोई भी कोना हो, कोई भी देश हो, हर संतान के मन में सबसे अनमोल स्नेह मां के लिए होता है। मां सिर्फ हमारा शरीर ही नहीं गढ़ती, बल्कि हमारा मन, व्यक्तित्व, आत्मविश्वास भी गढ़ती है। अपनी संतान के लिए ऐसा करते हुए वह खुद को खपा देती है। खुद को भुला देती है। नरेंद्र भाई ने मां के सौ वर्ष का हो जाने पर अपनी भावनाएं व्यक्त की हैं। वैसे मैं मानता हूं कि दुनिया में मां से ज्यादा मोल किसी भी चीज का नहीं हो सकता है। मेरी मां अल्प समय में इस दुनिया को अलविदा कह गई थीं। पर उसका अविरल प्रेम आज भी ताकत और हिम्मत देता है, जब मैं बहुत निराश होता हूं तो उसका ध्यान कर लेता हूं, उससे मुझे नई ऊर्जा मिल जाती है। नरेंद्र भाई मां को लेकर लिखते हैं कि मां आज भी वैसी ही है। शरीर की ऊर्जा भले ही कम हो गई है। लेकिन, मन की ऊर्जा यथावत है। मां की तपस्या ही संतान को इंसान बनाती है। मां की ममता इंसान को मानवीय संवेदनाओं से भरती है। मां एक व्यक्ति, एक व्यक्तित्व नहीं एक स्वरूप है। नरेंद्र भाई ने आगे लिखा है, कि मां से बड़ा कोई गुरू नहीं है। 'नास्ति मातृ समो गुरू'। नरेंद्र मोदी ने आगे अपने लेख में लिखा है कि जब मैं मां से मिलता हूं तो मां कहती है कि 'मैं मरते समय तक किसी की सेवा नहीं लेना चाहती, बस ऐसे ही चलते चले जाना चाहती हूं। नरेंद्र भाई को हर वो बात याद आती है जो मां ने कही या सिखाया है। नरेंद्र ने लिखा है, मैं अपनी मां के इस जीवन

यात्रा में समूची मातृशक्ति के तप, त्याग, योगदान के दर्शन करता हूं। अभाव की हर कथा से ऊपर एक मां की गौरव गाथा होती है। संघर्ष के हर पल से उपर एक मां की इच्छा शक्ति होती है। मां को लेकर यह कथन किसी को प्रेरित तो किसी को भावुक कर देता है। वैसे भी स्त्री, ममता, प्रेम और स्नेह का रूप है। बचपन से हम यही देखते आए हैं। अपनों के लिए हर कुर्बानी देने वाली। तभी तो वह महान कहलाती है। वह पूरा जीवन दूसरों के लिए जीती है। कभी पति, कभी बच्चे तो कभी परिवार और रिश्तेदार। यही उसकी छोटी सी दुनिया होती है। इनके लिए अपनी खुशियां भूल जाना उन्हें पसंद है। पर जब अपने जीने की बारी आती है, तब समय फुर्र हो जाता है। नरेंद्र मोदी समय को पकड़ लेना चाहते हैं। मां गंगा के लिए कुछ करने की प्रेरणा की भावना के साथ ही नरेंद्र मोदी ने बनारस का रुख किया। गंगा को लेकर प्रधानमंत्री पद के उम्मीदवार नरेंद्र भाई उतने ही भावुक थे, उनको लगता था कि गंगा के लिए बहुत कुछ करना चाहिए।

नास्ति मातृसमा छाया, नास्ति मातृसमा गति:
नास्ति मातृसंम त्राण,नास्ति मातृसमा प्रिया।

यह श्लोक कहता है कि माता के समान कोई छाया नहीं, माता के समान कोई सहारा नहीं है। माता के समान कोई रक्षक नहीं ,और माता के समान कोई प्रिय नहीं।

नरेंद्र मोदी अब बनारस का रुख कर चुके थे। उनको लगता है कि मां गंगा जो देश को जीवन देती है, जिसके दर्शन मात्र से आप के सारे पाप धुल जाते हैं, जो लाखों परिवार को रोजी-रोटी देती है। न जाने कितनों की तारणहार है। अब उनको तारने का वक्त आ गया है।

24 अप्रैल 2014 मोदी ने बनारस में कहा मुझे मां गंगा ने बुलाया है। आगे मोदी कहते हैं, मैं इस नगर यानि बनारस की सेवा करूं, काशी का सारे विश्व में आध्यात्मिक राजधानी (Spiritual capital) के रूप में स्थान बने। नरेंद्र भाई इसमें यह जोड़ना नहीं भूलते कि मेरा सौभाग्य रहा की मेरा जन्म वडनगर में हुआ है, मुझे प्रारंभिक जीवन में काम करने का अवसर बड़ोदरा में मिला और मां की गोद वाराणसी

में वापस आया हूं। मोदी कहते हैं कि मैं जिस गांव वडनगर में जन्मा वह भी शिव का बहुत बड़ा तीर्थ है। वहां के शिव भक्तों के नागर समुदाय (cominuity) लोग बहुत बड़ी संख्या काशी में रहते हैं। मोदी ने अपने भाषण में कहा कि जब चीनी दार्शनिक व यात्री ह्वेनसांग भारत आए थे। वह मेरे गांव वडनगर में बहुत समय तक रहे। ह्वेगसांग ने लिखा है कि उस समय बौद्ध भिक्षुओं का बहुत बड़ा हास्टल वडनगर में था। लोग मानते हैं कि बुद्ध केवल ईस्ट में थे पर मेरा गांव कहता है कि बुद्ध वेस्ट में भी थे। मोदी ने कहा बड़ौदा मेरा कर्म क्षेत्र रहा। अगर महाराज सया जी राव गायकवाड़ न होते तो हमें बाबा साहेब आम्बेडकर न मिलते। बाबा साहेब के शिक्षा दीक्षा का प्रबंध सया जी राय गायकवाड़ ने की थी। उन्हें पढ़ने के लिए विदेश भेजा। उनकी पढ़ाई की चिंता की। उस भूमि पर मुझे काम करने का सौभाग्य मिला है। आज जहां पर बुद्ध ने संदेश दिया था, वह भगवान बुद्ध की धरती और भोले बाबा की धरती है। संकट मोचन की शक्तियां जहां अपरंपार हैं। उस भूमि की सेवा करने का अवसर है। मेरा मन कहता है मैं आया नहीं मुझे भेजा भी नहीं गया है। मां गंगा ने मुझे बुलाया है। मां गंगा मुझे आशीर्वाद दे और मैं कह सकता हूं। जैसे महात्मा गांधी साबरमती के तट के साथ जुड़ गए थे और साबरमती के संत की पहचान मिली। उस साबरमती को ठीक करने का मुझे सौभाग्य मिला आप वहां के फ्रंट को देखेंगे तो अचरज करेंगे कि कैसा काम किया जा सकता है। ईश्वर मुझे शक्ति दे। मां मुझे शक्ति दे कि मैं उससे भी बढ़कर मेरी मां गंगा का और मेरी काशी का जय जयकार हो।

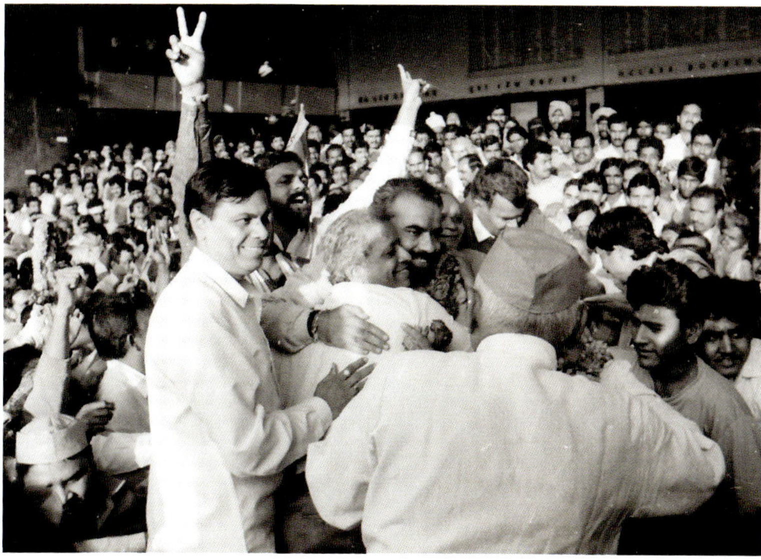

नरेन्द्र मोदी की गुजरात वापसी- स्टेशन पर भव्य स्वागत-

गुजरात की जनता को 2012 की जीत का धन्यवाद

विधानसभा चुनाव में जीत का धन्यवाद (मोदी और वैकेया नायडू साथ -साथ)

बनारस से चुनाव लड़ने का फ़ैसला जनता का आशीर्वाद

गुरू के लिए समर्पित

बनारस एयरपोर्ट पर नरेंद्र मोदी।

बनारस में जनता का अभिवादन स्वीकार करते नरेंद्र मोदी।

मोदी की एक झलक पाने को बेताब बनारस की जनता।

6
बनारस का कुरुक्षेत्र

बनारस का कुरुक्षेत्र सज चुका था। राजनैतिक दल इसे धर्म पर अधर्म की लड़ाई कह रहे थे। पर असली मुद्दा तो जीत का ही था। यह ऐसा महायुद्ध था, जिसकी लड़ाई में कोई विधान नहीं था। हर किसी को बस अपनी जीत की पड़ी थी। सवाल यह था कि जनता किसके साथ है। बनारस के चुनाव में भी हर जगह इंसान ही इंसान के खिलाफ साजिश में लीन था। वोट के लिए इंसान ही इंसान का शिकारी था। कहीं जाति के नाम पर तो कहीं धर्म के नाम पर। नरेंद्र मोदी यह लड़ाई देश के नाम पर लड़ रहे थे, देश के लिए कुछ करने के लिए लड़ रहे थे। अमेरिकी राष्ट्रपति रहे जान एफ कैनेडी ने अपने पहले भाषण में कहा था, यह मत पूछिए कि आपका देश आपके लिए क्या कर सकता है। यह पूछिए कि आप अपने देश के लिए क्या कर सकते हैं। मोदी देश के लिए अब बहुत कुछ करना चाहते थे।

वहीं, दूसरी तरफ विपक्षी दल मोदी की राह में कांटे बिछाने में लगे थे। भाजपा प्रत्याशी नरेंद्र मोदी के नामांकन दाखिल कर के जाते ही भारतीय छात्र संगठन और समाजवादी पार्टी ने महामना की प्रतिमा को दूध और गंगाजल से स्नान करा कर शुद्ध करने का काम किया। इसी के साथ ही कांग्रेस ने भाजपा पर चुनाव आचार संहिता के उल्लंघन का भी आरोप मढ़ दिया। आरोप था कि नरेंद्र मोदी के नामांकन में कई सौ गाड़ियों का इस्तेमाल किया गया। इसमें यह भी कहा गया कि अन्य तमाम खर्चों की जांच कराई जाए। वहीं,

समाजवादी पार्टी ने भाजपा प्रत्याशी, समर्थकों के खिलाफ धार्मिक भावनाओं को भड़काने और शहर की यातायात बाधित करने का आरोप लगाया। समाजवादी पार्टी ने अपने आरोप में यह भी कहा कि बीजेपी के लोगों ने ऑटो, रिक्शा व अन्य वाहनों पर अपने पोस्टर-बैनर जबरदस्ती लगा दिए थे। वहीं, दूसरी तरफ नरेंद्र मोदी के खिलाफ चुनाव लड़ रहे अरविंद केजरीवाल ने कहा कि वह भ्रष्टाचार के खिलाफ सबसे बड़ी लड़ाई लड़ रहे हैं। उन्होंने यह भी कहा कि एक तरफ काले धन की शक्ति है तो दूसरी तरफ सच्चाई की शक्ति है। 15 अप्रैल को वाराणसी में आम आदमी पार्टी के राष्ट्रीय संयोजक अरविंद केजरीवाल ने कहा कि वाराणसी से हारे हुए मोदी को दिल्ली में कोई प्रधानमंत्री नहीं बनाएगा। केजरीवाल ने बनारस में 25 मार्च को की गई रैली में ही बनारस से चुनाव लड़ने का अपना इरादा जता दिया था। वाराणसी में बाहर से आए लगभग आठ हजार कार्यकर्ता घर जाकर प्रचार कर रहे थे और नरेंद्र मोदी की राह में रोड़े बिछाने का काम कर रहे थे। अरविंद अपनी बात हर जगह यह कह कर समाप्त करते हैं कि “लड़ाई अभी खत्म नहीं हुई है दोस्तों।” मैकियावेली ने कहा था कि राजनीति में नैतिकता की कोई जगह नहीं होती है। खुश्चेव मानते थे कि नेता दुनिया भर में एक जैसे होते हैं। वह वहां भी पुल बनाने का वादा कर देते हैं, जहां नदी न हो। वहीं, जार्ज आरवेल का मानना था कि राजनीति की भाषा में झूठ सच की तरह और हत्यारा इज्जतदार दिखता है। बनारस में हर कुछ हो रहा था। यह सब ऐतिहासिक कथन उसे और पुख़्ता बना रहे थे।

नरेंद्र मोदी को पीएम बनने से रोकने के लिए बनारस के 2014 लोकसभा चुनाव में कुल 78 प्रत्याशियों ने पर्चा भरा था। लेकिन, जांच के बाद 34 प्रत्याशियों के पर्चे खारिज कर दिए गए। इन खारिज किए गए पर्चों में चर्चित चंदन तस्कर वीरप्पन के भतीजे पीएन रामचंद्रन का पर्चा भी शामिल था। बनारस में अलग-अलग दलों के ढेरों प्रत्याशियों ने नामांकन दाखिल कर दिया था। इसमें शिवहरी अग्रवाल -भारत निर्माण पार्टी कोलकाता, अभिमन्यु -बहुजन मुक्ति मंच प्रयागराज, श्याम बाबू गुप्त -गरीब आदमी पार्टी उत्तमनगर दिल्ली, एके अग्रवाल -अग्रजन पार्टी दिल्ली, देवी प्रसाद

नंद -मौलिक अधिकार पार्टी जाफराबाद अलीगढ़ और न जाने कितने अपनी-अपनी जीत का दावा कर रहे थे।

उन दिनों बनारस में चल रहा संकट मोचन संगीत समारोह में अनेक संगीतकार बनारस में अपनी कला का प्रदर्शन करने आए थे। हर कोई अपनी बात कह रहा था। भजन सम्राट अनूप जलोटा मोदी को पीएम बनते हुए देखना चाहते थे। जबकि, बांसुरी के सम्राट हरि प्रसाद चौरसिया अच्छे लोगों को राजनीति में लाने की पैरवी करते नजर आए।

पूरे देश में कांग्रेस और बनारस में आम आदमी पार्टी की ओर से नरेंद्र मोदी को लेकर बड़े-बड़े बयान दिए जा रहे थे। कांग्रेस की नेता सोनिया गांधी ने बरेली में कहा था कि "ईश्वर देश को मोदी माडल से बचाए। वहीं, बनारस में अरविंद केजरीवाल ने कहा कि अगर नरेंद्र मोदी चुनाव जीते तो जनता महंगाई के बोझ तले दब जाएगी। वहीं, अमेठी में प्रियंका गांधी ने कहा कि वह मोदी के खिलाफ बनारस में चुनाव प्रचार नहीं करेंगी। लोगों के मन में ढेरों सवाल थे कि आखिर उन्होंने ऐसा क्यों किया, पर इसका उन्होंने कोई जवाब नहीं दिया। इन सबके बाद भी 2014 के चुनाव में मोदी के लिए बनारस में रोज नई चुनौतियां और मुश्किलें बरकरार रहीं। मोदी की चुनावी राह को रोकने के लिए हर तरह से कोशिशें जारी थीं। नरेंद्र मोदी को संबोधित करते हुए बुनकरों की तरफ़ से लिखी एक चिट्ठी सभी मीडिया संस्थानों को मेल की गई। उस पत्र का तप्सरा कुछ इस तरह से था कि हैंडलूम के बारे में आपके पास क्या कार्ययोजना है। अगर सूरत माडल को बनारस में लाया गया तो इसकी क्या गारंटी है कि इसका फायदा कुछ उद्योगपतियों के बजाए सभी को मिले। इस पत्र में यहां तक पूछा गया था कि कपड़ा मंत्री कहां का होगा। अगर दक्षिण या गुजरात का हुआ तो यहां की समस्याओं को कैसे समझेगा। सब्सिडी पैकेज, बिजली बिल माफी, कर्ज माफी और बाजार से जोड़ने की क्या रणनीति है। इस पत्र पर बीस लोगों के हस्ताक्षर थे।

वहीं, एक दलित समूह नवसृजन ने आरटीआई के जरिए यह दावा किया कि गुजरात में मोदी सरकार ने पिछले एक दशक में दलितों और समाज में आर्थिक तौर पर पिछड़े वर्गों के विकास के

लिए मिली राशि यानि 3,689 करोड़ के फंड का इस्तेमाल ही नहीं किया। (27 अप्रैल 2014 सहारा में छपी खबर के आधार पर)। वहीं, पूर्व प्रधानमंत्री अटल बिहारी वाजपेयी की भतीजी करुणा शुक्ला कांग्रेस के साथ मंच साझा करती नजर आ रही थीं और खुलकर आरोप लगा रही थीं कि बीजेपी में अटल और आडवाणी को अपमानित किया जा रहा है।

वहीं, अमित भाई शाह के नेतृत्व में बीजेपी की बनारस में टीम सज चुकी थी। काशी में गुजरात से आई टीम ने मोर्चा संभाल लिया था। संघ की पृष्ठभूमि से जुड़े गुजरात के तीन लोगों को बनारस में अहम जिम्मेदारी दी गई थी। यह गुजरात की पृष्ठभूमि वाले अरुण सिंह, सुनील देवघर व सुनील ओझा प्रमुख थे। वैसे मोदी के इस चुनाव के लिए तीन जगहों पर वार रूम बनाए गए थे। बनारस, दिल्ली और अहमदाबाद। वहीं, अहमदनगर में शिवगांव सीट से दिनेश गांधी के प्रचार में पहुंचे लाल कृष्ण आडवाणी ने रैली को संबोधित करते हुए कहा कि "मोदी के लिए वोट करें"। बदलाव के लिए वोट करें। आडवाणी ने कहा देश को एक्शन की जरूरत है और अपेक्षा सिर्फ नारों की नहीं।

वहीं, पूरे देश में मोदी के खिलाफ कांग्रेस अपनी बयानबाजी तेज करती जा रही थी। वित्तमंत्री पी चिदंबरम ने दिल्ली में 31 मई 2014 को कहा था कि गुजरात दंगों में मोदी को क्लीन चिट नहीं मिली है। उन्होंने कहा कि एसआईटी ने एक रिपोर्ट दी है। जिसे निचली अदालत ने स्वीकार किया है। इस रिपोर्ट को ऊपरी अदालत में चुनौती दी गई है। जिसका फैसला उस समय तक नहीं आया था। चिदंबरम ने यह भी आरोप लगाया कि यह मोदी के कब्जे वाली भाजपा है। विपक्ष में तो लोग मोदी का विरोध कर ही रहे थे पर अपनी पार्टी यानि भाजपा में भी लोग मोदी के खिलाफ आग उगल रहे थे। बीजेपी के वरिष्ठ नेता जसवंत सिंह ने तो यहां तक कह दिया कि कोई भी सियासी पार्टी एक व्यक्ति की दासी नहीं होनी चाहिए। क्षेत्रीय दलों ने भी मोदी पर हमला करने का कोई मौका नहीं चूका। बसपा सुप्रीमो मायावती ने कहा कि अगर मोदी सत्ता में आ जाते हैं, तो देश में निरंतर दंगों का खतरा बना रहेगा। वहीं, दो अप्रैल को

बनारस पहुंचे अमित भाई शाह ने पत्रकारों से बात करते हुए यह घोषणा कर दी कि देश में मोदी की लहर चल रही है। अमित शाह ने कहा कि बनारस से मोदी को प्रत्याशी इसलिए बनाया गया है कि यह लघु भारत है। यहां से चुनाव लड़ने का मतलब है पूरे देश का प्रतिनिधित्व करना। अमित भाई ने कहा कि बनारस का संसद में प्रतिनिधित्व करना अपने आप में सौभाग्य की बात है। अमित शाह ने इस प्रेस वार्ता में ही स्पष्ट कर दिया था कि पार्टी बनारस में तो चुनाव जीतेगी पर मोदी के बनारस से चुनाव लड़ने के कारण बिहार से जुड़ी सीटें भी पार्टी के झोली में आएंगी। अमित शाह ने कहा कि मोदी के पीएम बनने के बाद यहां की समस्याओं को एक के बाद एक करके दूर किया जाएगा। गुजरात की तर्ज पर यहां पर भी नदियों की सफाई का काम किया जाएगा। अमित शाह ने कहा कि यूपी में पार्टी सबसे ज्यादा सीट जीत कर विरोधियों के दांत खट्टे कर देगी। अमित शाह की विशेषता है कि वो चौतरफा वार करते हैं। अमित शाह ने बनारस प्रवास के दौरान कहा कि देश की जनता कांग्रेस से मुक्ति चाहती है। प्रधानमंत्री पद के उम्मीदवार नरेंद्र मोदी के चुनाव कार्यालय के उद्घाटन के साथ ही अमित भाई अपनी रणनीति को अमली जामा पहनाने में जुट गए।

7
नरेंद्र मोदी का बनारस से नामांकन

कन्फ्यूशियस कहते है कि "जब आप किसी संकट में फंसे हों, सबकुछ आपके विपरीत हो रहा हो तो जब तक ऐसा न लगे कि वहां एक पल भी रुकना संभव नहीं है, तब तक हार न मानें। क्योंकि वही वह स्थान और समय है, जब सबकुछ बदलेगा।

मोदी कुछ ऐसे ही हैं। उनकी खासियत है कि वह अंत तक हार स्वीकार नहीं करते। हमारे लोकतंत्र में इतिहास बनाने और इतिहास बन जाने के बीच एक महीन रेखा होती है। मोदी इतिहास बनाने में यकीन रखते हैं।

बनारस में विपक्षियों ने नरेंद्र मोदी को हराने के लिए अपनी बारात सजानी शुरू कर दी। इसमें हर वह व्यक्ति शामिल था, जो मोदी को पीएम नहीं बनने देना चाहता था। इसमें लेखक, सिने कलाकार, नेता और पत्रकार हर कोई शामिल था। इसी बीच भारतीय मूल के कई लेखकों, कलाकारों ने नरेंद्र मोदी को भारत का अगला प्रधानमंत्री बनाने के खिलाफ चेतावनी देते हुए कहा कि उनका सत्ता में आना देश के लिए अपशकुन होगा। लेखक सलमान रुश्दी, फिल्मकार दीपा मेहता ने अपने हस्ताक्षर वाले खुले पत्र में कहा "भारत की लोकतांत्रिक चुनावी प्रक्रिया की वैधता पर सवाल उठाए बगैर 2002 में गुजरात में हुई वीभत्स घटनाओं में मोदी सरकार की भूमिका को याद रखना आवश्यक है। द गार्जियन अखबार

ने इस पत्र को "यदि मोदी चुने गए तो भारत के लिए अपशकुन होगा" नामक शीर्षक से प्रकाशित किया था।

आम आदमी पार्टी के प्रत्याशी को जिताने के लिए उनके सिपहसालार मनीष सिसोदिया, संजय सिंह ने बनारस में डेरा जमा लिया था। इन दोनों लोगों का मुख्य कार्य अरविंद के कार्यक्रमों की रूपरेखा बनाना था। इन सबके अलावा यह दोनों नेता अरविंद केजरीवाल के बनारस चुनाव में गांवों तक अरविंद को कैसे पहुंचाया जाए, कैसे ग्रामीणों की चौपाल कराई जाए, गांव से अरविंद और चुनाव को जोड़ा जाए, इस व्यवस्था में भी लगे थे।

यहां यह बताना आवश्यक हो जाता है कि जब 12 अप्रैल 2014 को मनीष सिसोदिया और संजय सिंह स्टेशन पहुंचे तो उनकी अगुवानी करने आए कार्यकर्ता उनके स्वागत में आम आदमी पार्टी जिंदाबाद के नारे लगा रहे थे। तभी सुबह-सुबह दूसरी तरफ से भी नारा लग रहा था हर-हर मोदी घर-घर मोदी। जबकि, वहां पर कोई भाजपा का नेता नहीं आया था इनके विरोध में। न ही किसी तरह के विरोध का इंतजाम किया गया था। जानकारी करने पर बाद में पता चला कि यह स्टेशन पर काम करने वाले लोग थे, जो खुद मोदी के लिए लड़ रहे थे। मुझे यह कहने में कोई गुरेज नहीं है कि मोदी के लिए बनारस की जनता खुद चुनाव लड़ रही थी।

बनारस में संघ ने पूरी तरह कमान संभाल रखा था। संघ की मैराथन बैठक के बाद भाजपा के पीएम पद के उम्मीदवार नरेंद्र दामोदर दास मोदी के नामांकन का दिन तय कर लिया गया कि नरेंद्र मोदी 22 अप्रैल को अपना पर्चा दाखिल करेंगे। ज्योतिष के हिसाब से 22 अप्रैल का पूरा दिन शुभ है। इस दिन कालअष्टमी और उत्तराषाढ़ा योग है। मोदी के नामांकन का दिन मंगलवार तय किया गया था।

वहीं, दूसरी तरफ कांग्रेस के घोषित प्रत्याशी अजय राय खुद जाकर पूर्व सांसद और कांग्रेस के पिछली लोकसभा के प्रत्याशी रहे राजेश मिश्रा से मिले। चूंकि राजेश बनारस से चुनाव जीत चुके थे। ऐसे में अजय राय को लगता था कि अगर ब्राह्मण, मुसलमान और दलित उनके साथ आ जाते हैं, तो राजनीति की कहानी कुछ और हो

सकती है। पर ऐसा हुआ नहीं। राजेश टिकट न मिलने से नाराज थे। इसके अलावा अजय राय और राजेश मिश्र राजनीति में कभी दोस्त भी नहीं रहे।

उधर, आम आदमी पार्टी को जिताने के लिए मनीष और संजय सिंह अपनी रणनीति को अमली जामा पहनाने में लग गए थे। 13 अप्रैल 2014 को बनारस के अस्सी पर किए गए अपने प्रेस कान्फ्रेंस में मनीष ने मोदी और राहुल को एक ही सिक्के के दो पहलू करार दिया। इधर, पीएम पद के उम्मीदवार नरेंद्र मोदी ने अपने रंग में बनारस के लोगों के साथ रिश्ता बनाना और संपर्क करना आरंभ कर दिया था। यह सिलसिला पीएम बनने के बाद भी बरकरार रहा। नरेन्द्र मोदी कठिन परिस्थिति में हमेशा बनारस के लोगों के साथ खड़े नजर आए इसकी एक बानगी तब देखने को मिली थी जब जयापुर गांव पर आई आपदा में मोदी बराबर जयापुर गांव के लोगों के साथ खड़े नजर आए। घटना कुछ इस तरह थी कि जयापुर में किसानी का काम कर रहे लोगों पर 11000 वोल्ट का हाईटेंशन तार टूट कर गिर पड़ा था। इसकी वजह से कई लोग इस आग से बुरी तरह झुलस गए थे। नरेंद्र मोदी ने खुद वहां के प्रधान रहे नारायण पटेल से दूरभाष पर बात की और बीजेपी के एक प्रतिनिधि मंडल को वहां का दौरा करने के लिए भेजा।

वहीं, बीजेपी में भी मोदी को प्रधानमंत्री न बनने देने के लिए अलग ही घमासान चल रहा था। बीजेपी के बनारस से सांसद रहे मुरली मनोहर जोशी ने बनारस से एक बार फिर से प्रत्याशी बनने के लिए, पहले तो नाराज होकर पार्टी और संघ पर दबाव बनाने की कोशिश की, पर जब वह इसमें कामयाब नहीं हुए। अलबत्ता उनके एक बयान ने बीजेपी और मोदी समर्थक कार्यकर्ताओं को और नाराज कर दिया। बयान में जोशी ने कह दिया था कि देश में कोई मोदी लहर नहीं है। मुरली मनोहर जोशी के बयान से बीजेपी कैडर नाराज हो गया। भाजपा कैडर को लग रहा था, कि मोदी की आक्रामक छवि के कारण भाजपा राज्यों में दिख रही थी। नरेंद्र मोदी के बचाव में उस समय तात्कालिक राष्ट्रीय अध्यक्ष राजनाथ सिंह ने कहा नरेंद्र मोदी को संसदीय दल की सहमति से भाजपा के पीएम पद का

उम्मीदवार घोषित किया गया है। उन्होंने कहा कि संगठन से बड़ा कोई नहीं होता है। डॉ. जोशी के इस कथन कि गुजरात माडल सभी राज्यों में लागू नहीं किया जा सकता। राजनाथ सिंह ने इसका जवाब देते हुए कहा कि नरेंद्र मोदी ने कभी ऐसी बात नहीं कही कि पूरे देश में गुजरात माडल लागू किया जाएगा। राजनाथ सिंह ने यह भी कहा कि यह सच्चाई है कि 12 वर्षों में गुजरात में नरेंद्र मोदी के नेतृत्व में गुजरात में ऐतिहासिक विकास हुआ। 2008 में राजीव गांधी फाउंडेशन ने उनको पुरस्कृत कर प्रशंसा की थी। राजनाथ सिंह ने अपनी प्रेस वार्ता में आगे जोड़ते हुए कहा कि गुजरात में हुए विकास की प्रशंसा तो अमेरिकी संसद की रिसर्च कमेटी ने भी की है।

मुरली मनोहर जोशी को अब यह लगने लगा कि पार्टी में उनको लेकर सबकुछ ठीक नहीं चल रहा। तो वह बचाव करने लगे। बचाव के दौरान उन्होंने यह कहा कि मेरे और मोदी के बीच कोई मतभेद नहीं है। आगे जोशी ने इसमें यह भी जोड़ते हुए कहा कि नरेंद्र मोदी सर्वाधिक लोकप्रिय नेता हैं और पार्टी का प्रतिनिधित्व करते हैं।

इधर, आप के अरविंद केजरीवाल ने बनारस में अपनी सियासत शुरू कर दी। बनारस आने के बाद 15 अप्रैल 2014 को वह शहर काजी मौलाना गुलाम यासीन से मिलने के लिए गए। उनके इस इलाके में आने की खबर से अंसारी बाहुल्य इलाके में छत से लेकर सड़क तक भीड़ जुट गई। केजरीवाल लगातार जनता को यह भरोसा दिलाने की कोशिश कर रहे थे कि वह बनारस से भागेंगे नहीं। उन्होंने 16 अप्रैल को नदेसर के गोकुल गार्डन में लोगों को संबोधित करते हुए कहा कि मैं काशी में चुनाव लड़ने के लिए आया हूं। मैं जनता के सहयोग से देश की राजनीति को बदलने के लिए निकला हूं। केजरीवाल ने इस कार्यक्रम में यह भी कहा कि मैं काशी से सांसद बनने नहीं आया हूं। बल्कि बनारस से महाक्रांति का आगाज करने आया हूं।

वहीं, दूसरी तरफ बीजेपी के पीएम पद के उम्मीदवार नरेंद्र मोदी ने भी विवादों से बचने की कोशिश की। उन्होंने अहमदाबाद में एक समाचार चैनल को दिए साक्षात्कार में कहा कि “पार्टी के वरिष्ठ नेता मुरली मनोहर जोशी का यह कथन सही है कि देश में भाजपा

की लहर है मोदी की नहीं। मोदी तो पार्टी पद धारक है। जो कुछ है भाजपा ही है। यह चार-पांच पीढ़ी के नेताओं और कार्यकर्ताओं की तपस्या का परिणाम है। लोगों ने बलिदान दिया है, मोदी एक ऊर्जा भर का नाम है।

आम आदमी पार्टी के नेता अरविंद केजरीवाल जनता को प्रभावित करने के लिए हर वह कदम उठा रहे थे, जिससे बनारस की जनता उन्हें वोट करे। रोहनियां के एक जनसभा में अरविंद केजरीवाल ने यहां तक कह दिया कि "मैं बनारस के लोगों से देश को बचाने के लिए भीख मांगने आया हूं, क्योंकि देश में राजनैतिक दलों के नाम पर प्राइवेट लिमिटेड जैसी पारिवारिक पार्टियां सक्रिय हैं, उनके नेता पूरी तरह भ्रष्टाचार में रंगे हैं।"

चुनाव की अधिसूचना जारी होने के पहले दिन ही कांग्रेस प्रत्याशी अजय राय ने पर्चा भरा। कांग्रेस प्रत्याशी रहे अजय राय के नामांकन में कांग्रेस के वरिष्ठ नेता आनंद शर्मा और राज बब्बर शामिल हुए थे। अजय राय ने पर्चा भरने के बाद कहा कि उनके चुनाव में मुख्य रूप से जनता के जीवन से जुड़े मुद्दे ही प्रमुखता से रहेंगे। इसमें सड़क, बिजली, पानी ही मुख्य मुद्दा होगा।

कहते हैं न नेता चुनाव जीतने और सत्ता हासिल करने का कोई मौका नहीं छोड़ते। 18 अप्रैल 2014 को कांग्रेस ने उमा भारती की एक तीन साल पुरानी सीडी जारी कर राजनैतिक भूचाल खड़ा कर दिया। इस सीडी में उमा भारती ने नरेंद्र मोदी को विनाश का एजेंट कहा था। गुजरात के विकास के दावे को पाखंड कहा था। इस सीडी के जारी होने के बाद उमा भारती ने चुनाव आयोग से शिकायत की कि उनके बयान को तोड़ मरोड़ कर पेश किया जा रहा है, इस पर तत्काल रोक लगाकर कारवाई की जाए।

अरविंद केजरीवाल ने बनारस की जनता से कहा कि अगर नरेंद्र मोदी बनारस से चुनाव जीतते हैं, तो बनारस में दोबारा चुनाव होगा। क्योंकि वह अपने पास बड़ोदरा की सीट रखेंगे।

वहीं, नरेंद्र मोदी के जीत की पटकथा लिखे जाने की तैयारी बीजेपी कर रही थी। अलग-अलग पार्टियों से नेताओं को भाजपा में शामिल करवाया जा रहा था। तो दूसरी तरफ लखनऊ में भाजपा के

यूपी प्रभारी अमित शाह ने चुनाव आयोग से लगे प्रतिबंध हटने के बाद पुनः यूपी और बनारस में डेरा जमा लिया। इस दौरान पीएम पद के उम्मीदवार नरेंद्र मोदी के बनारस चुनाव को लेकर काशी प्रांत से आए नेताओं से तैयारियों को लेकर चर्चा की और आगे की रणनीति तय की।

बनारस के 2014 चुनाव के दौरान क्षेत्रीय अध्यक्ष पद की जिम्मेदारी देख चुके और वर्तमान में सिक्किम के गर्वनर लक्ष्मण आचार्य ने अमित शाह के काम करने के तरीके को लेकर बड़ी महत्वपूर्ण बात बताई। उन्होंने बताया कि 2014 चुनाव के दौरान अमित भाई को यूपी बीजेपी का प्रभारी बनाया गया था। लेकिन, वह तो पूरे देश का फीडबैक लेने के साथ ही वहां पर चुनाव इंतजाम, यूपी में हर सीट को जीतने के लिए लगभग हर रिपोर्ट और प्रधानमंत्री पद के उम्मीदवार नरेंद्र मोदी के बनारस और बड़ोदरा के चुनाव तैयारियों पर पैनी नजर रख रहे थे। दोनों जगहों पर जीत सुनिश्चित करने के लिए हर इंतजाम को उपलब्ध कराना भी वह अपनी ही जिम्मेदारी समझते थे। ऐसे ही एक दिन फोन आया कि, लक्ष्मण जी आप अपनी टीम के साथ बलिया आ जाएं। वहीं पर बनारस को लेकर बैठक होगी। पूरे पूर्वांचल से लोग बैठक में आए थे। बैठक तय समय पर आरंभ हो गई। समय बीत रहा था, बैठक चलती जा रही थी। दिन बीत गया रात आई। नौ, दस, ग्यारह, बारह, एक और दो बज गए। लगभग रात 2.30 बजे बनारस की टीम का नंबर बैठक के लिए आया। लक्ष्मण आचार्य ने बताया कि जब मैं अपनी टीम को लेकर अंदर गया। तो थोड़ी देर तक अमित भाई को देखता रहा। उनके चारों तरफ जो पेपर फैला था। उस पर नजर पड़ी। इसके बाद अमित भाई जिस चारपाई पर बैठे थे उस पर नजर पड़ी तो मैं अवाक रह गया। क्योंकि, मैंने बहुत सारे नेताओं के नखरे और उनके वीवीआईपी इंतजाम को देखा और किया था। मेरी आंखों में पानी आ गया। चारपाई पूरी तरह से जमीन में धंसी थी, उसकी बांधी टूटी हुई थी (बांधी, यह कपड़े या सन का बनाया जाता है)। कोई विशेष इंतजाम नहीं था। अमित भाई ने मेरे आने के साथ ही बनारस का फीडबैक और तैयारियों की

जानकारी लेना आरंभ कर दिया। यह बैठक घंटों चली। मैं उस त्याग और समर्पण को आज तक नहीं भूल पाया हूं।

प्रधानमंत्री पद के उम्मीदवार नरेंद्र मोदी ने अपने इरादे स्पष्ट कर दिए थे। उन्होंने एक चैनल को दिए साक्षात्कार में कहा कि वह पराजय का सामना करने को तैयार हैं। व्यक्ति आधारित राजनीति नहीं करेंगे। मोदी ने यह भी कहा कि मैं हिंदुओं या मुसलमानों से कोई अपील नहीं करुंगा। पर भारत के एक सौ पच्चीस करोड़ जनता से जरूर अपील करुंगा। उन्हें लगता है कि मैं सही हूं, तो उपयुक्त है। नहीं तो मैं पराजय का सामना करने को तैयार हूं।

अरविंद केजरीवाल को उम्मीद थी कि अन्ना हजारे उन्हें बनारस से चुनाव जिताने के लिए जनता से अपील करने जरूर आएंगे। पर उनकी यह मुराद पूरी नहीं हुई। इस पर अरविंद ने अपना दुख भी जाहिर किया।

समाजवादी पार्टी से प्रत्याशी बनाए गए कैलाश चौरसिया जो बनारस में व्यवसाय तो करते हैं, पर मिर्जापुर से विधायक और मंत्री रहे हैं। कैलाश चौरसिया ने भी बनारस से बीस अप्रैल को अपना पर्चा दाखिल कर दिया।

अरविंद केजरीवाल के 23 तारीख को नामांकन करने का ऐलान संजय सिंह ने पत्रकार वार्ता में की। अब यह स्पष्ट हो चुका था कि मोदी की बनारस में मुख्य लड़ाई अरविंद केजरीवाल से ही होगी।

नरेंद्र मोदी को जीत दिलाने के लिए कृत संकल्प अमित शाह ने बनारस में कहा कि देश नरेंद्र मोदी को प्रधानमंत्री के तौर पर देखना चाहता है। अमित शाह ने नदेसर स्थित होटल में लगातार बैठक की। इस दौरान बीजेपी हर उस व्यक्ति, परिवार, युवा, महिला, बुजुर्ग को पार्टी से जोड़ने में जुटी थी, जो नरेंद्र मोदी की जीत में अपना योगदान कर सके। कांग्रेस के नेता और वरिष्ठ पत्रकार रहे धर्मेंद्र सिंह को बीजेपी प्रदेश अध्यक्ष लक्ष्मीकांत बाजपेयी ने सर्मथकों के साथ महमूरगंज स्थित तुलसी उद्यान में सदस्यता दिलाई।

माहौल मोदी के पक्ष में बनने लगा जब, बीजेपी के वरिष्ठ नेता लाल कृष्ण आडवाणी शुरूआती नाराजगी के बाद मोदी के लिए लय में आते हुए दिखाई देने लगे। उन्होंने अहमदाबाद में कहा कि प्रत्येक

पांच में से चार लोग मोदी को पीएम बनाना चाहते हैं। धार्मिक नगरी बनारस बाहर से आने वाले राजनैतिक लोगों से पटी पड़ी थी, भाजपा के 35 हजार लोग बनारस में डेरा डाले हुए थे।

वहीं, अरविंद केजरीवाल के चुनाव की कमान दिल्ली से आई टीम ने संभाल रखी थी। साथ ही पूरे देश से आप कार्यकर्ताओं ने भी बनारस में डेरा डाल रखा था। अरविंद केजरीवाल ने रोड शो के बाद अपना पर्चा दाखिल किया। पर्चा दाखिले से पहले जब अरविंद का रोड शो लहुराबीर से गुजर रहा था, तो उन्होंने चंद्रशेखर आजाद की प्रतिमा पर माल्यार्पण किया। लहुराबीर पर ही, अरविंद ने मोदी पर हमला करते हुए कहा कि मोदी हवाहवाई नेता हैं। नामांकन में उमड़ी भीड़ ने आम आदमी पार्टी के नेताओं को उत्साहित कर दिया था।

अब भाजपा की बारी थी। नरेंद्र मोदी चुनाव लड़ने की घोषणा के बाद पहली बार बनारस आ रहे थे। यह बृहस्पतिवार का दिन था। पूरे देश और दुनिया से आए मीडिया के लोगों से बनारस के होटल खचाखच भरे हुए थे। हर जगह मोदी के करिश्माई व्यक्तित्व की चर्चा हो रही थी। मोदी के बनारस से चुनाव लड़ने को लेकर संघ परिवार पिछले एक वर्ष से खाका तैयार कर रहा था। नागपुर में 2013 के ग्रीष्मकालीन शिविर में बनारस से उनको चुनाव लड़ाने के लिए एक खाका तैयार किया गया था। 16 मार्च 2014 को भाजपा की तीसरी सूची में नरेंद्र मोदी को बनारस से चुनाव लड़ाने का ऐलान कर दिया गया। मोदी को बनारस से चुनाव लड़ाने के पीछे संघ की सोच थी कि पिछले दो दशक से उत्तर भारत में बीजेपी के कमजोर पड़ने के कारण यहां मोदी जैसे फायर ब्रांड नेता की जरूरत है।

भाजपा प्रत्याशी नरेंद्र मोदी ने जनता को संदेश देते हुए कहा कि प्राचीन नगरी वाराणसी हजारों वर्षों से ज्ञान और संस्कृति का प्रतीक है। यह शिव की नगरी है। शिव विभिन्न संस्कृतियों के बीच समन्वय सेतु हैं। शिव जी संसार को बुराइयों से बचाने के लिए खुद विष पीकर नीलकंठ कहलाते हैं। आज पूरे देश की निगाहें वाराणसी पर टिकी हैं, तो इसकी वजह भी यही वाराणसी का शिव स्वरूप है। जो विष भी पी सकता है और निराशा की गर्त में धकेलने वालों से मुक्त कराने के लिए डमरू भी बजा सकता है। जब मोदी को बेनियाबाग

में रैली करने की इजाजत नहीं मिली, तो बीजेपी नेता नाराज हो गए। टाइम्स नाउ के वरिष्ठ पत्रकार अमित कुमार बताते हैं कि उस दिन का मौसम बेहद गर्म था। सूरज आसमान से गर्मी बरसा रहा था। तो राजनीति जमीन पर अपनी तपिश दिखा रही थी। अमित शाह, अरुण जेटली के साथ हजारों लोग धरने पर बैठ गए। जोर-जोर से पूरे शहर में आवाज गूंजने लगी। तानाशाही नहीं चलेगी। उस समय के मौजूदा जिला कलेक्टर को हटाने की मांग पर भारतीय जनता पार्टी कार्यकर्ता अड़ गए। घंटों धरना चलता रहा। इधर बीजेपी के धरने पर बैठे नेता जनता को यह संदेश देने में कामयाब रहे कि सत्ता में बैठी समाजवादी पार्टी प्रशासन के जरिए मोदी को रोकने के लिए कोई भी हथकंडा अपना सकती है। मैं भी अपने कैमरामैन के साथ इन सबका गवाह था। मैंने वहीं, राजेश विश्वकर्मा जो बढ़ई का काम कर अपनी रोजी रोटी चलाते हैं, उनसे पूछा कि प्रशासन ने तो मोदी को बेनियाबाग में रैली करने की इजाजत नहीं दी। इस पर राजेश ने बड़े विश्वास के साथ जवाब दिया। अब प्रशासन रोके चाहे शासन रोके। आएंगे तो मोदी जी ही। वहीं, लंका पर चाय की दुकान चलाने वाले विनोद यादव की अलग ही राय थी। पूछने पर विनोद ने कहा कि अगर बेनियाबाग में मोदी की रैली हो गई तो शहर में दंगा भड़क सकता है। विनोद की अपनी यह सोच इसलिए थी, कि वहां पर बड़ी संख्या में मुसलमान रहते हैं। ऐसे में अगर कुछ मंच नीचे हुआ तो शहर को नुकसान पहुंच सकता है। वहीं, दूसरी ओर विनोद को अभी भी लग रहा था कि उनके नेता मुलायम सिंह यादव ही हैं। मोदी ने तय समय पर रोहनियां में रैली की।

शहर में रैली न हो पाने के कारण बीजेपी ने महामना का आशीर्वाद लेकर रोड शो करने का निश्चय किया। मोदी के रोड शो के लिए बनारस मानो तैयार बैठा था। नरेंद्र मोदी ने काशी हिंदू विश्वविद्यालय के संस्थापक महामना मदन मोहन मालवीय की प्रतिमा पर माल्यार्पण कर अपने रोड शो का आरंभ किया। इस कार्यक्रम के लिए मोदी अपने निर्धारित समय से दो घंटा बीस मिनट की देरी से पहुंचे। मैं भी अपनी टीम के साथ लंका चौराहे पर मोदी की राह देख रहा था। हजारों की संख्या में लंका से गोदौलिया जाने

वाले मार्ग पर जनता मोदी के अभिवादन के लिए खड़ी थी। धीरे-धीरे सूरज की तपिश बढ़ने के साथ राजनीति का पारा भी हाई हो गया था। मोदी आने के साथ ही अपना सुरक्षा घेरा तोड़कर जनता के बीच चले गए। नरेंद्र मोदी जनता को यह एहसास दिलाना चाहते थे कि वह उनके अपने हैं, वह बनारस के हैं। नरेंद्र मोदी के साथ महामना के प्रपौत्र गिरधर मालवीय भी थे।

पता नहीं क्यों बनारस आज मुझे बदला-बदला नजर आ रहा था। गज़ब की उम्मीद और उत्साह बनारस के लोगों में दिखाई दे रहा था। लोगों को लग रहा था कि अब बनारस को बिजली की कटौती से मुक्ति मिल जाएगी। शहर पूरी तरह से साफ हो जाएगा। बच्चों को नौकरियां मिलने लगेंगी। कानून व्यवस्था सुधर जाएगी। मैं उनकी बातें सुनकर हैरान था। इस तरह की भीड़ मैंने भ्रष्टाचार के खिलाफ दिल्ली के रामलीला मैदान में चलाए गए आंदोलन में देखी थी। चूंकि उस आंदोलन को मैंने आरंभ से लेकर अंत कवर किया था। तो उसमें भाग लेने वाले निःस्वार्थ लोगों के भाव को भी बड़े नजदीक से देखने का अवसर मुझे मिला था। लोग खुद अपने पूरे परिवार के साथ उस आंदोलन में भाग लेने के लिए आते थे। वह वहां पर शामिल होने वाले लोगों के लिए खाना, पानी और दवाईयां तक साथ लेकर आते थे। वहां पर मैंने कमाल का उत्साह लोगों में देखा था। क्या सुबह, क्या शाम और क्या रात। हर वक्त लोग वहां नजर आ रहे थे। लोगों को एक विश्वास था कि नया सवेरा होने वाला है। लोगों में ऐसी आशा थी कि आने वाले दिनों में सबकुछ बदल जाएगा। वह आंदोलन खत्म हो गया पर वह मुद्दे खत्म नहीं हुए। मोदी के बनारस से चुनाव लड़ने की बात ने फिर से लोगों में एक उम्मीद कायम कर दी थी, जिसकी परिणीति मोदी के भारी बहुमत से चुनाव जीत के रूप में हुई।

8
जीत के मोहरे

अमित भाई का काम बेहद महत्वपूर्ण था, नरेंद्र मोदी के लिए ऐसे लोकसभा का चुनाव करना, जहां से पूरे भारत को संदेश दिया जा सके। जो वह कर चुके थे। जिसकी कहानी पिछले अध्याय में आपने पढ़ी। अमित भाई शाह ने सबसे पहला काम चुनाव को हाईटेक बनाने का किया। हर काम के लिए टेक्नोलॉजी का इस्तेमाल करना बीजेपी ने आरंभ कर दिया था। यह अमित भाई का जांचा-परखा गुजरात माडल था, जिस पर वह पहले भी दांव लगा चुके थे। कामयाबी ने उनके कदम चूमे थे। अब यूपी में अमित भाई ने जीत के लिए खाका खींचना प्रारंभ कर दिया। क्योंकि, यह चुनाव देश और बीजेपी दोनों के लिए बेहद अहम था। अमित शाह की मदद के लिए संघ ने दो लोगों का चुनाव किया। पहला अखिल भारतीय विद्यार्थी परिषद से भेजे गए पूर्व संगठन सचिव सुनील बंसल। सुनील बंसल के बारे में बस इतना ही कहा जा सकता है कि हर दम चिड़िया की आंख की तरह बस लक्ष्य को देखते हैं। संघ और छात्र संगठन की राजनीति से निकल कर सुनील बंसल ने काम के जरिए लोगों के बीच अपना भरोसा कायम किया है। राजस्थान के जयपुर विश्वविद्यालय में छात्र संगठन के चुनाव में नए प्रयोग करके अखिल भारतीय विद्यार्थी परिषद के प्रत्याशियों को जीत का सेहरा पहनाना रहा हो या संघ कार्यालय में कार्यकर्ताओं को समर्पण का पाठ पढ़ाना। सुनील से बेहतर कम ही लोग होंगे, जो

इस काम को कर सकते थे। ऐसे ही एक दिन मैंने सुनील बंसल से पूछा कि क्या आप अमित भाई से पूर्व परिचित थे। इस पर सुनील बंसल का जवाब था कि एक समर्पित भारतीय जनता पार्टी के कार्यकर्ता के तौर मैं उन्हें जानता था। पर मैंने आगे जानना चाहा कि उत्तर प्रदेश कैसे आना हुआ। तो सुनील बंसल का जवाब था, जनवरी 2014 में संघ कार्यालय से फोन आया कि बीजेपी का काम देखना है। क्या देखना है यह नहीं बताया गया। दिल्ली में बुला कर संघ की तरफ से बालक अधिकारी सुरेश सोनी जी ने बताया कि आप को यूपी जाना है। वहीं पर अमित भाई से मुलाकात करवाई गई। अमित भाई मुझे अपने साथ ही गुजरात भवन लेकर चले गए। वहीं पर बैठ कर विस्तार से परिचय हुआ। इसके बाद हम लोग रामलाल जी के यहां गए और वहां से पंद्रह दिन का उत्तर प्रदेश का कार्यक्रम तय हो गया। दूसरे व्यक्ति के तौर पर अहम भूमिका अदा करने वाले भी संघ की तरफ से ही भेजे गए संघ के संयुक्त महासचिव डॉक्टर कृष्ण गोपाल थे। जिन्होंने काशी हिंदू विश्वविद्यालय में बहुत लंबा वक्त बिताया था। जिन्हें यूपी के साथ पूर्वांचल और खासकर बनारस की राजनीति की गहरी समझ थी।

सुनील बंसल से मैंने यह भी जानना चाहा कि, इसके पहले क्या यूपी में काम करने का कोई अवसर मिला था। इस पर उनका कहना था कि अखिल भारतीय विद्यार्थी परिषद में रहते हुए यूपी को थोड़ा बहुत समझने का मौका मिला था। अमित भाई ने सुनील बंसल से कहा कि आप राज्य के छह मंडलों का दौरा करें। जिसमें काशी, गोरखपुर, अवध, कानपुर, बुंदेलखंड, ब्रज और पश्चिमी उत्तर प्रदेश शामिल था। तीन सप्ताह बाद लखनऊ में रिपोर्ट के साथ मुलाकात होगी। सुनील बंसल ने मुझे बताया कि मुझे बस अमित भाई की तरफ से जो निर्देश मिलता था, उसे लागू करवाने का काम करना होता था। बातचीत के दौरान सुनील बंसल ने एक बड़ी महत्वपूर्ण बात बताई। वह यह कि, पहले के जो लोग भाजपा के काम में लगे थे उनमें कइयों ने शानदार परिणाम दिए। मगर कुछ ऐसे भी थे जिनका काम से मतलब कम, काम रोकने से ज्यादा था। जब भी पार्टी के इन लोगों

से कुछ मांगा जाता तो उनके पास काम न करने के हजार बहाने होते थे। सुनील जी ने बताया कि बीजेपी कार्यालय में कोई कमरा खाली नहीं था। हर कमरे में किसी ना किसी का कब्जा या नियंत्रण था। मुझे काम करने में बेहद कठिनाई आ रही थी। ऐसे में एक दिन मैंने इस समस्या से अमित भाई को अवगत कराया। पहले तो अमित भाई मुस्कुराए फिर उन्होंने कहा कि सुनील जी आप तो राजस्थान से आते हैं। ऊंट तो आप ने बचपन से ही देखा होगा। बस आप को केवल एक ही काम करना है। ऊंट की तरह गर्दन नीची करिए और प्रवेश कर जाएं। जब अंदर पहुंच जाएं तो गर्दन उठा लें। अमित भाई की बताई यह रणनीति कामयाब रही। इसके बाद सुनील बंसल ने पीछे मुड़ कर नहीं देखा। 2009 में 80 में दस लोकसभा सीटें जीतने वाली बीजेपी, इस चुनाव को हर हाल में जीतना चाहती थी। यूपी में जाति अहम है। कोई भी पार्टी बिना इसे साधे विजेता नहीं बन सकती। अमित भाई ने सबसे पहले इसी को समझने और साधने के लिए सुनील बंसल की ड्यूटी लगा दी। पूरे प्रदेश का दौरा करने के बाद सुनील बंसल और भाजपा टीम की तरफ से एक विस्तृत रिपोर्ट अमित भाई शाह को प्रेषित की गई।

बीजेपी अब यूपी के जातिगत समीकरण की गणित को समझ चुकी थी। बीजेपी कार्यालय में पदाधिकारी त्रयंबक त्रिपाठी ने सुनील बंसल के साथ बीजेपी पदाधिकारियों की बैठक को लेकर एक दिलचस्प किस्सा सुनाया। त्रयंबक ने बताया कि भाजपा की तरफ से सुनील जी ने बीजेपी कार्यालय में पदाधिकारियों की बैठक बुलाई। जब पदाधिकारियों के परिचय का क्रम आरंभ हुआ तो ज्यादातर अगड़ी जाति के लोग ही इस बैठक में पदाधिकारी के तौर पर दिखाई दे रहे थे। इसमें प्रमुख तौर पर ब्राह्मण, ठाकुर, बनिया थे। जिनका भाजपा संगठन पर कब्जा था। इक्का-दुक्का अन्य जातियों का भी प्रतिनिधित्व था। पर निर्णय लेने की भूमिका में उनका कोई बहुत बड़ा रोल नहीं था। त्रयंबक ने बताया कि इसके बाद पूरे प्रदेश के हर जिले से पदाधिकारियों की डिटेल मंगवाई गई। प्रदेश के साथ-साथ जिलों में भी यही दशा थी। सुनील बंसल अब तक यह समझ चुके थे कि इस तरह तो राजनैतिक विजय का लक्ष्य हासिल नहीं किया जा

सकता। इस संबंध में सुनील बंसल ने बीजेपी महासचिव और उत्तर प्रदेश के प्रभारी जिनकी देखरेख में बीजेपी यूपी की रणनीति बना रही थी, उनको इस समीकरण से अवगत कराया। सुनील बंसल से जब मैंने इस विषय पर विस्तार से बात की, तो उन्होंने कहा कि भाजपा हर जाति हर वर्ग को साथ लेकर चलना चाहती है। इसलिए बीजेपी का नारा है, सबका साथ सबका विकास। इस बात की जानकारी होने के बाद अमित भाई शाह ने सुनील बंसल से कहा कि हमें किसी भी पदाधिकारी को हटाना नहीं है। बस उसमें जोड़ देना है और यही किया गया। अब हर जिले में जनता को हर वर्ग के लोग पार्टी में दिखने लगे और पार्टी सर्वजन की पार्टी बन चुकी थी।

"कैसे जीतती है भाजपा" में प्रशांत झा लिखते हैं कि अमित शाह ने पांच फरवरी 2013 को उत्तर प्रदेश में 250 उन प्रमुख व्यक्तियों की बैठक बुलाई जो लखनऊ में पार्टी कार्यालय में भाजपा की चुनावी मशीनरी का केंद्र होंगे। इसमें भाजपा के सभी जिला अध्यक्ष, जो लोकसभा के 80 निर्वाचन क्षेत्रों के प्रभारी थे, भी शामिल थे। इस बैठक में अमित शाह ने एक निर्धारित प्रारूप में 20 सवालों पर पदाधिकारियों से रिपोर्ट ली। दिन भर में 12 घंटे शाह ने प्रत्येक जिले का फीडबैक लिया, पर वह इनके जवाब से बहुत संतुष्ट नहीं थे।

धीरेंद्र झा लिखते हैं कि बैठक के अंत में अमित शाह ने बैठक में उपस्थित पदाधिकारियों का परिचय सुनील बंसल से करवाया और कहा "वह चुनाव के प्रबंधन की निगरानी करेंगे। और जब वह कुछ कहें तो समझिए मैं कह रहा हूं।"

"भाजपा का अभ्युदय" में भूपेंद्र यादव और इला पटनायक लिखती हैं, अमित भाई शाह के नेतृत्व में उन सीटों की पहचान की गई। जिसमें जीत की संभावना बेहद कम थी। जहां चुनाव लड़ना ऊर्जा और समय की बर्बादी होती। दूसरे कदम पर कार्यकर्ताओं का कैडर तैयार करना और चार लाख कार्यकर्ताओं की नियुक्ति करना था। यह कार्यकर्ता जमीनी हकीकत की रिपोर्ट लेने का काम करते।

भूपेंद्र यादव और इला पटनायक आगे लिखती हैं कि यूपी में सबसे चुनौतीपूर्ण काम "सामाजिक अभियांत्रिकी" तैयार करना था।

यहां पर शाह ने यादवों, जाटवों, मुस्लिमों को छोड़ कर सारा ध्यान उन 30 प्रतिशत मतदाताओं पर लगा दिया जो पिछड़े वर्गों से आते हैं।

यूपी चुनाव में पहले मैं आप को जातिगत समीकरण समझाता हूं। फिर पूर्वांचल और बनारस के बिसात पर लौटेंगे कि कैसे मोदी बनारस के विजेता बने। 2012 के विधानसभा चुनाव में चुनाव जीतने वाली पार्टियों ने कुल मतदान में से औसतन 33-35 फीसदी वोट हासिल किया था। 2012 में अखिलेश यादव की समाजवादी पार्टी ने विधानसभा की 423 में से 224 सीटें जीती थीं। चुनाव के दौरान ऐसा माना गया कि मुसलमान और यादव मूल रूप समाजवादी पार्टी के समर्थक हैं। पर यह दोनों अगर मिल जाएं तो भी समाजवादी पार्टी को केवल 92 सीटों पर विजय दिला सकते हैं। अब सवाल यह उठता है कि विधानसभा 2012 में अखिलेश को बाकी सीटों पर कैसे जीत मिली तो इसका सीधा सा जवाब था कि उसे बाकी दूसरी जातियों का भी वोट मिला। 2006 के विधानसभा चुनाव में बहुजन समाज पार्टी ने 206 सीटें जीती थीं। तब जोरशोर से यह प्रचारित और प्रसारित किया गया था कि दलित और ब्राह्मण गठजोड़ के कारण मायावती ने यह सफलता हासिल की है पर सच यह नहीं है। सच यह है कि राज्य के 110-115 सीटों पर ही 33 फीसदी से अधिक मतदाता इस जाति और समुदाय से आते हैं। ऐसे में सवाल उठता है कि बहुजन समाज पार्टी को बाकी सीटें कहां से मिलीं। इसका जवाब बस यही है कि बाकी जाति और बिरादरी के लोगों ने भी बहुजन समाज पार्टी को जमकर वोट किया। जिस कारण पहली बार अकेले मायावती बिना किसी की मदद के देश के सबसे बड़े राज्य की मुखिया बनीं। 2009 के लोकसभा चुनाव में कांग्रेस ने 21 सीटों पर विजय हासिल की। जिसकी तब किसी को कोई उम्मीद नहीं थी। उस समय कांग्रेस जब चुनाव में उतरी थी, तो उसके पास यूपी में मूल जातियों के वोट का सहारा नहीं था। क्योंकि उस समय प्रदेश में बहुजन समाज पार्टी सत्ता में काबिज थी। जबकि, समाजवादी पार्टी उसके खिलाफ प्रदेश में आवाज बुलंद कर रही थी। हां यह जरूर कहा जा सकता है कि यूपीए-1 के शासन काल में मनरेगा और

दूसरी चलाई गई कल्याणकारी योजनाओं ने लोगों को पार्टी के प्रति विचार करने का मौका दिया। वहीं, 2012 के विधानसभा चुनाव में कांग्रेस का पूरी तरह से सफाया हो गया।

अमित शाह की टीम ने यूपी में जातिगत राजनीति पर ही ध्यान लगा दिया। इसकी पूर्ति के लिए बाहरी प्रत्याशियों को भी मौका देने का काम किया गया। नरेंद्र मोदी के बनारस से चुनाव लड़ने के कारण पूर्वांचल के साथ-साथ बीजेपी की पूर्वांचल से सटे बिहार की भी लोकसभा सीटों पर भी नजर थी। 2014 के लोकसभा चुनाव में बीजेपी ने लगभग 15 प्रतिशत बाहरी उम्मीदवारों पर भरोसा किया। मोदी की टीम और मैनेंजमेंट का यह भरोसा पूरे देश पर था। जिसमें उत्तर प्रदेश अहम था। उदाहरण के लिए अगर हम पूर्वांचल और बनारस के जातिगत समीकरण को साधने के लिए बीजेपी की रणनीति को देखें, तो एक साथ कई नए प्रयोग और बदलाव किए गए। जातिगत समीकरण को साधने के लिहाज से कई दलों से गठजोड़ किया गया। साथ ही कई जगह पर प्रत्याशी बदल दिए गए। मिर्जापुर से अपना दल की प्रत्याशी अनुप्रिया पटेल को लोकसभा का प्रत्याशी बनाया गया, जो पिछड़ी जाति यानि ओबीसी समुदाय से आती हैं। मिर्जापुर में अनुप्रिया पटेल ने बीएसपी के समुद्रा बिंद को बड़े अंतर से चुनाव हराया। इसके पहले यह सीट समाजवादी पार्टी के नेता बाल कुमार पटेल के पास थी। अनुप्रिया के यहां से चुनाव लड़ने के कारण बनारस की रोहनियां, कोलअसला, सेवापुरी, कैंट में जहां पटेलों का बड़ी तादाद में वोट मिला। वहीं, इसका फायदा चंदौली, सोनभद्र, भदोही, कौशाम्बी, प्रतापगढ़ के साथ ही पूर्वांचल के कई जिलों में हुआ। इसी के साथ ही बिहार में भी बीजेपी प्रत्याशियों को इसका प्रत्यक्ष और अप्रत्यक्ष लाभ हुआ। उधर, बीजेपी ने डुमरियागंज से कांग्रेस के बड़े नेता रहे जगदंबिका पाल को टिकट दिया, जो पिछड़ी जाति यानि ओबीसी समुदाय से ताल्लुक रखते हैं। पाल को टिकट देने का परिणाम यह हुआ कि बीजेपी को आसपास के जिलों में बड़ी संख्या में पिछड़ों का वोट मिला।

बीजेपी ने विजय हासिल करने के लिए जीतने वाले प्रत्याशियों पर दांव चला। अब प्रयागराज कहे जाने वाले इलाहाबाद से बीजेपी

ने समाजवादी पार्टी से आए श्यामा चरण गुप्ता पर दांव लगाया। यह दांव सटीक बैठा। श्यामा चरण गुप्ता ने समाजवादी पार्टी के रेवती रमण सिंह को पराजित कर दिया। संघ की पृष्ठभूमि पर अमित शाह ने पूरा भरोसा जताया। जिसमें प्रमुख रूप से गाजीपुर से मनोज सिन्हा, चंदौली से महेंद्र नाथ पांडेय, बलिया से भरत सिंह, भदोही से वीरेंद्र सिंह मस्त शामिल थे। इन सभी ने अपनी-अपनी सीटों पर बड़े अंतर से जीत हासिल की। इसी के साथ अमित शाह ने बनारस, गाजीपुर, चंदौली और मिर्जापुर में ठाकुर, ब्राह्मण और कुर्मी वोटों को अपने पक्ष में करने के लिए कई नेताओं को पार्टी ज्वाइन करवाया। एक रिपोर्ट के मुताबिक उत्तर प्रदेश में विभिन्न दलों से भाजपा में 19 नेता शामिल हुए थे। अमित शाह के मैनेजमेंट का ही कमाल था कि 80 में से 37 नए लोग पहली बार जीत कर संसद पहुंच रहे थे।

समीकरण को साधने के लिए कई बड़े नेताओं को बीजेपी में शामिल करने का अभियान चलाया गया। इसमें प्रमुख तौर पर चंदौली से बाहुबली निर्दलीय विधायक सुशील सिंह को शामिल किया। जहां से महेंद्र नाथ पांडेय चुनाव लड़ रहे थे। बनारस में अशोक सिंह, धर्मेंद्र सिंह, अवधेश सिंह और दयाशंकर मिश्रा 'दयालु' को बीजेपी में शामिल किया गया। यह वह प्रमुख लोग थे जिनकी शहर में पहचान थी। इस समय उत्तर प्रदेश सरकार में राज्यमंत्री स्वतंत्र प्रभार पर पदासीन दया शंकर मिश्रा 'दयालु' के भाजपा ज्वाइन करने का दिलचस्प किस्सा बीजेपी नेता और दयाशंकर मिश्र के मित्र मुन्ना दुबे ने सुनाया। मुन्ना दुबे ने बताया कि दयालु यह निर्णय नहीं ले पा रहे थे। उन्होंने दयाशंकर को बीजेपी ज्वाइन करने के लिए प्रेरित किया। दयाशंकर के लिए यह मुश्किल था। वह इसलिए भी कि वह दो बार बीजेपी के खिलाफ चुनाव लड़ चुके थे और दोनों बार वह नंबर दो पर थे। देश के एक बड़े पत्रकार की तरफ से दयाशंकर मिश्र को बीजेपी ज्वाइन करने का आफर दिया गया। उसी दौरान दयाशंकर मिश्र के भाई की मृत्यु हो गई थी। वरिष्ठ पत्रकार जो आज कल एक नेशनल चैनल के बड़े अधिकारी भी हैं। अपना दुख प्रकट करने के लिए दयाशंकर मिश्र से मिलने गए थे। उन्होंने एक बार फिर से दयालु को भाजपा ज्वाइन करने के लिए कहा। मुन्ना दुबे बताते हैं कि

दयालु की कांग्रेस में लंबी राजनीति हो गई थी। कांग्रेस के सारे बड़े नेता उन्हें जानते थे। उनको लगता था कि बीजेपी में यह जगह बनाने में उन्हें बहुत वक्त लगेगा। मेहनत से बनाई गई राजनीतिक जमीन भी उनके हाथ से निकल जाएगी। मुन्ना दुबे ने आगे कहा मैंने एक बार फिर से दयालु गुरू को समझाया कि आने वाला समय मोदी जी का है। उनकी छत्रछाया में काम करना बड़ी बात होगी। दयाशंकर मिश्रा को बीजेपी में आने के लिए सोचने में एक महीने का समय लग गया। इसके बाद उनकी अमित भाई से बात हुई। अमित भाई ने पूछा क्या चाहिए ? तब दयालु का जवाब था, कैंट या दक्षिणी से विधानसभा का टिकट। अमित भाई की जब भी दयालु से मुलाकात होती, तो वह यह जरूर कहते कि मैंने तुम्हारे लिए कुछ सोच रखा है। वाराणसी में भारतीय जनता पार्टी के कार्यालय उद्घाटन के दिन दयाशंकर मिश्र 'दयालु' ने अपने सर्मथकों के साथ पार्टी ज्वाइन कर ली। इसके बाद दयालु को पद पाने के लिए आठ साल का लंबा इंतजार करना पड़ा। पर कहते हैं न मेहनत रंग लाती है। दयालु 2014, 2017 में विधानसभा चुनाव का टिकट न मिलने से थोड़े निराश हुए। जब दयालु को 2017 का टिकट नहीं मिला तो निराश दयालु चार दिनों के लिए घर बैठ गए थे। उसी दौरान प्रधानमंत्री नरेंद्र मोदी के बड़े भाई सोम भाई मोदी दयालु के घर आए। उन्होंने दयालु से कहा दयालु मैं तुम्हें जानता नहीं हूं पर मैं तुम्हारी चर्चा सुनकर तुम से मिलने आया हूं। सोम भाई ने कहा राजनीति में अंतिम कुछ नहीं होता है। तुम पार्टी के लिए मेहनत करो बाहर निकलो आने वाला समय तुम्हारा होगा। अब दयालु यूपी सरकार के महत्वपूर्ण विभाग के मंत्री हैं।

मोदी के भरोसेमंद अमित भाई ने एक तरह से बनारस की कमान खुद संभाल रखी थी। 28 अप्रैल को पत्रकारों से बातचीत में अमित शाह ने कहा कि अगर मोदी सत्ता में आ जाते हैं तो मुसलमानों के मन की आशंकाएं समाप्त हो जाएंगी। अमित शाह ने उन आरोपों को भी खारिज कर दिया, जिसमें यह कहा जा रहा था कि मोदी का कद पार्टी से बड़ा हो गया है। आगे जोड़ते हुए शाह ने कहा कि मोदी और भाजपा अलग नहीं हैं। अमित शाह ने इस बात का भी खुलासा किया

कि मोदी के बनारस से चुनाव लड़ने के कारण पूर्वांचल और बिहार में पार्टी को बहुत मदद मिल रही है।

वहीं, विपक्षी दल मोदी पर लगातार हमले किए जा रहे थे। ममता बनर्जी ने तो मोदी को गुजरात का कसाई तक कह दिया। जबकि, बनारस में मोदी के प्रचार के लिए आए भजन गायक अनूप जलोटा ने कहा कि नरेंद्र मोदी ही सांस्कृतिक विरासत के पहरूआ हो सकते हैं, क्योंकि वह जमीन से आए हुए नेता हैं।

उधर, संघ ने भी मोदी के जीत की पटकथा लिख रखी थी। पूर्वांचल फतह की कमान सीधे मोदी ही देखें इसकी रणनीति बन चुकी थी। बनारस में विश्व हिंदू परिषद के अंतरराष्ट्रीय महामंत्री चंपत राय ने भी डेरा जमा रखा था। उन्होंने पत्रकारों से बातचीत में कहा कि देश की जनता ने पहली बार जाति, मत, पंथ से ऊपर उठ कर राष्ट्रहित और केंद्रित विचारधारा को अपना पूर्ण बहुमत देने का मन बना लिया है।

इसी समय मोदी ने अपने एक भाषण में यह कह कर सबको चौंका दिया कि कांग्रेस वडनगर यानि मोदी के गांव में कार्यकर्ताओं को भेज कर यह पता लगा रही है कि मोदी चाय बेचते थे कि नहीं। उधर, अफजाल अंसारी और मुख्तार अंसारी के कौमी एकता दल ने कांग्रेस को समर्थन देने का देने का ऐलान कर दिया। बीजेपी ने इस समर्थन को अवसरवादी करार दिया।

अमित शाह लगातार बनारस में चुनाव के दौरान आ-जा रहे थे। इसी क्रम में पांच मई 2014 को अमित भाई ने महमूरगंज के शुभम लॉन से यह कहा कि काशी के पर्यटन पर ध्यान दिया गया होता तो पूर्वांचल में इतनी बेरोजगारी नहीं होती।

एक अखबार की रिपोर्ट के मुताबिक पाकिस्तानी अखबार डॉन के रिपोर्टर जावेद नकवी भी 2014 के बनारस लोकसभा चुनाव को कवर करने के लिए आए थे। नकवी ने कहा कि पाकिस्तान के बुद्धिजीवी काशी की ओर बड़ी उम्मीद से देखते हैं। आगे वह कहते हैं कि हिंदुस्तान में बनारस ऐसा शहर है। जहां कबीर पैदा हुए। नकवी ने यह भी कहा कि पाकिस्तान में भी मोदी के चाहने वाले हैं।

मोदी ने अपने ब्लॉग में लिखा कि मेरे पास जनता का आभार व्यक्त करने के लिए शब्द नहीं हैं। आठ महीने के अपने चुनावी प्रचार

अभियान के दौरान नरेंद्र मोदी ने तीन लाख किलोमीटर की दूरी नापी और 5,800 जगहों पर रैलियों और कार्यक्रमों को संबोधित किया। 26 मार्च से अब तक देश भर में 450 विजय रैलियां की। 4,000 स्थानों पर चाय पर चर्चा कार्यक्रम में शामिल हुए। इसी के साथ 1350 स्थानों पर थ्रीडी रैलियां की। भाजपा की जीत के बाद गुजरात पहुंचे नरेंद्र मोदी ने खुले मन से अमित शाह की जमकर तारीफ की। मोदी ने मंच से कहा उत्तर प्रदेश के प्रभारी के रूप में अमित भाई ने भाजपा को जितनी सीटें केवल एक प्रदेश से दिला दीं। वह तीस राज्यों में कांग्रेस द्वारा हासिल सीटों से भी दोगुनी है। मोदी ने आगे कहा कि इस चुनाव ने पार्टी को अमित शाह नाम का नया कार्यकर्ता दिया है।

9

जीत सुनिश्चित: जीत का जश्न

नरेंद्र मोदी ने इस चुनाव में अलबेला प्रचार अभियान चलाया हर-दम, हर-पल बस एक ही सपना देखा। वह था जीत का। इस चुनाव प्रचार की यह खासियत रही कि बीजेपी ने इस चुनाव प्रचार को नरेंद्र मोदी केही आसपास रखा। इसे व्यक्ति केंद्रित बना दिया। बीजेपी ने चुनाव प्रबंधन के लिए 19 कमेटियां बना दी थी। मोदी ने हरियाणा के रेवाड़ी में प्रधानमंत्री पद के उम्मीदवार के तौर पर पहला भाषण दिया। 27 अक्तूबर को मोदी के पटना हुंकार रैली में जहां पर बम धमाकों के बाद भी बहुत भीड़ थी, वहां पर कहा कि "मैंने ट्रेनों में चाय बेची है, मैं जानता हूं कि दो वक्त की रोटी कमाना कितना कठिन होता है।" वहीं, 17 जनवरी को हुए कांग्रेस अधिवेशन में मणि शंकर अय्यर ने कहा मोदी कांग्रेस अधिवेशन में चाय बेच सकते हैं। उधर, बीजेपी ने इस मुद्दे को हाथों हाथ लपक लिया और पूरे देश में चाय पर चर्चा आरंभ कर दी। मोदी की 2014 की जीत कई मायनों में बहुत विशाल और अलग थी। कइयों का तर्क था कि 2014 का आम चुनाव भारत के दो विचारों के बीच था। एक विचार था धर्म निरपेक्ष भारत का, जो विविधता का जश्न मनाता है, दूसरा उस विभाजित भारत का था जो एकरूपता को पूजता है। मोदी ने अपने कौशल से इस बहस को टैलेंट शो में बदल दिया। जहां प्रतिभाशाली भारत का सामना सामंतवादी भारत से था। कांग्रेस इसके प्रतिरोध में कुछ नहीं कर पाई, क्योंकि मोदी ने एक दशक से विकास अवरुद्ध करने, खासकर

नेहरू-गांधी परिवार पर मुफ्तखोरी संस्कृति पोषित करने का आरोप लगाकर उनके पांव के नीचे की जमीन पहले ही सरका दी थी। जब से बीजेपी ने सितंबर 2013 के मध्य में पीएम पद का उम्मीदवार घोषित किया तब से मोदी ने छह महीने में देश में ऐसा प्रचार अभियान चलाया, जिसे देश ने पहले देखा ही नहीं था। 07 अप्रैल से 16 मई यानी की चुनाव का रिजल्ट आने तक के 36 दिनों के 16वीं लोकसभा के लिए नौ चरणों के मतदान के प्रचार में मोदी ने 3,00000 किलोमीटर से ज्यादा की यात्रा की। करीब 430 रैलियों को संबोधित किया और करीब 5,800 सार्वजनिक आयोजनों में शामिल हुए। मोदी के प्रचार का फोकस सुशासन और विकास के वादे पर केंद्रित था। जनादेश भी एनडीए और मोदी के अनुरूप आया। बीजेपी अकेले 282 सीट जीतने में कामयाब रही। यह जनादेश देश के राजनैतिक चयन के इतिहास में निर्विवाद परिवर्तन जैसा था। बीजेपी को 31.5 प्रतिशत वोट मिले जो कि अब तकके इतिहास में सबसे अधिक थे। वहीं, कांग्रेस को 19.6 प्रतिशत वोट मिले जो इतिहास में सबसे कम थे। कांग्रेस को मिला वोट 2009 में बीजेपी को मिले वोटों का प्रतिशत बराबर था। कांग्रेस के खिलाफ वोटों का रुझान 9 प्रतिशत भी वही है, जो उनके खिलाफ 1971 से 1977 के बीच में इसी के साथ 1984 और 1989 में देखा गया था। लेकिन, इस बार कांग्रेस का वोट बीस प्रतिशत से भी कम पर चला गया। इससे पार्टी को मिले वोट सीट में परिवर्तित नहीं करा सके। केंद्र में कमजोर प्रधानमंत्री, कांग्रेस में उस समय सोनिया की कम उपस्थिति और खुद से ही सवालों के लिए चर्चित रहने वाले राहुल के कमजोर प्रदर्शन ने कांग्रेस को डुबो दिया। इस चुनाव में बीजेपी की तरफ 12.7 फीसदी का रुझान देश के चुनावी इतिहास में अप्रत्याशित था। यह 1989 और 1991 के दौर में बीजेपी के प्रति रुझान से डेढ़ गुना ज्यादा था। बीजेपी के सहयोगी एनडीए की सीट भी 25 से दो गुना बढ़कर 53 हो गई। कांग्रेस को 16वीं लोकसभा में केवल 44 सीटें मिलीं, जो राहुल के पिता राजीव गांधी को 1984 में मिली 404 सीटों का महज आठवां हिस्सा था। इस प्रदर्शन ने

कांग्रेस से विपक्ष के नेता पद की सीट को भी छीन लिया। बीजेपी के अगुआई वाले एनडीए को उत्तर में सीटें बढ़ कर 14 से 115 हो गईं। जबकि पश्चिम में यह 61 से 106 हो गई। यूपी में बीएसपी को एक भी सीट नहीं मिली, जबकि 2009 में उसे बीस सीटें मिली थीं। समाजवादी पार्टी 5 सीटों पर आ गई। वहीं, कांग्रेस यूपी में दो सीटों पर आ गई। हां, आम आदमी पार्टी पहली बार राजनैतिक दल बन कर अपने ऊपर थोड़ा फक्र कर सकती है। केजरीवाल ने बड़े लोगों पर आरोप लगा कर सनसनी फैला दी थी। भ्रष्टाचार पर अपना चुनाव प्रचार केंद्रित रखा और बीजेपी तथा कांग्रेस में समानता का राग अलापती रही। 2013 में दिल्ली विधानसभा चुनावों में जबरदस्त जीत हासिल की थी, पर आप पार्टी का 49 दिनों में ही सरकार से इस्तीफा देना और अरविंद का बनारस चुनाव लड़ना फायदेमंद साबित नहीं हुआ। आम आदमीं पार्टी को केवल पंजाब में चार सीटें ही मिलीं। वहीं, मोदी का जादू पूरब और पश्चिम में भी जमकर बोला। पूरब में एनडीए की सीट संख्या 25 सीटों से बढ़कर 53 हो गई।

बिहार में नीतीश से गठबंधन टूटने के बाद भी 12 सीटों से बढ़कर 31 हो जाना बड़ी उपलब्धि थी। जेडीयू वहां पूरी तरह खत्म हो गया। जबकि आरजेडी 4 सीटों पर सिमट गई। पश्चिम बंगाल में सीपीएम खिसककर दो सीटों पर पहुंच गई। इसका वोट प्रतिशत केवल 22.7 रह गया जो सीटों में परिवर्तित नहीं हो पाया। 2009 में बंगाल में सीपीएम ने 9 सीटें जीतने के साथ ही उस समय अपना वोट प्रतिशत 33.1 कर लिया था। केरल में भी सीपीएम की सीटें केवल 9 रह गईं। ममता बनर्जी ही वह नेता थीं, जिन्होंने अपनी जमीन और मजबूत बनाई इनकी सीटों की संख्या 19 से बढ़कर 34 हो गई। जो अस्सी के दशक के वाम मोर्चा की तरह दिख रही थी। बीजेपी के लिए बड़ी बात यह थी, कि 2014 के चुनाव में पश्चिम बंगाल में वोटों का प्रतिशत 6.01 से बढ़कर 16.9 फीसदी हो गया था। अब यह आने वाले समय में मुख्य विपक्षी पार्टी बनने की ओर अग्रसर थी। दक्षिण भारत में भी मोदी की मौजूदगी दिखी। बीजेपी ने आंध्र प्रदेश में चंद्र बाबू नायडू से गठबंधन कर के 13 सीटों का

फायदा कर लिया। वहीं, तमिलनाडु में 2G घोटाले का आरोप झेल रही द्रमुक 18 सीटों से शून्य पर आ गई। उसका वोट प्रतिशत 25.1 से गिरकर 23.3 पर आ गया। डीएमके का वोट प्रतिशत तो बहुत नहीं गिरा पर सीटें उसे एक भी नहीं मिली। वहीं, जे जयललिता की पार्टी एआईएडीएमके ने 39 में से 37 सीटों पर जीत हासिल की थी।

इस चुनाव के दौरान कांग्रेस ने अपना मुस्लिम और सिख वोटों का सर्मथन तो बनाए रखा पर हिंदुओं के सभी वर्गों में उसका वोट प्रतिशत 7 से 9 प्रतिशत तक कम हो गया। इस चुनाव में बीजेपी ने मुसलमानों के बीच अपनी लोकप्रियता 9 प्रतिशत तक बढ़ा ली। 2014 के लिए अनुसूचित जातियों और जनजातियों ने 17 से 20 फीसदी तक वोट बीजेपी को दिया।

अगर आयु वर्ग की बात करें तो कांग्रेस 25 साल से कम उम्र के युवाओं में अपना आधार बचा लिया पर मध्य और उससे अधिक उम्र के लोगों के बीच अपना आधार खोती रही। इस आयु के 5 से 7 फीसदी लोगों ने कांग्रेस से दूरी बना ली थी। पुरुषों और महिलाओं दोनों का रुझान बीजेपी की तरफ दिखा। इन समीकरणों ने मोदी को देश का सिकंदर बना दिया। अब 125 करोड़ जनता के रोटी कपड़ा और मकान के फैसले मोदी सरकार करने वाली थी। लोगों की उम्मीद आसमान छू रही थी। सपने उफान मार रहे थे। लोगों को लगता था कि अब अच्छे दिन आ गए हैं। उनके समंदर जैसे ख्वाब अब पूरे होंगे।

मोदी के सिपहसलार अमित शाह ने ग्यारह महीनों में तिरानवें हजार किमी यात्रा की।

इस मेहनत का फल देखने का समय आ गया था जनता ने तो अपना काम कर दिया था अब तो इंतजार पहले एक्जिट पोल का था फिर परिणाम का।

चुनाव में मतदान के बाद जनता के साथ ही नेताओं का पूरा जोर एक्जिट पोल पर रहता है। कि आखिर सर्वे किसको जीत दिला रहा है। टुडेज-चाणक्या ने एनडीए को 340 सीटें दी थीं, जबकि टाइम्स नाउ ने एनडीए को 249 सीटें दीं। वहीं, आईबीएन ने 282, हेडलाइन टुडे ने 272, इंडिया टीवी ने 289, एबीपी ने 281, एनडीटीवी और हंसा ने 275, इंडिया टूडे ने 272 सीटें बीजेपी-एनडीए को दे रखी थीं।

सर्वे में आए नतीजे 2014 के लोकसभा चुनाव में सच बन गए। पीएम प्रत्याशी नरेंद्र मोदी और उनके विश्वासपात्र अमित शाह अपनी रणनीति में कामयाब रहे।

यहां पर अब्राहम लिकंन की कही बात बहुत मायने रखती है। कहते हैं "मैं लोगों में दृढ़ विश्वास रखता हूं। अगर उन्हें सच्चाई बता दी जाए, तो किसी भी राष्ट्रीय संकट से निपटने के लिए उन पर भरोसा किया जा सकता है। बड़ी बात यह कि उन्हें वास्तविक सच बताए जाएं।" मोदी ने देश की जनता के साथ यही किया। उन्हें वास्तविक सच से रूबरू करवाया। नरेंद्र मोदी के नेतृत्व में भाजपा को अविस्मरिणीय सफलता मिली। इस चुनाव में मोदी जन आकांक्षाओं के प्रतीक बन कर उभरे। आजादी के बाद पूर्ण बहुमत के साथ पहली बार कोई गैर कांग्रेसी सरकार बन रही है। यह अभिभूत कर देने वाला जनादेश था। नेहरू और इंदिरा के बाद नरेंद्र मोदी ही ऐसे नेता हैं, जिनके नाम पर पूरे देश ने वोट किया। उस समय मैं बनारस में ही चुनाव कवरेज में लगा था और इस ऐतिहासिक दिन को मैंने अपनी आंखों से देखा था। सुबह से ही मेरी नजर उस मशीन पर लगी थी जो अब सच उगलने वाली थी आपके सामने अब आपकी मेहनत का परिणाम आने वाला था। मतगणना वाले दिन सुबह से ही बनारस के पहड़िया मंडी पर टिकी थी। जहां मतों की मतगणना होनी थी। यह मतगणना सुबह आठ बजे आरंभ हुई। पूरे देश और दुनिया की निगाह बाबा भोले की नगरी बनारस पर रुक गई थी। सबसे पहले पोस्टल बैलेट की गिनती के बाद ईवीएममें बंद वोटों की गणना आरंभ हुई। प्रथम चक्र की मतगणना समाप्त होने के बाद नरेंद्र मोदी ने आप प्रत्याशी अरविंद केजरीवाल पर 9901 मतों की बढ़त बना ली थी। लगभग दो बजे तक मतगणना गिनती के बाद नरेंद्र मोदी अपने प्रतिद्वंद्वी आप प्रत्याशी अरविंद केजरीवाल पर डेढ़ लाख वोटों की बढ़त बना चुके थे। दक्षिणी विधानसभा के मतों की गिनती होने तक नरेंद्र मोदी की बढ़त ढाई लाख वोटों तक पहुंच गई थी। अरविंद केजरीवाल को छोड़ कांग्रेस, सपा, बसपा के साथ 40 अन्य प्रत्याशी अपनी जमानत भी नहीं बचा पाए। अगर हम अलग-अलग विधानसभा वार वोटों की संख्या देखें, तो बीजेपी प्रत्याशी नरेंद्र

मोदी को रोहनियां से 119804, शहर उत्तरी विधानसभा क्षेत्र से 119852, शहर दक्षिणी से 98058 वहीं कैंट विधानसभा क्षेत्र से 137557, सेवापुरी की जनता ने मोदी को 104562 वोट दिया। नरेंद्र मोदी को कुल 579811 वोट मिले और पोस्टल वोटों को जोड़े जाने के बाद यह योग 580432 हो जाता है। वहीं, मोदी के खिलाफ चुनाव लड़ रहे आप के अरविंद केजरीवाल को 209167 वोट मिले। केजरीवाल पूरे मतगणना के दौरान कभी भी मोदी से आगे जाते हुए नहीं दिखाई दिए। वहीं, उत्तर प्रदेश में सत्तारूढ़ समाजवादी पार्टी के प्रत्याशी की जमानत तो जब्त हुई ही। कांग्रेस और बसपा प्रत्याशी भी वोटों की गिनती में लगातार पीछे चल रहे थे। बनारस की सड़कों पर खुशी मानों बरस रही थी। हर तरफ आप ढोल नगाड़ों की आवाज के साथ हर-हर महादेव की गूंज ही सुन सकते थे। क्या हिंदू क्या मुसलमान, सिख और ईसाई सब इस खुशी में शामिल हो रहे थे। कहीं मुस्लिम महिलाएं उर्दू में लिखे हनुमान चालीसा का पाठ कर रही थीं। नाजनीन अंसारी जो कि मुस्लिम महिला फाउंडेशन की सदर हैं। उन्होंने कहा कि जनता ने नरेंद्र मोदी को दिल्ली की सत्ता जुमे के दिन सौंपी है। जीत के बाद बनारस अपने नायक की एक झलक पाने के लिए बेताब था। तब तक बनारस के लोगों के पास यह सूचना पहुंच चुकी थी कि नरेंद्रमोदी बनारस आने वाले हैं। वह बाबा के दरबार में पूजा करने के बाद मां गंगा का भी आशीर्वाद लेंगे। इस चुनाव में मोदी ने सभी राजनैतिक पंडितों को झुठला दिया। मोदी ने 56 फीसदी मत हासिल कर बनारस के लोगों का आशीर्वाद प्राप्त कर लिया। जबकि अरविंद केजरीवाल 20.31 प्रतिशत वोट पाकर दूसरे स्थान पर रहे। कांग्रेस के अजय राय को 7.35 प्रतिशत वोट हासिल हुआ, जो पिछली बार यानी 2009 सपा के टिकट पर लड़ने के दौरान मिले वोट से 18.61 प्रतिशत बहुत कम था। वहीं, 2004 में कांग्रेस के राजेश मिश्रा को 32.68 प्रतिशत वोट मिला था।

विपक्ष के चुनाव कार्यालयों पर सन्नाटा छाया हुआ था। क्या समाजवादी पार्टी, क्या कांग्रेस और देश की राजधानी दिल्ली से अपनी टीम के साथ आए आप पार्टी के सिपहसालार अब चलते बने थे। बनारस के आसपास के लगभग सभी संसदीय सीटों पर भाजपा

ने जीत का परचम लहरा दिया था। मीरजापुर, चंदौली, गाजीपुर, मुख्तार अंसारी का गढ़ मऊ, रॉबर्ट्सगंज, बलिया, सलेमपुर, भदोही, जौनपुर, मछलीशहर वहीं बिहार में आरा, औरंगाबाद, बेगूसराय, बक्सर, दरभंगा, गया, गोपालगंज, हाजीपुर, जमुई, झंझारपुर, मधुबनी, महराजगंज, मुंगेर, मुजफ्फरपुर, नवादा, पश्चिम चंपारण, पाटलिपुत्र, पटना साहिब, पूर्वी चंपारण, समस्तीपुर, सारण, सासाराम, शिवहर, उजियारपुर, बाल्मिकीनगर बीजेपी और गठबंधन ने जीत लिया था। नरेंद्र मोदी और अमित शाह की रणनीति कामयाब रही थी। जीत के बाद चारों तरफ बस जश्न का माहौल था। बाबा की नगरी बनारस की जनता अपने नवनिर्वाचित सांसद के स्वागत का इंतजार कर रही थी। लोग सड़कों पर खड़े होकर मोदी की एक झलक पाने के लिए बेताब दिख रहे थे। वहीं भाजपा समर्थक सड़कों पर थे। हर तरफ सिर्फ मोदी ही फिजा में घूम रहे थे। दशाश्वमेध घाट पर गंगा आरती के समय जमकर आतिशबाजी की गई, जिसमें कमल की आकृति नजर आ रही थी। केदारघाट पर डमरू शंख और नगाड़ा बजा कर मोदी के जीत के जश्न को बनारसवासी मना रहे थे। इस जश्न को देखने के लिए मैं उत्सुकतावश पूरे बनारस के अलग-अलग इलाकों में घूम रहा था। मैं और मेरे कैमरामैन जैसे ही विद्यापीठ से आगे बढ़े तो कैंट स्टेशन के पास कई लोग नारा लगा रहे थे। जीत गईल भइया हमार बोला स ररररर। आज होली तो नहीं थी। पर जनता मोदी के जीत की होली खेल रही थी। मेरा मन उत्साह से लबरेज था। कई दिनों के चुनावी कवरेज के बाद भी थकान नहीं थी। मैं भी उस सत्ता की सीढ़ी को अपनी उन खुली आंखों से देख और महसूस कर रहा था। कहते हैं न कि सत्ता का मतलब दुनिया में फर्क डालने की क्षमता। सत्ता एक संभावना है। ऐसी संभावना जो भारत की तकदीर को बदलने वाली थी। यह इक्कीसवीं सदी की सत्ता का आरंभ था। जिसके लिए मैकियावेली ने लिखा है कि जो साम, दाम, दंड, भेद के सहारे चलती हो। जैसाकि यूसीवर्कले के मनो वैज्ञानिक डालर केटनर कहते हैं। सत्ता संवेदनशील, पारदर्शी होती है। बल प्रयोग के बदले प्रतिष्ठा का सहारा लेती है, जिसका असर दूसरों की जिंदगी में सकारात्मक फर्क डालने और दुनिया की राह बदलने की

क्षमता से किया जाता है। मोदी ने अब सत्ता हासिल कर ली थी और हम उसी नजारे को देखने निकले थे।

कैंट से आगे बढ़ते हुए हम नदेसर पहुंचे। वहां हिंदू और मुसलमान दोनों बड़ी तादाद में रहते हैं। पर जश्न में दोनों शामिल दिखाई दिए। नदेसर मस्जिद के पास कई। मुसलमान भाई एक दूसरे को जीत की बधाई देते नजर आ रहे थे। नदेसर के आगे बढ़ने पर हमारे दाहिनी तरफ ताज होटल था। जहां कई नेताओं ने महीनों से डेरा जमाए हुए थे। उनकी गाड़ियां फूल-मालाओं से लदी आती-जाती दिख रही थीं। कार्यकर्ताओं में अपने क्षत्रपों का स्वागत करने की होड़ सी लगी थी, कि एक बार नेताजी चेहरा देख लें और भविष्य की राजनीति के लिए आश्वस्त कर दें। हरतरफ चायपान की दुकानों पर बस एक ही चर्चा चल रही थी, कि क्या आम आदमी पार्टी के नेता अरविंद केजरीवाल को मोदी का तिलिस्म समझ में ही नहीं आया। आखिर प्रियंका गांधी कांग्रेस नेता का प्रचार करने के लिए क्यों नहीं आईं। ऐसे न जाने कितने अनसुलझे सवाल जिसके जवाब का अब कोई मतलब नहीं था। हम लोगों के कचहरी पहुंचने पर पूरा चौराहा जाम था। हम ने अपनी कार छोड़ दी थी। अब हम मोटरसाईकिल की सवारी कर रहे थे। मैं खुद मोटर साईकिल चला रहा था। जब हम मिठाई की दुकान पर पहुंचे तो वहां लूट मची थी।

कचहरी के आगे यूपी कॉलेज के पास छात्रों का जमावड़ा था। जो उत्साह के साथ डीजे पर नाच रहे थे। शाम का सूरज ढलने को था। हमने वापस अपनी मोटरसाइकिल एक बार फिर से शहर की तरफ घुमा दी। वहां से लौटते समय चौका घाट से होते हुए हम लहुराबीर पहुंचे, तो वहां पर भी जश्न जारी था। वहां से नई सड़क की तरफ बढ़ने पर थोड़ी खामोशी जरूर दिखी। पर जैसे ही हम गिरजाघर चौराहे की तरफ बढ़ रहे थे, वहां हूटर बजने का शोर था। क्योंकि हर बड़ा नेता बाबा के दरबार में शीश नवाना चाहता था। गोदौलिया चौराहे पर तो जनसैलाब उमड़ पड़ा था। वहां पर हम मोटरसाईकिल से उतर कर उस भीड़ में शामिल हो गए जो एकदूसरे को रंग-गुलाल लगाकर बधाई दे रही थी। तभी वहां पर बड़ारू सरदार मिल गए, जो पहले लस्सी की दुकान चलाते थे पर अब बेटे के साथ कचौड़ी

और जलेबी बेचते हैं। मैंने उनसे पूछा कि सपा आखिर कैसे हार गई, तो उन्होंने भोजपुरी में ही जवाब दिया, अखिलेश के समझ में ना आयल की यहां से कोई बड़ा प्रत्याशी के चुनाव लड़वावे के चाहत रहल। तो मैंने पूछा कि किसे लड़वाते तो उनका जवाब था कि जया बच्चन चुनाव लड़ती त बड़ी लड़ाई होत। यहां पर सपा ने मिर्जापुर के कैलाश चौरसिया को प्रत्याशी बनाया था। जिनका बनारस से दूर तक कोई वास्ता नहीं था। गोदौलिया से आगे बढ़ते हुए हम चौक पहुंचे तो वहां पर व्यापारियों का जमघट लगा था। हर कोई अपनी राय रखना चाहता था। बीएचयू के छात्र कौशल जो चौक इलाके में ही रहते हैं। उनसे मैंने पूछा कि आखिर विपक्ष कैसे इतने बड़े अंतर से चुनाव हार गया। उन्होंने बड़ी सटीक टिप्पणी की। उन्होंने कहा कि अरविंद केजरीवाल दिल्ली में अपनी सरकार से इस्तीफा देकर यहां पर त्याग की रणनीति अपना कर जनता का वोट हासिल करना चाहते थे। पर वह उसमें सफल नहीं हुए। हां, उन्होंने यह भी कहा कि यहां भाजपा ने बहुत मेहनत की। मैंने अगला सवाल किया। कैसे ? उनका जवाब था। जब से चुनाव की घोषणा हुई, तब से अब तक बीजेपी का हर छोटा-बड़ा नेता मोदी जी के लिए वोट मांगने आया। उनके साथ मोहल्ले के बीजेपी नेता भी आए थे, जिसे मेरा पूरा परिवार पहचानता था। मैंने पूछा विपक्ष की तरफ से भी तो लोग आए होंगे, तो उनका कहना था कि आम आदमी पार्टी की तरफ से लोग आए थे। पर वह लोग बाहर के थे, उन लोगों में से कोई मेरे मोहल्ले या इस इलाके का नहीं था। आगे मैंने सपा और कांग्रेस की तरफ से प्रचार के लिए लोगों के आने की बात पूछी तो उनका यही कहना था कि सपा की तरफ एक दिन कुछ लोग आए थे, जिसमें ज्यादातर यादव थे। उन्होंने भोजपुरी में कहा कि वोटवा साइकिल पर ही दे दिहा मोदी जी त चल जइहैं, हम लोग ही रहल जाई। यह एक तरह की धमकी सी लग रही थी। कांग्रेस को लेकर उन्होंने कहा कि जब कांग्रेस के कुछ लोग आए थे। तब हमने उनसे सवाल किया कि आप लोग दया शंकर मिश्रा दयालु को बीजेपी में जाने से क्यों नहीं रोक पाए। तो उनका कहना था कि उनकी सेटिंग हो गई थी। दयालु शहर दक्षिणी से कांग्रेस के टिकट पर दो बार चुनाव लड़ चुके

थे और दोनों बार दूसरे नंबर पर रहे थे। हम वहां से आगे बढ़ते हुए मैदागिन निकल गए। वहां पर भीड़ हर-हर मोदी घर-घर मोदी के नारे लगा रही थी। शहर में कमाल की रंगत थी। हर तरफ अबीर-गुलाल, फूल और माला बिखरा पड़ा था। हर कोई मानों खुद को बधाई दे रहा था। वहां से मैं और मेरे कैमरामैन आगे बढ़ते हुए सतुआ बाबा के आश्रम की तरफ से राजघाट की तरफ। जाने लगे, तो वहां पुलिस मुस्तैद दिख रही थी। वहीं एक किनारे कुछ पुलिस वाले मोटरसाईकिल। वाले को रोक कर उसके कागजात देख रहे थे। वहीं, वह उनसे गाड़ी छोड़ने की मिन्नत कर रहा था। हो सकता है कुछ ले दे के सेटिंग हो गई हो। हमने राजघाट। पुल पार किया गंगा का हरा पानी हर किसी को बरबस अपनी ओर आकृष्ट कर लेता है। हमारे दाहिनी तरफ के घाट अपने नए नायक के स्वागत के लिए तैयार दिखाई दे रहे थे। पुल पार करके हम पड़ाव पहुंचे। जहां हमारे दाहिनी तरफ बाबा अवधूत भगवान राम का बहुत बड़ा आश्रम स्थित है। पूर्व प्रधानमंत्री चंद्रशेखर यहां अक्सर आया करते थे। पड़ाव पर भी कुछ ऐसा ही नजारा था। लोग एक दूसरे को बधाई दे रहे थे। तभी हमने वहां बुनकर अकरम को देखा। उतर कर अकरम से पूछा? मेरा सीधा सवाल था कि मोदी जी तो जीत गए। तो आठवीं पास अकरम ने बहुत सोच समझ कर जवाब दिया। कहा, हम लोग भी बदलाव चाहते थे। उसने यह नहीं कहा कि किस दल के प्रत्याशी के लिए वोट किया। आगे उसने कहा कि बिजली की बड़ी-बड़ी बातें हुई हैं। देखते हैं कितनी बिजली मिलती है और भारत सरकार हमें किस तरह की सुविधा दे पाती है। यह मुझे तंज लग रहा था। पर हमने उसकी बातें सुनी और हम आगे बढ़ गए। पड़ाव की धंसी सड़क वहां की बदहाली बयान कर रही थी। हमने अपनी मोटर साइकिल को रामनगर की तरफ घुमा दिया। रास्ते में पड़ने वाले कटेसर में हम एक किसान के यहां रुक गए। मैंने पूछा मोदी जी तो बड़े अंतर से चुनाव जीत गए हैं। तो किसान ने कहा मोदी जी अब हम लोगों के लिए काम करेंगे। मैंने फिर पूछा कैसे? उसने कहा आप गुजरात को देख लीजिए। मैं थोड़ी देर के लिए सोच में पड़ गया। फिर मैंने सवाल किया कि आप कितना पढ़े हैं। उसने कहा मैं इंटर पास हूं और फूलों की खेती करता

हूं। मेरी इससे अच्छी आमदनी हो जाती है। बनारस में रामनगर में फूलों की बड़े पैमाने पर खेती की जाती है। मेरे सवाल का जवाब मिल चुका था। कटेसर से निकलकर मैं रामनगर चौराहे की तरफ बढ़ चला था। वहां पर मेरे पुराने मित्र मधुकर पांडेय मिल गए, जो उस समय कांग्रेस की राजनीति कर रहे थे। पर अब भाजपा में हैं। मैंने मधुकर जी से पूछा कि कांग्रेस चुनाव कैसे हार गई। तो उन्होंने बड़े निराश भाव से जवाब दिया कि यहां पर पार्टी का कोई संगठन नहीं है। पार्टी गुटों में बंटी हुई है। हर कोई खुद को नेता समझ रहा है। कार्यकर्ता तो कोई रह ही नहीं गया है। तो मैंने अगला सवाल पूछा कि आप फिर इस पार्टी में क्यों हैं तो उनका जवाब था। हां, शायद अब मुझे निर्णय लेना पड़ेगा। मधुकर जी ने बाद में बीजेपी ज्वाइन कर लिया। रामनगर से आगे बढ़ते हुए मैं रामनगर किले के पास पहुंच गया। वहां पर किले के गेट के बाहर लगा निर्जीव तोप हमें राजा साहेब के पुराने शान और शौकत की कहानी सुना रही थी। वैसे तो यहां कई राजा हुए पर महाराज विभूति नारायण सिंह जैसा सम्मान किसी भी राजा को नहीं मिला। बनारस की जनता उन्हें बहुत प्रेम करती थी। अब पूरा महल खाली हो चुका है और वहां पर पीएसी ने डेरा जमा रखा है। किले की दीवारों के पलस्तर टूट रहे हैं। चारों तरफ बस प्रतीक के तौर पर किले की मौजूदगी है। जो किसी खैरख्वाह के। इंतजार में है, जिससे इसके भी दिन बहुरे। हम पुल पार करके सामने घाट से लंका जाना चाहते थे। पर खराब सड़क ने हमें अंदर तक हिला दिया। वहीं के रहने वाले विकास त्रिपाठी से पूछा कि यह सड़क आखिर क्यों नहीं बनी, तो उनका जवाब था कि मुरली मनोहर जोशी ने कई बार आश्वासन तो दिया था, पर बनी नहीं। अब मोदी जी आ गए हैं, तो बन जाएगी। यह कमाल का विश्वास था मोदी को लेकर। जैसे-तैसे हम मदन मोहन मालवीय जी की प्रतिमा के पास पहुंच गए। वहां पर बनारस हिंदू विश्वविद्यालय के छात्र जो देश और दुनिया भर से यहां पर पढ़ने के लिए आते हैं। सब इस जीत की अलग-अलग समीक्षा में लगे थे। बीएचयू के छात्र रजनीश ने कहा कि अरविंद केजरीवाल उसी दिन चुनाव हार गए जब अन्ना ने चुनाव प्रचार से मना कर दिया था। वहीं, गिरीश यादव ने कहा कि सपा

वाले नेता जी चुनाव प्रचार के दौरान आजमगढ़ में अपना चेहरा ज्यादा दिखाना चाहते थे, इसलिए यहां का चुनाव प्रचार शुरू से ही कमजोर था। वहीं, इकोनामिक्स के छात्र ने कहा कि अब मोदी जी के आने के बाद देश की अर्थव्यवस्था सुधर जाएगी। अब हम अस्सी की तरफ बढ़ रहे थे। जहां पर एक से एक विद्वानों से हमारा सामना होने वाला था। लेकिन, उसके पहले केशव के पान की दुकान, अस्सी से लंका की तरफ बढ़ने पर लोगंलते की दुकान पर जाना नहीं भूले। केशव के यहां भारी भीड़ थी। प्रधानमंत्री ने खुद इन लोगों से मुलाकात की थी। वैसे ही इनकी चर्चा फिजा में फैली थी। वहां पहुंचने पर मेरा यही सवाल था कि मोदी जी तो जीत गए अब आगे...। तो वहां खड़े एक अधेड़ व्यक्ति ने कहा कि मोदी जी लोगन क धुआं निकाल दीह। मैने पूछा कैसे तो उनका जवाब था, गुजरात में देख लीजिए अमूल को। सब जगह दूध देती है। जब हम लोगंलता के दुकान पर पहुंचे, तो वहां पर भीड़ मिठाई और लस्सी के लिए धक्का-मुक्की कर रही थी। तभी हमें वहां दो दोस्त मिल गए राघव और अनिल। इन दोनों लोगों से जब मैंने बात की तो। इन लोगों ने मुझे बताया कि इन लोगों ने शर्त लगा रखी थी कि मोदी कितने लाख वोटों से जीतेंगे। इस शर्त में लौंगलता खिलाने और लस्सी पिलाना शामिल था। राधव शर्त अनिल से जीत चुके थे। उन्होंने अनिल को कहा था कि मोदी जी तीन लाख वोट से भी ज्यादा से चुनाव जीतेंगे। और वही हुआ। अनिल, राघव को इसी की दावत देने के लिए पहुंचे थे। लंका से आगे बढ़ते हुए हम अस्सी पहुंच चुके थे। बड़े-बड़े शिक्षाविद, विद्वान, पत्रकार, डॉक्टर, वकील सब इस चर्चा में मशगूल थे कि आखिर कौन-कौन प्रमुख नेता हैं जो मंत्री बनेंगे। इसी के साथ ही अमित शाह की भूमिका की भी चर्चा हो रही थी, कि आखिर कैसे उन्होंने पूरे बनारस को साध दिया। कैसे यह किया। पराक्रमी नेताओं को अपने साथ जोड़ लिया और सबसे खास यह कि आखिर किस तरह से उन्होंने मृतप्राय सगंठन को जिंदा कर दिया था। हमने हमारी यात्रा को अब यहीं पर विराम दिया और हम भी इस खोज में लग गए कि इस उत्सव में कितने सारे रंग थे। कभी किसी ने कहा था कि चुनाव एक ऐसा काम है, जिसे हम भारतीय बहुत अच्छी

तरह से करते हैं। 2014 का बनारस का चुनाव सतरंगी और रोमांचक था। इस चुनाव में हर दिन नया रोमांच और नई स्क्रिप्ट पढ़ी जा रही थी। लेकिन, इस बार नाटकीयता पर सच्चाई और उम्मीद हावी था। नरेंद्र मोदी अब विजेता बन चुके थे। इसी के साथ उन्होंने पूरे देश में अपने बलबूते वोट हासिल किया। यह बहुत बड़ी उपलब्धि है। इसके पहले यह करिश्मा पूर्व प्रधानमंत्री जवाहर लाल नेहरू और करिश्माई नेता इंदिरा गांधी ही कर पाई थी। मोदी की जीत का प्रमाण पत्र मोदी के साथी और बीजेपी नेता परिन्दू भगत, काकू भाई ने बनारस कलेक्टर से लिया।

10
वंशवाद की पराजय

उम्मीद की राजनीति ने सभ्रम और भुलावे की राजनीति पर जीत हासिल की। नियति ने वंशवाद और क्षेत्रवाद को हरा दिया। जीत के संचार ने निराशा को भगा दिया। गुजरात के छोटे से गांव की गलियों निकले इस शख्स ने राजनीति की परिभाषा बदल दी। नरेंद्र मोदी हमेशा से ही अलग थे। जीवन में जब भी उन्हें काम करने का मौका मिला, उन्होंने उस काम में अपना 100 प्रतिशत दिया होगा।

इसके अनेक उदाहरण हमें मिलते हैं। अरविंद चतुर्वेदी ने अपनी किताब द रियल मोदी में लिखा है। नरेंद्र मोदी जब बहुत छोटे थे। जब वह स्कूल में पढ़ते थे। वडनगर के बीएन हाईस्कूल में स्कूल की दीवार गिर गई थी। तब मैंनेजमेंट के पास बहुत पैसे नहीं थे। उस कारण बहुत सारे अराजक तत्व स्कूल की दीवार गिरने वाले रास्ते से स्कूल में प्रवेश कर पढ़ाई में व्यवधान उत्पन्न करते थे। इस टूटी दीवार को बनवाने को लेकर मोदी ने एक अनोखा प्रयोग किया। कम उम्र के बाद भी बड़ी सोच हर किसी के लिए मायने रखती है। मोदी ने स्कूल की दीवार बनाने के लिए सभी लोगों के साथ नाटक मंचन करने की योजना बनाई। चंदा जुटाने के लिए बाकायदा रसीद छपवाई गई। वडनगर और उसके आस-पास के हर उस बड़े व्यक्ति से संपर्क करने की कोशिश की गई जो इस रसीद को ले सकें। नरेंद्र मोदी की यह योजना सफल रही। अरविंद चतुर्वेदी अपनी पुस्तक में लिखते हैं कि मोदी ने अपने मित्रों के साथ मिलकर 1966 में जोगी दास खूमान

नाटक का मंचन किया। नाटक एक ऐसे व्यक्ति के चरित्र को दर्शाता था, जो अन्याय के खिलाफ लड़ाई लड़ता है। यह नायक असहाय , पीड़ितों को न्याय दिलाता है। एनडी यानि नरेंद्र मोदी इस नाटक में असहायों के लिए नायक के रूप में खड़े नजर आते हैं। इस प्ले के लिए काटी गई रसीदों और सोविनियर के माध्यम से इतना धन जुटा लिया गया था, जिससे स्कूल की दीवार बनाई जा सके। आज भी वडनगर के बीएन हाई स्कूल की वह दीवार नरेंद्र मोदी के अलग सोच और हिम्मत की गवाही देती है।

नरेंद्र मोदी ने देश की राजनीति बदल दी थी। इस बदलाव का अगुआ था बनारस। बाबा विश्वनाथ की काशी की जनता ने अब नरेंद्र मोदी को 7 रेसकोर्स का निवासी बना दिया था। वैसे तो मोदी गुजरात के बड़ोदरा से भी मधुसूदन मिस्त्री को हराकर बड़े अंतर से चुनाव जीते पर काशी की जीत ने मोदी को दुनिया भर में पहुंचा दिया। मोदी, अमित शाह और बीजेपी की टीम ने छत्तीस दिन, नौ चरणों में हुए चुनावी संदर्भ की वैतरणी को पार कर ली थी। नरेंद्र मोदी और उनकी टीम के लिए यह अलबेला चुनाव था। अपने एक लेख में बीबीसी ने लिखा है, कि इस चुनाव में करीब 54 करोड़ लोगों ने यानि 66.4 प्रतिशत लोगों ने अपने मत का प्रयोग किया। यह आज तक के इतिहास में सबसे ज्यादा वोट डाले जाने का रिकार्ड है। बीबीसी अपनी रिपोर्ट में आगे कहता है कि इससे पहले 1984 में पूर्व प्रधानमंत्री इंदिरा गांधी की हत्या के बाद हुए चुनावों में 64 फीसदी वोट पड़े थे। भारत ने नरेंद्र मोदी में अपनी सामूहिक अपेक्षाओं का मूर्त रूप पा लिया था। दुनिया के राजनैतिक मंच पर अपना स्थान बनाने और दुनिया की सर्वाधिक वांछित अर्थव्यवस्था का दर्जा फिर पाने के लिए, पांच साल की मंदी, सुस्त पड़ा विकास, कमजोर नेतृत्व और घोटालों से दागदार सार्वजनिक जीवन। ऐसे में मोदी ऐसा विचार था, जिसका समय आ पहुंचा था। 81.4 करोड़ मतदाताओं ने जिनका पांचवां हिस्सा पहली बार मतदान कर रहा था। अपनी आस्था और भरोसा एक संघ प्रचारक तो कभी रेलवे स्टेशन पर चाय बेचने वाले शख्स पर जताया और उसे सत्ता सौंप दी। इस शख्स के अच्छे प्रशासन, विकास के वादे पर लोगों ने भरोसा जताया।

मतदाताओं ने नकारात्मक प्रचार करने वालों को सिरे से खारिज कर दिया। इस नरेंद्र दामोदर दास मोदी को हराने के लिए विपक्ष ने हर वह हथकंडा अपनाया, जो किसी की भी जान निकाल दे। हिंदू बहुसंख्यकतावाद और पक्षपाती पूंजीवाद का भय जताया गया। मोदी ने विकास माडल के साथ ही देश को एक सूत्र में बांधने की रणनीति से पहले दल का दिल जीता, फिर देश का। भारत के विचारों को आकार देने के लिए एक शक्तिशाली जनादेश नरेंद्र मोदी को दिया। मोदी ने अपनी किस्मत खुद लिखी। वडनगर की गलियों से निकलकर विसनगर से होते हुए मोदी पहले अहमदाबाद पहुंचे। अपने काम, अपनी काबिलियत से लोगों को अपना बनाने की कला से मोदी ने गुजरात का दिल जीत लिया। मोदी ने विपरीत परिस्थितियों से पार पाते हुए खुद को सियासत का सिकंदर साबित कर दिया।

मोदी लोगों को अपना बनाने और विश्वास जीतने की जबरदस्त कला जानते हैं। मोदी जब जिंदगी में आरएसएस कार्यकर्ता के तौर पर संघर्ष कर रहे थे तो उन्हें अहमदाबाद के संघ कार्यालय में लक्ष्मण राव इनामदार का संरक्षण मिला। मोदी ने अपने कठिन परिश्रम और समर्पण से इनामदार का भरोसा हासिल किया। इसे मोदी ने पूरी जिंदगी निभाने का काम किया। इनामदार जब पुणे में अपने अंतिम दिनों में बीमारी के दौरान संघर्ष कर रहे थे। तो उनका यह शिष्य पूरे समय अपने गुरू की सेवा में लगा रहा। मोदी हद तक किसी अपने का साथ निभाने में यकीन रखते हैं।

देश और बनारस में मोदी की जीत असाधारण थी। इस जीत पर अमेरिकी अख़बार "न्यूयॉर्क टाइम्स" लिखता है कि "अपनी रूढ़िवादी विचारधारा और नेतृत्व की फौलादी शैली के साथ, श्री मोदी जो एक विनम्र पृष्ठभूमि से आए थे और एक हिंदू राष्ट्रवादी समूह के रैकों के माध्यम से उठे थे, उस कार्यालय में पूर्ववर्तियों से अलग साबित होंगे। इसमें ये भी कहा गया कि "एक सख्त अनुशासित नेता के रूप में उनकी छवि ने बड़ी संख्या में मतदाताओं को आकर्षित करती है। जो उम्मीद करते हैं कि वह भ्रष्टाचार पर नकेल कसेंगे। भारत में गिरती अर्थव्यवस्था को उछाल देंगे और विनिर्माण कर नौकरियां पैदा करेंगे।

द वाशिंगटन पोस्ट ने कहा "एक भीषण अभियान के बाद, आर्थिक सुधारक और हिंदू राष्ट्रवादी नरेंद्र मोदी भारत के अगले प्रधानमंत्री बनने के लिए तैयार हैं। "इसमें आगे कहा गया कि 63 वर्षीय मोदी ने ऐसे समय में आशा और पुनरुद्धार के संदेश पर अभियान चलाया था, जब देश एक ठप पड़ी अर्थव्यवस्था से मायूस था और यह भावना थी कि उसका एक बार का उज्जवल वादा फीका पड़ गया था"।

लॉस एंजिलिस टाइम्स लिखता है कि "यह बीजेपी की जीत को "दुर्लभ चुनावी भूस्खलन" के रूप में वर्णित किया। और यह करिश्माई विवादास्पद नेता नरेंद्र मोदी, जो भारत का अगला प्रधानमंत्री बनेगे, के सर्मथन के एक राष्ट्रव्यापी लहर को दर्शाता है।

ब्रिटिश मीडिया की रिपोर्ट और बीबीसी ने कहा "भारत की मुख्य विपक्षी बीजेपी निराशा की गहराइयों से फीनिक्स की तरह उठी हैं" बीबीसी ने कहा "कांग्रेस के एक दशक के शासन के बाद बीजेपी से भारत को तेजी से दाहिनी ओर ले जाने की उम्मीद है।"

मोदी की देश और बनारस पर जीत असाधारण थी। सवा सौ करोड़ लोगों के देश ने अपनी दुनिया उस शख्स के नाम कर दी, जिसे आप नरेंद्र दामोदर दास मोदी के नाम से जानते हैं। संघर्ष की गलियों में अपनी तकदीर की लकीरों को अपने हाथों से बनाने बिगाड़ने वाला शख्स आज राजनीति की बुलंदियों पर खड़ा है। वो बता रहा है कि अगर हिम्मत हो और जुनून हो तो सारी कायनात आपकी मदद में जुट जाती है। यह जो सपना लगता है उसे सच बनाने वाला राजनीति का जादूगर भी वही है।

11
मोदी के शाह

आप नेतृत्व न थोप सकते हैं, न ही खरीद सकते हैं। बल्कि, यह अर्जित किया जाता है। महान नेता ही महान काम करने वाले होते हैं। उनमें अपने अनुयायियों को संगठित करने और प्रेरित करने की नैसर्गिक प्रतिभा होती है। कभी-कभी वह अपने लिए अंधभक्ति भी पैदा कर लेते हैं। लेकिन, अनुयायी जैसे ही तैयार होते हैं। नेता प्रकट हो जाते हैं। असंतोष के दौर में ऐसे लोग नेता बन जाते हैं, जिनके बारे में कोई कल्पना भी नहीं कर सकता। नेल्सन मंडेला, मार्टिन लूथर किंग, महात्मा गांधी, बल्लभ भाई पटेल, इंदिरा गांधी इसकी मिशाल हैं। यानि साधारण व्यक्ति भी असाधारण नेता बन जाते हैं। महान नेता अपने मकसद और लगन से असीम ऊर्जा पा जाते हैं। जनता ही उनके नेतृत्व की ताकत होती है। प्रबंध के लिए संकल्प और साहस जरूरी है। महान नेता सिर्फ भविष्य का सपना नहीं दिखाते, उसे सच भी करते हैं। महान नेता शिल्पी होते हैं। वह कुछ विलक्षण, कुछ स्थाई और प्रेरक रचने की सोचते हैं। महान नेताओं में जुनून, करुणा और क्षमता, यह सभी गुण होते हैं। महान शिक्षकों पर भी यह लागू होते हैं।

चाणक्य ने अर्थशास्त्र में कहा है कि "राजा के परिवार को भी पता न चले कि वह कल क्या फैसला लेने जा रहा है"। बनारस से चुनाव लड़ने को लेकर भी नरेंद्र मोदी ने यही किया। उन्होंने सबसे पहले अपने सबसे विश्वस्त अमित भाई शाह को बनारस भेजा। जिन्होंने हफ्तों काशी में डेरा जमाए रखा। इस दौरान वह यहां के

व्यापारियों, नेताओं, युवाओं, बुद्धिजीवियों के साथ ही हर उस व्यक्ति से मिलते रहे जो उन्हें नरेंद्र भाई को बनारस से जीत का रास्ता दिखा सके।

नरेंद्र मोदी और अमित भाई शाह का रिश्ता कोई एक दिन का नहीं है। यह 36 साल का लंबा सफर है। इस सफर ने न जाने कितने इम्तिहान लिए होंगे। न जाने कितनी चुनौतियों का सामना कराया होगा और न जाने कितनी बार अमित भाई को कसौटी पर कसा गया होगा। क्योंकि नरेंद्र भाई दामोदर दास मोदी के यहां पर किसी को यूं ही आसानी से जगह नहीं मिलती। उनका इम्तिहान समंदर को पार करने जैसा होता है। उनका इम्तिहान हिमालय पर चढ़ने जैसा होता है। नरेंद्र मोदी जो भी करते हैं, उसमें कुछ औचक नहीं होता है। यह एक ज्यादा बड़े मंसूबे से जुड़ा होता है, जो उनके मन में होता है। वह छोटा नहीं सोचते, वह बड़े फलक पर जाते हैं। वह नए विचारों के प्रति खुले हैं। मगर वह योजना का एक ही बार में खुलासा नहीं करते। नरेंद्र मोदी ने अमित शाह को कोई एक दिन नहीं गढ़ा है। भाजपा के लिए दरी बिछाने से लेकर पोस्टर लगाने तक की विधा के साथ ही राजनीति के हर उस ककहरे को पढ़ाया और सिखाया होगा, जो राजनीति में आप को विजेता बना दे। तभी तो अमित भाई को मोदी का शाह कहा जाता है। इतने इम्तिहान देने के बाद ही कोई विजेता बनता है। अमित भाई को जो भी जिम्मेदारी नरेंद्र भाई की तरफ से दी जाती है, उसे वह हर हाल में पूरा कर रिजल्ट देते हैं।

पांच जून 2019 की इंडिया टुडे की एक रिपोर्ट कहती है, लोकसभा चुनाव में भाजपा के ऐतिहासिक जीत में शाह का योगदान मोदी के बाद या प्रधानमंत्री जितना ही है। अगर मोदी इस जीत के नायक हैं तो शाह कड़ी मेहनत करने वाले सूत्रधार हैं। जिन्होंने चुनावी रणनीति का खाका तैयार किया। संगठन को मजबूत करने और कोरामंडल राज्यों, पश्चिम बंगाल, उड़ीसा और पूर्वोत्तर में पिछले चुनावों में गंवाई 125 सीटों पर ध्यान केंद्रित करने के लिए भाजपा अध्यक्ष के रूप में पद पर रहते हुए 1,740 दिनों में 1,000 दिन से अधिक उन्होंने दिल्ली से बाहर की यात्रा की। अमित भाई हमेशा नरेंद्र मोदी को साहेब ही कहते हैं। यह कोई आज की बात नहीं है।

जब से मोदी ने शाह के राजनीतिक कौशल की पहचान की है, तब से दोनों के बीच का यह अटूट रिश्ता कायम है। नरेंद्र भाई को न सुनना पसंद नहीं है। शाह को हां करवाना आता है। हाल ही के दिनों में एक कार्यक्रम के दौरान मेरी मुलाकात लेखक और पत्रकार उदय माहुरकर से हुई। उन्होंने मोदी और अमित शाह के बीच की केमेस्ट्री को लेकर एक किस्सा सुनाया। उदय का कहना था कि वह गुजरात और दिल्ली में अपने पत्रकारिता में रमे थे। ऐसे में एक दिन प्रधानमंत्री कार्यालय से एक फोन आया। जिसमें उदय को भारत सरकार में एक बडा पद देने का निर्णय लिया गया था। जाहिर है, यह निर्णय प्रधानमंत्री ने लिया होगा। उदय ने पहली बार में उस पद को लेकर अपनी न कह दी। बात आई-गई हो गई। उदय भी अपने जीवन की दैनिक गतिविधियों को पुनः करने में लग गए। कुछ दिनों के बाद एक दिन रात में उदय कुछ लिख रहे थे, तभी अमित भाई की तरफ से उनको एक फोन आया। अमित भाई ने बड़े साफ तौर पर केवल एक ही बात कही। क्या आपको पीएमओ से फोन आया था। इधर से उदय का जबाब था हां। इस पर शाह ने उदय को कहा आपने साहेब को मना क्यों कर दिया। मेरा आप से निवेदन है कि आप साहेब के किसी बात को मना मत किया करें। अमित भाई की बात उदय माहूरकर ने मान ली। पीएमओ की तरफ से भेजे प्रस्ताव को स्वीकार कर लिया। इस घटना से एक बात तो स्पष्ट है कि अमित भाई मोदी के ऐसे सितारे हैं, जो हर वक्त मोदी की रोशनी को बिखेरते हैं। यही नहीं नरेंद्र मोदी और अमित भाई के बीच यह तालमेल देश और दुनिया ने न जाने कितनी बार देखा होगा। तभी तो नरेंद्र मोदी और अमित भाई की केमेस्ट्री शानदार है। अपने जानते हुए किसी दूसरे नेता की ऐसी जुगलबंदी मैंने अपने जीवनकाल में तो नहीं देखी। कई नेताओं के अपनी पार्टी में दूसरे नेताओं पर भरोसा और रिश्ता तो मैंने देखा पर उन लोगों को वह अधिकार नहीं दिए गए थे, जो नरेंद्र भाई ने अमित शाह को दे रखा है। उस अधिकार को पाने के लिए अमित भाई इसलिए भी अधिकारी हैं। क्योंकि, नरेंद्र मोदी की कही हुई कोई भी बात उनके लिए अंतिम वाक्य होता है। यहां पर कई नेताओं के उदाहरण देखे जा सकते हैं। जो मुझे याद हैं। इंदिरा गांधी और आरके

धवन की नजदीकियां और भरोसे का सबको पता है। पर आरके धवन भी वह निर्णय लेने के वह अधिकार नहीं पा सके थे, जो राजनीति को बदल दे। संजय गांधी, कमलनाथ, राजीव गांधी, सतीश शर्मा, नरसिम्हा राव, जितेंद्र प्रसाद। यह सब नेता एक दूसरे के बेहद करीबी रहे थे। पर किसी ने किसी को ऐसे राजनैतिक अधिकारों को नहीं दिया था, जो राजनीति की दशा-दिशा को परिवर्तित कर दे। ऐसे ही मुलायम सिंह यादव और अमर सिंह को लेकर कहा जा सकता है। उनकी नजदीकियां और दखल अंदाजी को दुनिया ने अपनी खुली आंखों से देखा था। पर मुलायम सिंह अमर सिंह को कभी राजनैतिक तौर पर उतने अधिकार देने के पक्षधर नहीं थे, जो राजनीति को लीक से हटकर करने का काम करे। राजीव गांधी, सतीश शर्मा, सोनिया गांधी, अहमद पटेल, राहुल गांधी, जितेंद्र सिंह ऐसे न जाने कितने ऐसे नेता रहे, जिनकी अपने-अपने समय में तूती बोलती थी। पर उनको राजनीति में बदलाव के वह अधिकार हासिल नहीं थे। जो नरेंद्र भाई मोदी ने अमित शाह को दे रखे हैं। पर यह एक दिन का संगम नहीं है। इस अधिकार को पाने के लिए अमित शाह ने भी वर्षों मेहनत की। नरेंद्र भाई के हर कसौटी पर खरे-उतरे तब जाकर कहीं वह वो विश्वास हासिल करने में कामयाब हुए हैं।

अमित भाई 'मोदी @ 20' में लिखते हैं, मैं नरेंद्र भाई को अहमदाबाद में सबसे पहले वर्ष 1987 में मिला था। उनको उस समय हाल ही में भाजपा के गुजरात राज्य इकाई का महासचिव संगठन का पदभार सौंपा गया था। उस समय अहमदाबाद में नगर निगम के चुनावों की घोषणा हुई थी। इस चुनाव के संदर्भ की सराहना होनी चाहिए। गुजरात और पूरे देश में कांग्रेस का दबदबा था। उसने वर्ष 1984 और 1985 के चुनाव में भारी जनादेश हासिल किया था। भाजपा उस समय एक राजनीतिक और चुनावी शक्ति के तौर पर तलहटी पर थी और उसके आगे एक लंबी चढ़ाई थी। चुनाव का प्रभार सौंपे जाने के बाद नरेंद्र भाई ने हमें उच्च लक्ष्य और विधिपूर्वक रूप से योजना बनाना सिखाया। कई मायनों में नरेंद्र भाई ने हमको चुनावों और चुनाव अभियान को दोबारा सोचने और उसकी कल्पना करने में मदद की। अहमदाबाद में शहरी इकाई के

सचिव के तौर पर, मैंने उनको बहुत करीब से सुना और देखा। जो कुछ भी उन्होंने कहा उसका क्रियान्वयन शुरू किया गया। मोदी जी की रणनीति का मूल आधार था, चुनाव के लिए पार्टी और संघ के नेटवर्क की क्षमताओं को संगठित कर उनको उपयुक्त बनाना। गुजरात नगर निगम का नतीजा शानदार था। बीजेपी ने नगर निगम और मेयर दोनों पर जीत हासिल कर ली थी। इस जीत से नरेंद्र मोदी और अमित भाई का ऐसा गठबंधन बन गया जो फेविकोल के जोड़ जैसा था। आंधी-तूफान या बारिश कोई शक्ति न तो इन दोनों नेताओं को अलग कर पाई और न ही तोड़ पाई।

दोनों नेताओं का आपसी तालमेल कमाल का है। पर नरेंद्र भाई एकदम व्यवहारिक हैं। अमित भाई लिखते हैं कि यहां तक की चुनाव में सफल परिणाम के बाद भी, जीत की खुशी उनको प्रभावित नहीं कर सकी। अपने यथार्थवाद और उत्सुक अवलोकन से वह हमेशा उन कमियों को देख लेते हैं, जो रह जाती है। वर्ष 2014 के संसदीय चुनाव के कुछ सप्ताह पहले ही मुझे बीजेपी का राष्ट्रीय अध्यक्ष नियुक्त किया गया। वर्ष 2015 में मैं प्रधानमंत्री जी के पास गया। कहा कि हम एक पार्टी सदस्यता अभियान की योजना बना रहे हैं। उनकी त्वरित प्रतिक्रिया थी कि यदि हम इसे पुराने तरीके से करते हैं तो इससे कोई उद्देश्य पूरा नहीं होगा। हम आसानी से और बिना किसी मेहनत के उन भौगोलिक क्षेत्रों में अधिक से अधिक संख्या में लोगों को भर्ती कर लेंगे, जहां पहले से हमारी उपस्थिति है। उन्होंने पूछा ऐसे किस प्रकार भाजपा का विस्तार होगा? उन राज्यों और क्षेत्रों के लिए क्या रणनीति है। हम जहां अपेक्षाकृत अनुपस्थित हैं। अथवा हमारे सदस्यों की संख्या बहुत कम है ? अमित भाई लिखते है, मोदी ने न केवल राज्यों अपितु राज्यों के अंदर के क्षेत्रों के ठोस उदाहरण दिए। कम सदस्यता के कारण पार्टी की क्षमता सीमित रह गई और सीमित पार्टी क्षमता का अर्थ था सदस्यता कम रहेगी। हम इस चक्र से बाहर कैसे निकलेंगे। ये तो नरेंद्र भाई का अमित भाई से सवाल था, पर अपने सिपहसलार को आखिर वह इस परिस्थितियों में पीछे कैसे छोड़ देते, तो उसका जवाब भी उन्होंने ही दिया। नरेंद्र भाई ने कहा कि हमें नई तकनीकों का इस्तेमाल करना चाहिए। मिस्ड कॉल

के आधार पर सदस्यता अभियान शुरू करना चाहिए। यदि कोई व्यक्ति पूर्व प्रकाशित नंबर पर मिस कॉल देता है, तो उसे तुरंत सदस्य के तौर पर नामांकित कर लिया जाता था। नरेंद्र भाई ने आगे चेताते हुए कहा कि प्रत्येक मिस कॉल की वास्तविकता का भी पता लगाना होगा। कॉल करने वाले कितने लोग गंभीर होंगे और कितने लोगों ने वह बस यूं ही किया होगा ? नए सदस्यों से संपर्क करना होगा और उनको पार्टी से इसकी संरचनाओं से और इसकी सोच से परिचित करना होगा। उन्होंने जोर देकर अमित भाई को कहा कि वह पार्टी को इस दूसरे चरण के लिए तैयार करें। यह सब कुछ कोई एक दिन में नहीं पा जाता। अमित शाह नरेंद्र भाई के लिए विश्वास के वह प्रतीक हैं, जिनको वह कोई समस्या बताकर दूसरे काम में लग जाते हैं। अमित शाह ने उस भरोसे को बनारस में भी दिखा दिया कि आखिर वह मोदी के शाह क्यों कहे जाते हैं। अब हम फिर से आपको बनारस लिए चलते हैं।

भारत के केंद्र में बसे हिंदुओं के सात प्रमुख तीर्थ स्थलों में से एक काशी विश्व का प्राचीनतम नगर है। यह उतना ही प्राचीन है, जितनी मानव सभ्यता। भगवान शंकर के प्रतीक 12 ज्योतिर्लिंगों में से एक काशी में अवस्थित है, जहां निर्मित मंदिर ही काशी विश्वनाथ मंदिर है। यह भारत की आध्यात्मिक राजधानी है। वर्तमान में भाजपा के राष्ट्रीय महासचिव सुनील बंसल को 2014 में उत्तर प्रदेश के प्रभारी रहे अमित भाई शाह का सहयोग करने के लिए संघ की तरफ से लगाया गया था। जब मैंने उनसे पूछा कि नरेंद्र दामोदर दास मोदी को बनारस से ही चुनाव क्यों लड़वाया गया? उनका जवाब था कि बनारस देश और दुनिया के लिए एक अलौकिक धर्म, संस्कृति की नगरी है। यहां से निकलने वाला संदेश पूरे देश और दुनिया में बदलाव की बयार ला सकता है। भले ही यह राजनीति में ही क्यों न हो। सुनील बंसल ने जो दूसरी बात कही वह और भी महत्वपूर्ण थी। मोदी जी के बनारस से चुनाव लड़ने के पीछे पूर्वांचल के छह मंडलों देवीपाटन, गोरखपुर, मिर्जापुर, वाराणसी, आजमगढ़, प्रयागराज व बस्ती के 26 जिलों की 156 विधानसभा सीटों को भी राजनीतिक दृष्टि से सहेजना था। इसीलिए बनारस की सीट को केंद्र में रख कर

रणनीति तैयार की गई थी। यही नहीं, पूर्वांचल में कुल 27 लोकसभा की सीटें आती हैं। इसके साथ ही पूर्वांचल के चुनाव में प्रधानमंत्री पद के उम्मीदवार के चुनाव लड़ने का असर बिहार के चुनाव में पर भी दिखाई पड़ता। बिहार की आठ सीटें आरा, बक्सर, सासाराम, काराकट, जहानाबाद, सारण, गोपालगंज और सिवान पर भी बनारस ने अपना खासा असर छोड़ा। यहां से उठने वाली लहर बिहार तक के चुनाव को प्रभावित किया। बनारस एक शहर ही नहीं, बल्कि यहां पर संपूर्ण भारत की झलक कोई भी देख सकता है।

देश की आजादी के बाद से यहां का प्रतिनिधित्व रघुनाथ सिंह, सत्य नारायण सिंह, चंद्रशेखर सिंह, पं.कमला पति त्रिपाठी, श्याम लाल यादव, अनिल शास्त्री, श्रीश चंद्र दीक्षित, डॉ. राजेश मिश्र, डॉ. मुरली मनोहर जोशी जैसे विद्वान बनारस संसदीय सीट की शोभा बढ़ा चुके हैं। 16वीं लोकसभा के चुनाव में कुल 42 प्रत्याशी अपनी किस्मत आजमा रहे थे। मुझे याद है 5 मई का वह दिन जब राष्ट्रवादी कांग्रेस पार्टी के प्रवक्ता नवाब मलिक एक संवाददाता सम्मेलन में कह रहे थे कि "गुजरात के मुख्यमंत्री नरेंद्र मोदी के बनावटी लहर के सामने जनता सुनामी बनकर खड़ी है।" वहीं, जनता दल यूनाइटेड के राष्ट्रीय अध्यक्ष शरद यादव ने भाजपा को लुटेरों का गिरोह तक करार दिया था। जबकि, लगातार विरोधियों के हमले झेल रही बीजेपी नरेंद्र भाई के सपनों को बनारस में उतारने के लिए लगी थी, जिसकी अगुआई अमित भाई शाह कर रहे थे।

बनारस से चुनाव लड़ने के पहले ही नरेंद्र भाई मोदी अपनी तैयारी को अंतिम रूप दे चुके थे। उनकी तैयारी हो चुकी थी। भाजपा के प्रधानमंत्री पद के उम्मीदवार गुजरात के मुख्यमंत्री नरेंद्र मोदी ने 2 अप्रैल 2014 को अपने ब्लॉग पर लिखा था कि उत्तर प्रदेश की सपा सरकार ने बनारस की उपेक्षा की है। वाराणसी जैसा ज्ञान का केंद्र आज बदहाल है। मोदी आगे अपने ब्लॉग पर लिखते हैं कि पूरे देश की निगाहें अब बनारस पर हैं, यहीं से परिर्वतन का चक्का चलेगा, जो देश को सुशासन और विकास के रास्ते पर ले जाएगा। मोदी ने कहा कि दिल्ली देश की राजनैतिक राजधानी है, जब की मुम्बई देश की आर्थिक राजधानी है, लेकिन उनकी सरकार

बनी तो बनारस को बौद्धिक राजधानी बनाया जाएगा। भगवान शिव की नगरी प्राचीन काल से ही शिक्षा, ज्ञान और संस्कृति का प्रतीक रही है।

बनारस में मोदी के विश्वस्त अमित भाई शाह के नेतृत्व में पूरी बिसात बिछाई जा रही थी। हर उस शख्स को बीजेपी में अपने साथ खड़ा करने की कोशिश की जा रही थी, जो मोदी की राह को आसान बना सके। यह सब मोदी के वफादार अमित भाई अपनी टीम के साथ कर रहे थे।

भाजपा के पीएम पद के प्रत्याशी नरेंद्र मोदी की जीत सुनिश्चित करने के लिए संघ ने शत प्रतिशत मतदान कराने की योजना को अंतिम रूप दे दिया था। संघ परिवार के अलग-अलग संगठन के तीस हजार से अधिक कार्यकर्ताओं को इस कार्य में लगाया गया था। इस चुनाव में संघ ने विशेष काडर तैयार किया था, जिसे पन्ना प्रमुख कहा गया। यह वह कार्यकर्ता होते हैं, जो स्थान के हिसाब से संघ के कामों में जुट जाते है। इसमें से अधिकांश चाय-पान के दुकानदार से लेकर मुहल्ले में ही छोटा-मोटा रोजगार करने वाले लोग हैं। इन लोगों को 15 से 20 घरों की जिम्मेदारी दी गई थी। बीजेपी ने बनारस के 90 वार्ड को 90 सेक्टर मानकर प्रत्येक सेक्टर का एक-एक प्रभारी नियुक्त कर दिया था। इसी के साथ 583 मतदान केंद्रों पर एक-एक प्रभारी की भी नियुक्ति कर दी गई थी। बनारस में कुल 1647 बूथ हैं। यहां बीजेपी ने प्रत्येक बूथ पर एक प्रभारी नियुक्त किया था।

2014 के चुनाव में अमित भाई को बहुत बड़ी जिम्मेदारी दी गई थी। अमित शाह को यूपी का प्रभारी बनाया गया था, जहां पर 2009 के लोकसभा चुनाव में बीजेपी दस सीटों पर ही सिमट गई थी। 12 जून 2013 के पहली बार लखनऊ पहुंचे अमित शाह ने पत्रकारों के सवाल, जातिवाद में जकड़ी प्रदेश की राजनीति में बीजेपी को कैसे जगह दिलाएंगे। इस पर अमित शाह ने कहा पार्टी ने यह बहुत सरल काम मुझे सौंपा है। उस समय शाह का यह बयान लोगों को बड़बोलापन लग रहा था। ग्यारह माह के बाद जब 16 मई को परिणाम आया, तो बीजेपी की कामयाबी ने साबित कर दिया

किया कि अमित भाई ही मोदी के शाह है। 2009 में 17 प्रतिशत वोटों से बढ़कर अमित शाह और उनकी टीम ने वोटों का प्रतिशत 40 कर दिया। 2009 में बीजेपी यूपी में चौथे नंबर की पार्टी थी। वहीं, इस बार शाह की अगुवाई में बीजेपी ने कुल 71 सीटों पर विजय हासिल कर ली।

इसके लिए पार्टी में बुनियादी स्तर पर भी कई सुधार किए गए। इस जीत से पहले का जिक्र करें तो बीजेपी उत्तर प्रदेश में ढेर हो चुकी थी। संगठन के नाम पर केवल ढांचा खड़ा था। लोग केवल पार्टी का फायदा उठा रहे थे। पार्टी से ले तो बहुत कुछ रहे थे, पर दे कुछ भी नहीं रहे थे। बीजेपी के एक वरिष्ठ नेता ने पार्टी पदाधिकारियों के कामों का खुलासा करते हुए एक दिलचस्प बात बताई। उस पदाधिकारी ने नाम न छापने की शर्त पर बताया कि भाजपा के ज्यादातर पदाधिकारियों के कपड़े धुलने के लिए लांड्री में भेजे जाते थे। बिल पार्टी आफिस से भरा जाता था। जब अमित भाई पहुंचे, तो उनको इस बात की जानकारी मिली। उन्होंने हिसाब-किताब देखा तो काफी बकाया चढ़ा था। इसके बाद इस बात पर पूरी तरह से रोक लगा दी गई। जिस पदाधिकारी के कपड़े धुलने के लिए जाए। उसका बिल वह पदाधिकारी अपने पास से ही अदा करेगा। अमित शाह ने बीजेपी दफ्तर में एक और नया नियम बनवा दिया। वह यह कि पार्टी आफिस की गाड़ियों को बड़े नेताओं के परिवार की तरफ से इस्तेमाल किया जाता था। इसका बिल पार्टी की तरफ से भरा जाता था। इस पर भी अमित भाई ने पूरी तरह से रोक लगा दी। अब अगर कोई नेता आता था, तो केवल पार्टी के काम के लिए ही आफिस की गाड़ियां दी जाती थीं। अगर नेता को कहीं जाना होता, तो वह अपने साधन से जाए। वैसे यह बातें तो बहुत साधारण हैं, पर यह हमें अनुशासन का पाठ पढ़ाती हैं। इससे पार्टी के लोगों में एक संदेश गया कि अब सब कुछ पहले जैसा नहीं रह गया है। अब अगर आप खर्च करेंगे तो आप को हिसाब देना होगा। यूपी में मृतप्राय संगठन को धन की कमी भी आड़े आ रही थी। इसे दूर करने के लिए शाह ने दो स्तरों पर काम प्रारंभ किया। यूपी के सभी 1,32,000 बूथों पर कम से कम पार्टी 10-10 युवाओं की कमेटी बनाई गई। बूथ स्तर पर बनाई गई

कमेटियों में शाह ने ध्यान से दलित-पिछड़ों को ब्राह्मणों के साथ बराबरी का प्रतिनिधित्व दिया। बूथ स्तर की इसी सोशल इंजीनियरिंग ने ही सपा और बीएसपी के कोर वोट बैंक में सेंध लगाने की भूमिका तैयार की। आर्थिक मजबूती के लिए कार्यकर्ताओं एवं पदाधिकारियों को चंदा जुटाने के लिए कहा गया।

6 जुलाई 2013 को अमित शाह ने अयोध्या की यात्रा की और सपा के मुस्लिम तुष्टीकरण के विरोध में हिंदुत्व को आगे बढ़ाने की रणनीति बनाई। सितंबर 2013 में जैसे ही बीजेपी की तरफ से मोदी को पीएम पद का उम्मीदवार घोषित किया गया। वैसे ही अमित शाह ने यूपी में उनकी रैलियों का खाका खींच डाला। यह शाह का विकास और हिंदुत्व की थाली थी, जो आने वाले समय में जनता के सामने परोसी जाने वाली थी। शाह ने हर नेता को गांव से दस लोगों को मोदी की रैली में लाने की जिम्मेदारी दे दी। इसका बड़ा फायदा यह हुआ की रैली के बाद पूरे गांव में ही भाजपा का ही प्रचार चलता रहा।

गांवों में बीजेपी की हवा बनाने के लिए पूरे उत्तर प्रदेश के हर विधानसभा क्षेत्र में बीजेपी रथ भिजवाया गया। एक बार सुनील बंसल ने बातचीत में बताया था कि जब रथ निकल जाता तो उसकी मॉनीटरिंग करने के लिए बाकायदा पार्टी आफिस में एक टीम थी। जो यह जानकारी रखती थी कि रथ कहां पहुंचा। शहरी इलाकों के लिए सोशल मीडिया की टीम युवाओं को लुभाने में जुटी थी। वहीं पर एक टीम ऐसी थी जो फीडबैक लेने का काम करती थी। शाह ने बड़ी चतुराई से जातियों को साधने के लिए बाकायदा मतदाताओं के बीच पकड़ रखने वाले नेताओं को पार्टी में शामिल करवाना प्रारंभ कर दिया। रास्ता खुला तो दूसरे दलों से बीजेपी में आने वाले नेताओं की बाढ़ सी आ गई और शाह पार्टी के पक्ष में माहौल बनाने में कामयाब रहे।

प्रदेश में पहले चरण के मतदान के पहले जाट बहुल इलाके में शाह के इस बयान ने बहुत बड़ा काम किया। यह बयान था, मुजफ्फरनगर के दंगों में बदला लेने की बात कहना। इस बयान से पश्चिम की हवा पूरी तरह से पलट गई।

इन सारे हथकंडे का इस्तेमाल बनारस में चुनाव जीतने के लिए भी किया गया था। क्योंकि मोदी और अमित शाह की जोड़ी बस जीत के लिए ही जानी जाती है। यह जीत चुनाव में हो किसी अन्य क्षेत्र में।

यहां पर लता दीदी की यह बात बहुत मायने रखती है कि नरेंद्र भाई अलग इसलिए दिखते हैं कि लोग उन पर भरोसा करते हैं। लोगों को पता है कि चुनौती चाहे कितनी विकट क्यों न हो, वह अपने सर्वोत्तम प्रयास और इरादों से काम करेंगे और उसका समाधान निकाल लेंगे। इसी जोड़ने की कला ने मोदी और शाह को विजेता बनाया है। अमित भाई 'मोदी @20' लिखते हैं, भाजपा के विस्तार में नरेंद्र भाई की भूमिका को केवल वोटों और सीटों से नहीं आंका जा सकता। इसका सही माप अमूर्त है। यह उस सम्मान में निहित है जो उन्होंने और उनके प्रशासन ने भाजपा के लिए अर्जित किया है, यहां तक कि उन लोगों में भी, जिन्होंने ने कभी भी हमारी पार्टी को वोट नहीं किया है।

यहां पर ओननडांगा जनजाति के धर्मरक्षक और कनफेडरेशन आफ नेटिव अमेरिकंस के प्रमुख ओरेन आर ल्योंस ने 1992 के ऐतिहासिक रियो पृथ्वी सम्मेलन में जुटे दुनिया भर के नेताओं को एक बात कही थी। चीफ ओरेन ने कहा था "हमें सिखाया गया है कि हरेक मुखिया की खाल सात बलिश्त मोटी होनी ही चाहिए, ताकि वह लोगों के और ज्यादातर अपने ही लोगों के कांटों और तीरों को सह सके और सीख को खुद अपने, अपने परिवार और अपनी पीढ़ी तक ही सीमित न रखे। हर फैसले में सातवीं पीढ़ी के कल्याण की झलक मिलनी चाहिए। मोदी भी कुछ ऐसे ही हैं, जिन्हें परिवार से कोई लेना देना नहीं, जो जनता को ही अपना परिवार मानते हैं और उनके ही विश्व कल्याण की बात सोचते हैं।

12
असाधारण नरेंद्र

जब नरेंद्र मोदी ने बनारस की जनता का दिल और चुनाव दोनों जीत लिया। वह आया तो सबने कहा आने दो देख लेंगे। उसने देखा तो तो सबने कहा फर्क नहीं पड़ता है, लेकिन उसने जीत लिया। तो सबने कहा भारतीय लोकतंत्र का इतिहास अपने नेपोलियन को देख रहा है। और देख रहा है संसदीय चुनाव के सबसे बड़े जादूगर को। सोलहवीं लोकसभा अपनी सोलह कलाओं के साथ उस शख्स पर कुर्बान हो गई, जिसका नाम नरेंद्र दामोदर दास मोदी है। बीजेपी तो इसके पहले भी जीत चुकी थी पर ऐसी सपनों सरीखी जीत कभी नहीं मिली थी। 182 की चौखट पर हांफने वाली बीजेपी अपने बलबूते बहुमत के आंकड़े तक मचलती चली गई। एक चाय वाले ने भारतीय राजनीति के प्याले में तूफान ला दिया। दस दिशाओं से आने वाली जीत मोदी के शख्शियत के सामने झुकती चली गई।

बनारस में भी मोदी की जीत त ने एक इतिहास रच दिया। उपलब्ध आंकड़ों के आधार पर कहा जा सकता है कि इससे पहले बनारस से इतनी मार्जिन से कोई चुनाव नहीं जीत पाया था। 1957 में यहां से कांग्रेस के प्रत्याशी रघुनाथ सिंह ने निर्दलीय प्रत्याशी शिवमंगल राय को हराया था। रघुनाथ सिंह की जीत का अंतर 71,926 था। वहीं, 1962 में कांग्रेस की तरफ से एक बार फिर से बनारस से रघुनाथ सिंह को ही उम्मीदवार बनाया गया था। इस बार इनके खिलाफ जनसंघ की तरफ से रघुवीर को प्रत्याशी बनाया गया

था। इस चुनाव में भी कांग्रेस के प्रत्याशी ने जनसंघ के प्रत्याशी को चुनाव में पटखनी दे दी। कांग्रेस प्रत्याशी रघुनाथ सिंह को 1,04,682 वोट मिले थे, जबकि जनसंघ प्रत्याशी रघुवीर को 58,775 वोट ही मिले थे। इस तरह से रघुनाथ सिंह यह चुनाव 45,907 वोटों से जीत गए थे। 1967 में कम्युनिस्ट पार्टी के उम्मीदवार एसएन सिंह ने बनारस में जीत का परचम लहरा दिया। एसएन सिंह को 1,05,784 वोट मिले थे, जबकि कांग्रेस के रघुनाथ सिंह को 87,617 वोट ही मिला था। इस तरह से इस चुनाव में एसएन सिंह ने 18,167 वोटों से जीत हासिल की।

बनारस विविधताओं से भरा शहर है। यहां पर धर्म हमेशा से बहुत प्रभावी रहा है। 1971 के चुनाव में कांग्रेस के राजाराम शास्त्री ने काशी नगरी से जीत हासिल की। राजाराम शास्त्री को इस चुनाव में 1,38,789 वोट मिले, जबकि उनके विरोधी जनसंघ के कमला प्रसाद सिंह को यहां की जनता ने 52,941 वोट ही दिया। इस तरह से राजाराम शास्त्री ने यह चुनाव 85,848 वोटों से जीत लिया। आपातकाल के बाद 1977 में जब लोकसभा के चुनाव हुए तो इस चुनाव में बनारस की जनता भी अपने राजनैतिक दल को चुनने का मन बना चुकी थी। इस बार बनारस से भारतीय लोकदल ने चंद्रशेखर को अपना प्रत्याशी बनाया था। जबकि, कांग्रेस की तरफ से राजाराम शास्त्री चुनाव लड़ रहे थे। बनारस की जनता ने चंद्रशेखर को झोली भर कर वोट दिया। इस चुनाव में चंद्रशेखर को 2,33,194 वोट मिले थे। जबकि कांग्रेसी राजाराम शास्त्री को 61,340 वोट ही मिले। इस तरह से आपातकाल के बाद यह विपक्ष की बड़ी जीत थी, जिसका अंतर 1,71,854 था। जल्द ही आपातकाल के बादल छंट गए। 1980 के लोकसभा चुनाव में कांग्रेस ने कमलापति त्रिपाठी को मैदान में उतारा। वहीं, दूसरी तरफ से जय प्रकाश नारायण चुनाव मैदान में थे। कमलापति त्रिपाठी को इस चुनाव में 1,29,063 वोट मिले थे, जबकि जय प्रकाश नारायण को 1,04,328 वोट मिले। इस तरह से इस चुनाव में कांग्रेस के कमला पति त्रिपाठी 24,735 वोटों से विजयी रहे। 1984 में इंदिरा गांधी की हत्या के बाद बनारस से कांग्रेस ने श्याम

लाल यादव को अपना प्रत्याशी बनाया था। इस समय कांग्रेस के पीएम पद के उम्मीदवार राजीव गांधी थे। इस चुनाव में कांग्रेस के साथ सुहानभूति की लहर थी फिर भी श्याम लाल यादव को 1,53,076 वोट मिले थे, जबकि उनके खिलाफ सीपीएस से चुनाव लड़ रहे उदल को 58,646 वोट मिले। इस तरह से इस सहानुभूति की बयार में श्याम लाल यादव 94,430 वोटों से चुनाव जीत गए थे। 1989 के हुए लोकसभा चुनाव में राजीव गांधी का जादू लोगों के सिर से उतरने लगा था। राजीव चारों तरफ अपने चापलूसों से घिरे रहा करते थे। कभी उनके खासमखास रहे वीपी सिंह ने तो उनके खिलाफ बगावत का बिगुल बजा रखा था। 1989 के चुनाव में वीपी सिंह के जनता दल की तरफ से लाल बहादुर शास्त्री के पुत्र अनिल शास्त्री को बनारस से उम्मीदवार बनाया गया था। वहीं, इनके खिलाफ कांग्रेस की तरफ से श्यामलाल यादव चुनाव लड़ रहे थे। इस चुनाव बदलाव की बयार बह रही थी। अनिल शास्त्री को 2,68,196 वोट चुनाव में मिले। जबकि कांग्रेस प्रत्याशी को 96,593 वोट मिला था। इस तरह से अनिल शास्त्री ने इस चुनाव को 1,71,603 वोटों से जीत लिया। जो एक तरह से रिकार्ड था। इसके बाद धीरे-धीरे वीपी सिंह का भी तिलिस्म टूटता गया। भाजपा ने मंदिर आंदोलन से जबरदस्त लोकप्रियता हासिल कर ली थी। अब वह चुनाव में दो-दो हाथ करने को तैयार थी। 1991 को लोकसभा के चुनाव में भाजपा ने बनारस से श्रीश चंद्र दीक्षित को अपना उम्मीदवार बनाया। जबकि, दूसरी तरफ सीपीएस के राजकिशोर इनसे मुकाबला करने को मैदान में खड़े थे। बनारस से श्रीश चंद्र दीक्षित को इस चुनाव में 1,86,333 वोट मिले, जबकि सीपीएस के राजकिशोर को 1,45,894 मत मिले। इस तरह से इस चुनाव में श्री दीक्षित 40,439 वोटों से जीत हासिल करने में सफल रहे। बीजेपी का देश में धीरे-धीरे प्रभाव बढ़ रहा था। इसी के साथ उनकी सीटों में भी इजाफा भी हो रहा था। बनारस हमेशा से बीजेपी के एजेंडे में रहा। 1996 में बीजेपी ने संघ की पृष्ठभूमि से आए शंकर प्रसाद जायसवाल को बनारस से प्रत्याशी बनाया। वहीं, शंकर प्रसाद जायसवाल के खिलाफ सीपीएम की तरफ से

राजकिशोर मैदान में खड़े थे। इस चुनाव में बनारस की जनता ने शंकर प्रसाद जायसवाल को झोली भर कर अपना प्यार दिया। जायसवाल को 2,50,951 यानि की 44.62 प्रतिशत वोट मिले। जबकि सीपीएस के राजकिशोर को 1,50,299 यानि की 26.72 प्रतिशत वोट हासिल हुए। शंकर प्रसाद जायसवाल ने 1,00,692 वोटों से राजकिशोर को पराजित किया। दो साल बाद ही एक बार फिर से 1998 लोकसभा चुनाव हुए, तो बीजेपी ने शंकर प्रसाद जायसवाल पर ही दांव लगाया। पर इस बार सीपीएस ने अपना प्रत्याशी बदल दिया और दीनानाथ सिंह यादव को प्रत्याशी बनाया। इस चुनाव में भी जायसवाल ने 2,77,232 वोट यानि की 42.98 प्रतिशत हासिल किए, जबकि दीनानाथ यादव 1,25,286 यानि 19.42 प्रतिशत वोट ही हासिल कर पाए। इस तरह से यह चुनाव भी बीजेपी के खाते में चला गया। जायसवाल ने यह सीट 1,51,946 वोटों से जीत ली। 1999 में हुए लोकसभा चुनाव में एक बार पुनः बीजेपी ने शंकर की नगरी के लिए शंकर प्रसाद जायसवाल को ही प्रत्याशी बनाया। पर इस बार कांग्रेस की तरफ से राजेश मिश्रा जो कि छात्र राजनीति से संघर्ष करके स्थापित हुए थे और विधान परिषद के सदस्य थे। उन पर दांव लगाया। पर इस बार भी जनता ने शंकर को ही आशीर्वाद दिया। इस चुनाव में शंकर प्रसाद को 2,11,955 वोट मिले। जबकि, राजेश मिश्रा को 1,59,096 वोट हासिल हुए। इस तरह से शंकर प्रसाद जायसवाल बनारस से जीत की हैट्रिक लगाने में कामयाब हुए। इधर शंकर प्रसाद जायसवाल की सियासी जमीन धीरे-धीरे खिसक रही थी और इसका खामियाजा उन्हें 2004 लोकसभा चुनाव में उठाना पड़ा। जब कांग्रेस के राजेश मिश्रा ने शंकर प्रसाद जायसवाल को चुनाव में पराजित कर दिया। इस चुनाव में राजेश को 2,06,904 वोट मिले थे, जो कुल 32.68 प्रतिशत थे। पर जायसवाल को 1,49,468 वोट मिले यानि 23.61 प्रतिशत। यह चुनाव कांग्रेस के राजेश मिश्रा ने 57,436 वोटों से जीत लिया। 2009 में बनारस उस समय पूरे देश और दुनिया में चर्चित हो गया। जब बीजेपी के हाई प्रोफाइल नेता मुरली मनोहर जोशी ने यहां से चुनाव में उतरने

का मन बनाया। लेकिन, उनके खिलाफ बहुजन समाज पार्टी ने गाजीपुर के बाहुबली मुख्तार अंसारी को मैदान में उतार दिया और जोशी के रास्ते में कांटे बिछा दिए। हालांकि जोशी को इस चुनाव में 2,03,122 वोट मिले जबकि मुख़्तार अंसारी को 1,85,911 वोट हासिल हुए। जोशी इस चुनाव में 30.52 प्रतिशत वोट हासिल करने में कामयाब रहे। जबकि, मुख्तार को भी 27.94 प्रतिशत वोट ही हासिल हुए। इस चुनाव को बीजेपी केवल 17,211 वोटों से जीत पाई।

अब 2014 का लोकसभा का चुनाव कई मायनों में अलग था। दुनिया बहुत आगे जा चुकी थी। भाजपा में भी नए मोदी युग का आरंभ हो चुका था। जैसे ही नरेंद्र भाई को बनारस से बीजेपी ने उम्मीदवार घोषित किया, वैसे ही भाजपा को काशी नगरी से विजय की सुगंध मिलने लगी। 1957 से अब तक हुए चुनाव में मोदी ने सबसे बड़ी जीत हासिल की है। कोई भी दूसरा या तीसरा प्रत्याशी उनके आसपास भी नहीं फटक पाया। 1957 से लेकर के अब तक केवल तीन बार ही ऐसा हुआ, जब कोई प्रत्याशी डेढ़ लाख के ऊपर वोट हासिल करके बनारस से चुनाव जीत सका है। 1977 के जनता पार्टी की लहर में बनारस से जनता पार्टी के टिकट पर चुनाव लड़े चंद्रशेखर ने अपने प्रतिद्वंद्वी को 1,71,854 वोटों से शरीरी शिकस्त दी थी। यह वो दौर था जब आपातकाल के बाद चुनाव हुआ था और पूरे देश में जनता कांग्रेस से नाराज थी। उसके बाद 1989 में एक बार फिर से जनता ने कांग्रेस से नाराजगी दिखाते हुए वीपी सिंह की अगुआई में लड़ रहे बनारस के रामनगर के रहने वाले पूर्व प्रधानमंत्री लाल बहादुर शास्त्री के बेटे अनिल शास्त्री डेढ़ लाख के उपर मतों से विजयी बनाया। जब शास्त्री बनारस से 1,71,603 वोटों से चुनाव जीते थे। इसके बाद 1996 और 1998 में बीजेपी के प्रत्याशी रहे शंकर प्रसाद जायसवाल को बनारस की जनता ने 1,00,692, 1,51,946 वोटों से चुनाव जीता कर भेजा। इस मायने में यह बीजेपी और मोदी की बहुत बड़ी जीत थी। 5,81,022 वोट यानि 56.37 प्रतिशत वोट दिया। जबकि विपक्ष के उम्मीदवार अरविंद केजरीवाल को 2,09,238 यानि की

20.30 प्रतिशत ही वोट दिया। अन्य दलों के प्रत्याशियों की बनारस की जनता ने जमानत जब्त करा दी। इससे पहले केवल आपातकाल के बाद हुए चुनाव में ही बनारस की जनता ने दरियादिली दिखाते हुए जनता पार्टी के उम्मीदवार रहे चंद्रशेखर को 66.22 प्रतिशत वोट दिए थे।

13

मोदी के पहले मोदी के बाद बनारस में गंगा

नरेंद्र मोदी की तकदीर को बनारस की जनता ने अपनी वोटों के कलम की स्याही से लिख दिया था। अब इंतजार था, उन वायदों के पूरा होने का जिसकी बाट बनारस के लोग वर्षों से जोह रहे थे। इसकी शुरूआत तो मां गंगा के चरणों से होनी थी। देश और दुनिया में बहुत कम ऐसे भाग्यशाली लोग होते हैं, जिन्हें मां की सेवा करने का अवसर मिलता है। इस क्रम में मैं नरेंद्र भाई दामोदर दास मोदी को उन भाग्यशाली लोगों में से एक मानता हूं। जिन्होंने अपनी भारत मां, जननी मां हीरा बा और तमाम ऐसी माएं जिनका आशीर्वाद नरेंद्र भाई को मिलता है। उनकी सेवा करने का अवसर उन्हें मिल रहा है। वह इस मौके को छोड़ते भी नहीं। उन्हीं में एक मां है, मां गंगा। जो इस देश के लिए अनमोल है। उनके लिए अनमोल है, जिनको लेकर वह हर दिन चिंता व्यक्त करना नहीं भूलते।

चुनाव के लिए नमांकन के बाद नरेन्द्र मोदी ने अपने ब्लाग में लिखा कि 'बेहद पवित्र, मगर वर्तमान में उतनी प्रदूषित, गंगा को साफ करने का वादा किया था..आगे उन्होनें कहा कि अब हम ऐसा नहीं होने दे सकते है; गंगा को साफ करते इसे पहले कि तरह पवित्र बनाना समय की मांग' है।

नरेन्द्र मोदी ने इसे हर पल याद रखा कि गंगा को हमें साफ करना ही होगा ..अपनी जीत के समारोह में मोदी कहते है 'मां गंगा ने मेरे लिए जिम्मेदारियां सोच रखी है , वह मेरा मार्ग दर्शन करती रहेगी और मैं एक-एक करके सारे काम पूरा करता रहूंगा। गोमूख से लेकर गंगा सागर तक , मां गंगा मदद के लिए चीख रही हैं। वो कह रही हैं, "मेरे पुत्रों में से कोई तो होगा जो आएगा और मुझे इस गन्दगीं से निकालेगा "बहुत से काम है जो भगवान ने मेरे लिए ही तय कर रखे हैं।

इसमें कोई शक नहीं कि हर बार हमें या हर किसी को अपना कर्तव्य याद दिलाना पड़ता है। गंगा को गंदा न करें। गंगा में पालिथीन न डालें। गंगा में कचरा न बहाएं। यह सारे स्लोगन हमें नदियों के घाट किनारे या फिर सिनेमा हाल में देखने या पढ़ने को मिल जाते हैं। हम पढ़ भी लेते हैं, शायद उस पर कोई टिप्पणी भी कर देते हैं, लेकिन सुधरने का नाम नहीं लेते। पर सच कहता हूं। तभी मुझे नरेंद्र मोदी की कही एक बात याद आती है। जब उन्होंने कहा था, हम में से अधिकांश लोगों को लगता होगा कि अब कुछ नहीं हो सकता। आप लोगों में से बहुत लोग महसूस करते हैं कि हम बदकिस्मत थे जो भारत में पैदा हुए। इसलिए आप में से बहुत से लोग देश छोड़ कर के विदेश में बसना चाहते हैं, लेकिन आप चिंता न करें। हालात बदलेंगे। अच्छे दिन आएंगे।

यहां पर अमेरिकी राष्ट्रपति अब्राहम लिंकन कि एक बात गौर करने लायक है कि "मैं लोगों में दृढ़विश्वास रखता हूं। अगर उन्हें सच्चाई बता दी जाए तो किसी भी राष्ट्रीय संकट से निपटने के लिए उन पर भरोसा किया जा सकता है। वास्तविक बात यह कि उन्हें वास्तविक तथ्य बताए जाएं"। नरेंद्र मोदी ने भी भारत के लोगों के साथ यही किया, उन्हें उनकी ताकत का अहसास कराया। उन्हें बताया कि आप सवा सौ करोड़ लोगों की शक्ति हैं। आप के पास दुनिया का सबसे बड़ा बाजार है। आप की ताकत ऐसी है, जो दुनिया में किसी को भी झुकाने का सामर्थ्य रखती है।

नीति आयोग की 2018 की एक रिपोर्ट में कहा गया है कि 60 करोड़ लोग या भारत की लगभग आधी आबादी पानी के अत्यधिक तनाव का सामना कर रही है।

बनारस से नामांकन

बनारस चुनाव में नामांकन के दौरान की तस्वीर

-नरेन्द्र मोदी और अमित शाह-चुनाव में जीत की गारंटी

बनारस की जनता का आशीर्वाद

बनारस में जीत के बाद सम्बोधन

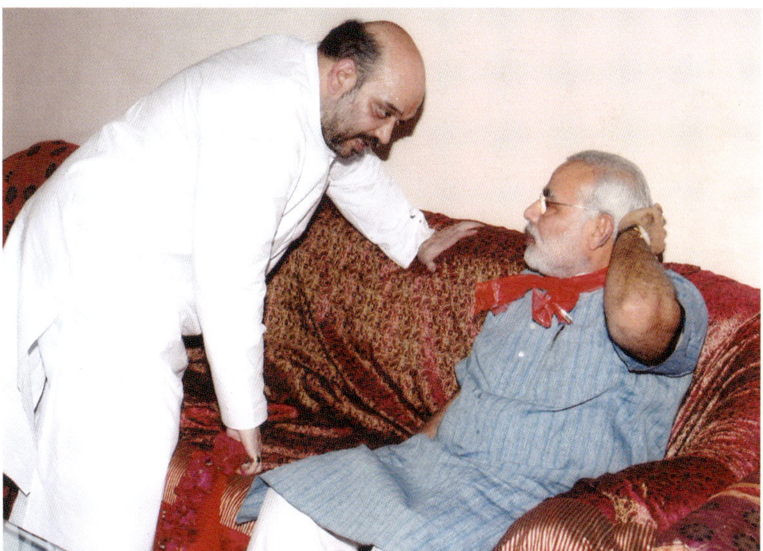

मोदी के शाह

बनारस में चुनाव प्रचार के दौरान अमित शाह

बनारस में जीत की पटकथा के शिल्पी -अमित शाह

नरेन्द्र मोदी चुनाव प्रचार के दौरान

बनारस चुनाव में जनता से रूबरू होते नरेन्द्र मोदी

जनता का अभिवादन करते नरेन्द्र मोदी

जनता को प्रणाम करते नरेन्द्र मोदी

बनारस में लोगों के बीच नरेन्द्र

- बनारस में अपने काफिले के साथ नरेंद्र मोदी।

बनारस में एक रैली को सम्बोधित करते नरेंद्र मोदी।

जनता को सम्बोधित करते नरेंद्र मोदी।

मोदी के आने से पहले गंगा-

श्री गंगा केवल बहती जलधारा नहीं है। चिरंतन सनातन संस्कृति का अजस्त्र प्रवाह है। युगों से चली आ रही भारतीय परंपरा का प्रतीक है। तटों पर बसी सभ्यता की पहचान है। भारत की आस्था मां गंगा के दैवी रूप से जुड़ी, इसलिए वह स्वर्धुनी (स्वर्ग की नदी) है। भारत की आस्था आध्यात्मिक है। इसलिए गंगा परा चेतना है। भारत की आस्था तीर्थों में है। इसलिए गंगा नदी है। अगर मैं कहूं कि गंगा है तो बनारस है। गंगा काशी का उज्ज्वल प्रकाश है। सुबह बनारस की पहली किरण गंगा के तट पर पड़ती है। खांटी बनारसियों के लिए "बिन गंगा सब सून" है।

भारत की किसी दूसरी नदी के लिए मन में अगाध श्रद्धा नहीं हो पाती है। जितनी गंगा के लिए है। मेरा बचपन गंगा के किनारे बीता है। हर दिन गंगा ने मुझे सीखने, लड़ने, गहराई में जाने और चुनौतियों से बचने का पाठ पढ़ाया है। हम सुबह ही गंगा किनारे पहुंच जाया करते थे। घंटों गंगा में तैरना रोज की आदत थी। गंगा में पानी लबालब भरा रहता था। जो हमें चुनौती देता था कि हमें पार करो तो जानें। घाट के किनारे ही क्रिकेट का खेल जम जाया करता था। जब गंगा बाढ़ से भरी होती तो भी अगर रबर की गेंद खेल के दौरान पानी में चली जाती तो उसे लेकर आने में बहुत आनंद की अनुभूति होती थी। न जाने कितनी यादें जुड़ी हैं मां से। न जाने कितनी संक्रांति नहाने का फल मुझे मां गंगा ने दिया है। मुझे आज भी याद आता कि मेरे नाना-नानी जब गांव से बनारस कल्पवास करने के लिए आते। वह दशाश्वमेध घाट पर स्थित महर्षि बनखंडी जी के आश्रम में रहा करते थे। उनका सारा भोजन गंगा जल से ही बनाया जाता था। उस भोजन का जो स्वाद था। वह मुझे आज भी याद है। आज भी जब हमें मौका मिलता है तो दशाश्वमेध घाट की सीढियां बरबस मुझे अपनी ओर खींच लेता है ..वहां घटों बैठे रहना ..चिन्तन करना ..पुरानी यादों को स्मरण करना एक नई उर्जा का संचार कर जाता है।

गंगा नदी अपनी 2,525 किमी की यात्रा को गंगोत्री के मुहाने से आरंभ करती है। पश्चिम बंगाल के गंगा सागर में जा गिरती है। इस

दौरान गंगा देश के 26 फीसदी भूभाग से गुजरती है। 8.6 लाख किलोमीटर के विशाल भूभाग पर अपनी धार डालती है। गंगा पांच राज्यों से होकर बहती है। इसके बेसिन में छह दूसरे राज्य आते हैं। गंगा और उसकी सहायक नदियां देश के जल संसाधनों में 28 फीसदी का बड़ा योगदान करती हैं। देश में 43 फीसदी या पचास करोड़ लोग इस पर निर्भर हैं। नदी के मुख्य किनारों पर 97 बड़े शहरी केंद्र और 4,457 गांव बसे हैं। यही गंगा के लिए सबसे बड़ी परेशानी की जड़ है। दशकों के दौरान गांव और शहरों ने अपना गंदा पानी गंगा में ही प्रवाहित किया है। मुझे याद है 1986 का साल जब राजीव गांधी बनारस आए थे। मैं कोई ग्यारह साल का रहा हूंगा। बनारस शहर में उन दिनों गंगा के सफाई की खूब चर्चा हो रही थी। देश भर के अफसर और बड़े लोग हर दिन आकर घाट का मुआयना करते। वहीं, राजेंद्र प्रसाद घाट पर बना नया पम्पिंग स्टेशन हम लोगों के लिए कौतूहल का विषय था। पानी सफाई के लिए उसमें लगी बड़ी मशीनों से निकलने वाली आवाज बरबस किसी को भी डरा देती है। यह पहला मौका था, राजेंद्र प्रसाद घाट से हुए शुभारंभ के कार्ययोजना के तहत प्रथम चरण में शहर में तीन एसटीपी (सीवरेज ट्रीटमेंट प्लांट) भगवानपुर, दीनापुर व डीएलडब्लू बने थे। इसके बाद गंगा की सफाई को लेकर बड़ी-बड़ी बातें की गई थीं। बड़े-बड़े वायदे किए गए थे, पर काम न के बराबर किया गया था। उसका पता बस इसी से चल जाता है कि गंगा की सफाई पर 1985 से 2015 तक केवल 4,000 करोड़ रुपये खर्च किए गए थे। वह भी मुख्य रूप से गंदे पानी के लिए जलशोधन संयंत्रों की स्थापना पर खर्च हुए थे।

नेचर पत्रिका में प्रकाशित एक लेख के मुताबिक़ (1999 से 2013) किए गए शोध के मुताबिक कुछ दशकों में गंगा के बहाव में मानसून पूर्व महीनों में कमी देखी गई है। कुछ दशक पहले के मुकाबले गर्मी में गंगा की धारा कम रहने लगी है। गंगा के बहाव में आ रही कमी करीब 38 सेमी सालाना तक है। यह इसके बेसिन में जलभरों (एक्विफर) की आधार धारा (बेस फ्लो) में आ रही कमी से जुड़ी है। शोध में यह अनुमान लगाया गया है कि 1970 के दशक में सिंचाई और ट्यूबवेल क्रांति की वजह से अब तक गंगा की धारा में 55

फीसदी की कमी आ गई है। नेचर पत्रिका में अभिजित मुखर्जी का शोध कहता है कि 1971 के बाद से ही गंगा बेसिन में मानसून से पहले बरसात में बढ़ोत्तरी हुई है और गंगा के औसत वार्षिक बहाव में ग्लेशियरों का हिस्सा केवल दस प्रतिशत है। यह भी ज्यादातर ऊपरी गंगा में उपलब्ध होता है। इसलिए गंगा की धारा में कमी का सीधा असर भूमिगत जल से है। अभिजीत मुखर्जी का अनुमान है कि अत्यधिक इस्तेमाल से 2050 तक गंगा की धारा मौजूदा धारा से 38 फीसदी कम हो जाएगी। WWF की 2006 की एक रिपोर्ट गंगा के अस्तित्व के खत्म होने की चेतावनी देती है। रिपोर्ट कहती है गंगा को सहायक नदियों के बैराज के जरिए नियंत्रित किया जाता है। इन नदियों से 60 फीसदी पानी सिंचाई के लिए भेज दिया जाता है। फरक्का बैराज की तुलना में गंगा पहले की तुलना में महज 14 फीसदी रह जाती है।

2005 में चालू हुए दुनिया के पांचवें बड़े बांध टिहरी के जरिए उत्तर प्रदेश और दिल्ली को रोजाना 27 करोड़ गैलन पानी छोड़ा जाता है। world wild life fund ने पहली बार दुनिया की लंबी नदियों पर अध्ययन किया है। इसका निष्कर्ष खतरनाक नतीजों की तरफ इशारा करते हैं। मई 2019 में प्रकाशित एक रिपोर्ट के मुताबिक धरती पर 246 लंबी नदियों में से महज 37 फीसदी ही अविरल बह पा रही है। गंगा भी इससे अछूती नहीं है। जून 2019 में यूपी के जलकल विभाग को एक चेतावनी जारी करनी पड़ी। क्योंकि वाराणसी, प्रयागराज, कानपुर और दूसरी जगहों पर जलस्तर न्यूनतम बिंदु पर पहुंच गया था। इन शहरों में कई जगहों पर गंगा इतनी सूख चुकी थी कि वहां डुबकी लगाने लायक पानी भी नहीं बचा था। केंद्रीय जल आयोग 2018 की एक रिपोर्ट कहती है कि सिंधु, गंगा और ब्रह्मपुत्र नदी बेसिन में जल उपलब्धता में कमी दर्ज की गई है।

उत्तर भारत में मशहूर गंगा-सिंधु मैदान में डार्क जोन बन गए हैं। अमेरिकी एजेंसी नासा का 2015 में अमेरिकी शोध पत्रिका वाटर रिसोर्सेज रिसर्च में प्रकाशित एक सर्वे बताता है, सिंधु बेसिन दुनिया के सर्वाधिक जल संकट वाले बेसिनों में एक है। इसका

जलस्तर सालाना 6 मिमी तक कम हो रहा है। पाकिस्तान सिंधु नदी का 63 फीसदी पानी इस्तेमाल करता है और 36 फीसदी का इस्तेमाल भारत करता है। 2019 में नदियों के सूखने के प्रश्न को लेकर लोकसभा में जवाब दे रहे पिछली सरकार में मंत्री रहे महेश शर्मा मार्च 2019 में नदियों में पानी कम होने की आशंका को खारिज कर देते हैं। उन्होंने कहा था नदियों की धारा एक गतिशील मानक है। यह कई उप-मानकों पर निर्भर करती है। इसमें वर्षा, कैचमेंट की सेहत, वनस्पति और पानी का इस्तेमाल शामिल है। उन्होंने कहा कि हालांकि कुछ विशेषज्ञों ने नदियों की धारा में कमी पर चिंता जताई है।

सरकार की शपथ से पहले ही अफसर गंगा को लेकर हरकत में आ गए थे। 20 मई 2014 को राष्ट्रीय सहारा अखबार में छपी एक रिपोर्ट के मुताबिक उस समय जल संसाधन मंत्रालय के सचिव आलोक रावत ने पानी से जुड़े दूसरे मंत्रालयों के सचिवों के साथ विचार विमर्श किया। किस तरह से गुजरात राज्य की प्रमुख नदी साबरमती को विकसित किया गया था। गंगा की सफाई को लेकर कुल सात मंत्रालयों के साथ अफसरों की बैठक में योजना को रूप दिया गया। आगे अखबार ने सचिव आलोक रावत के हवाले से लिखा कि साबरमती का पानी पूरी तरह से सूख गया था, कुछ तकनीक विकसित कर के उसमें नर्मदा नदी का पानी छोड़ा गया। रावत ने पत्रकारों से कहा था कि सभी मंत्रालय मिलकर गंगा के उत्तराखंड से पश्चिम बंगाल तक गंगा के प्रवाह को सुचारू करने का काम करेंगे। मोदी के शपथ ग्रहण के दिन बनारस के लोगों ने दिन में होली मनाई तो रात में दिवाली। इस दिन बनारस में गंगा के घाट दीपदान से रोशन थे। दीयों का गंगा में पड़ रहा प्रकाश बनारस के लोगों में आशा और जीवन का नया संचार कर रहा था।

पीएम बनने के बाद अब नरेंद्र भाई की बारी है कि आखिर वह जीवन देने वाली गंगा को कैसे निर्मल बना देते हैं। पीएम मोदी का शपथ तो दिल्ली में चल रहा था पर बनारस के लोग ऐसे खुश थे मानों उनके सभी सपनों में अब पंख लग जाएगा। यह इत्तेफाक ही था कि शपथ ग्रहण के दिन मैं भी बनारस में था। दशाश्वमेघ घाट पर

मैंने कई लोगों से बात की। खांटी बनारसी श्याम पांडेय जो घाट पर ही कपड़े का कारोबार करते हैं, उनसे मैंने पूछा कि अब तो नरेंद्र भाई ने आज शपथ ले ली। तो क्या अब गंगा साफ हो जाएगी। उन्होंने कहा कि देखिए अरविंद जी, बनारस के लोगों के लिए गंगा कितनी प्रिय यह मुझे बताने की आप को जरूरत नहीं है। पर यहां के लोगों को मोदी जी अपनी बात बस समझा ले जाएं फिर देखिए गंगा और बनारस दोनों में बदलाव दिखेगा। शपथ के बाद पीएम मोदी ने इसकी शुरुआत अस्सी पर सफाई करने के साथ ही कर दी। बस फिर क्या था बनारस के लोगों को धुन लगते देर नहीं लगी। आज अगर आप बनारस में गंगा में कहीं कूड़ा या प्लास्टिक गंदगी करते हुए मिल जाते हैं तो आप को वहीं पर टोकने वाले भी मिल जाएंगे। जब मैंने किशन साहनी से पूछा कि पीएम साहब के शपथ के बाद गंगा में बदलाव कैसे होगा, तो किशन ने भोजपुरी में कहा कि इ जवन नाला बहत हव ना बस इ बंद होई जाई त बनारस अपने आप साफ होई जाई। मैं समझ गया किशन किस नाले की बात कर रहे हैं। मुझे इन दोनों लोगों से बात करके लगा कि बनारस के लोगों को अब एक आशा कि किरण दिखाई दे रही। अब उन्हें लग रहा कि कुछ तो होगा।

श्रीमद्भागवत गीता में भगवान कृष्ण ने गंगा के लिए कहा है "स्त्रोतसामस्मि जाह्नवी" ऐसा कह कर कृष्ण ने गंगा को महिमामयी बना दिया। किसी विद्वान ने ठीक ही कहा है कि भारत ही गंगा है और गंगा भारत है। गंगा पयपान कराती है इसलिए मां है।

कन्दपुष्प प्रतीकाशां मकरासनसंस्थिताम्। त्रितायशमनीं देंवी नीराकारा मुपास्महे।।

नरेंद्र मोदी के पीएम बनने के बाद

नरेंद्र मोदी के पीएम बनने के बाद लोगों के नजरिए में भारी बदलाव आया है। मोदी देश और दुनिया के किसी कोने में हों, गंगा और गंगा को साफ करने की चिंता हमेशा उनसे जुड़ी होती है। ऐसे ही अपनी अमेरिका यात्रा में उन्होंने लोगों से पूछा 'क्या आप सब गंगा में स्नान करना चाहते हैं? क्या हमारी गंगा साफ होनी

चाहिए? हर देशवासी को मदद करनी चाहिए। क्या आप सब मदद करेंगे?

2014 में जब से नरेंद्र मोदी ने पद भार सम्हाला है। उन्होंने काम करने के नजरिए में परिवर्तन लाया है। यह बात उनके इस भाषण से समझी जा सकती है। जिसमें मोदी कहते हैं कि मैंने पानी से जुड़े विभागों में साइलो को तोड़ा। साथ ही भारत, जैसे विविधता वाले देश में हमने हर क्षेत्र में जमीनी हकीकत को समझते हुए योजनाओं का स्वरूप तय करने पर जोर दिया। चूंकि गंगा की सफाई भारतीय जनता पार्टी के चुनावी वादों में शामिल थी। मोदी की कोशिश रही की पिछली सरकारों से ज्यादा काम दिखे। नमामि गंगे कार्यक्रम (एनजीपी) का ऐलान करते हुए उसकी देखरेख के लिए प्राधिकरण के तौर पर राष्ट्रीय गंगा नदी परिषद का गठन किया गया, जिसके प्रमुख वह स्वयं बने। क्रियान्वयन एजेंसी के तौर पर राष्ट्रीय स्वच्छ गंगा मिशन (NMCG) को बनाया गया। मोदी सरकार की तरफ से अधिसूचना जारी की गई कि एनएमसीजी को प्राधिकरण माना जाए। इसे पर्यावरण संरक्षण अधिनियम,1986 के तहत संवैधानिक अधिकार हासिल होंगे। मोदी ने आने के साथ ही केंद्रीय गंगा संरक्षण मंत्रालय ने नदी संरक्षण के लिए कम से कम तीन साल के लिए मल्टी सेक्टर गतिविधियों को आगे बढ़ाने के लिए सात मंत्रालयों के साथ एक संयुक्त एमओयू पर हस्ताक्षर किए। इसके तहत पर्यावरण, जहाजरानी, शहरी विकास, पर्यटन, ग्रामीण विकास, आयुष एवं रेल मंत्रालय जैसे सात बड़े मंत्रालयों को गंगा सफाई अभियान के तहत परियोजनाओं को शुरू करने के लिए नोडल गंगा संरक्षण मंत्रालय के साथ काम करने के लिए लगा दिए गए थे।

आईआईटी को चमड़ा निर्माण, रसायन, फार्मा एवं कपड़ा उद्योगों से संबंधित चार प्रकार के औद्योगिक प्रदूषणों से संबंधित जीरो लिक्विड डिस्चार्ज (JLD) प्रणाली को क्रियान्वित करने के लिए पायलट प्रोजेक्ट को विकसित करने एवं उन्हें शुरू करने में उन्हें सहयोग देने के लिए मानव संसाधन विकास मंत्रालय की तरफ से एक समझौता किया। ज्ञापन पर हस्ताक्षर किया गया था कि आयुष मंत्रालय गंगा जल अधिग्रहण क्षेत्रों में चिकित्सीय पौधों के रोपण को

प्रोत्साहित करेगा। जबकि खेल मामलों का मंत्रालय गंगा की सफाई से संबंधित गतिविधियों को शुरू करने के लिए युवा समूहों का निर्माण करने के लिए खिलाड़ियों और नवयुवकों को एक साथ जोड़ेगा।

मोदी सरकार की तरफ से इस नवीन कदम के साथ ही जल संसाधन मंत्रालय ने रेल मंत्रालय के साथ एक एमओयू पर हस्ताक्षर किया था। जिसमें दोनों ही पक्षों ने रेलवे के गैर लाभकारी उद्देश्यों के लिए गंगा एवं यमुना नदी क्षेत्रों में स्थित सीवेज ट्रीटमेंट प्लाट (STP) एवं इन्फुलुएंट ट्रीटमेट प्लांट (ETP) से शोधित जल की आपूर्ति तथा उसके उपयोग पर सहमति जताई है।

मोदी सरकार ने गंगा की सफाई के उद्देश्य से ग्रामीण आबादी भी इसमें सक्रिय भागीदारी के लिए राष्ट्रीय स्वच्छ गंगा मिशन (NMCG) ने 30 जनवरी 2016 को एक राष्ट्र स्तर पर परामर्श एवं संवेदीकरण कार्यक्रम "स्वच्छ गंगा एवं ग्रामीण सहभागिता के कार्यक्रम का आयोजन किया। इस कार्यक्रम में 1657 ग्राम पंचायत के प्रधान कई केंद्रीय मंत्री के अलावा उत्तराखंड के सीएम ने भी भाग लिया था। इस कार्यक्रम में इस बात पर बल दिया गया था कि पंजाब के सींचेवाल में चल रहे माडल जिसमें सीवेज को किसी गांव के तालाब में संग्रहित किया जाता और प्राकृतिक रूप में इसे उपचारित किए जाने के बाद जल का उपयोग सिंचाई के लिए किया जाता है। इसमें अपशिष्ट का भी संग्रह किया जाता है और सामूहिक भागीदारी के जरिए इसके फिर से उपयोग के लिए कम्पोस्ट खाद तैयार की जाती है। प्रदूषण को नियंत्रित करने के अतिरिक्त, इस माडल ने भूमिगत जल को रिचार्ज करने में मदद की।

मोदी की मौजूदगी और मेहनत दोनों अब अपनी रंगत दिखा रही थी सभी मंत्रालयों ने गंगा की सफाई का बीड़ा उठा लिया था। इस तरह से इसे अफसरशाही से स्वायत्त और संबंधित राज्य सरकारों के साथ तालमेल बिठाकर मिशन के कामों को पूरा करने की जिम्मेदारी दी गई। इसके बाद प्रधानमंत्री ने पांच साल के लिए 20 हजार करोड़ रुपये की मंजूरी दी, जो बीते 35 सालों में दी गई धनराशि का पांच गुना था। उन्होंने प्रमुख योजनाओं में केंद्र का धन

लगाना सुनिश्चित किया। एनएमसीजी ने समग्र ढंग से काम को अंजाम देना आरंभ कर दिया। उसने अपने मिशन को चार हिस्सों में बांट दिया। पहला निर्मल गंगा, जिसके तहत प्रदूषण की साफ सफाई का काम किया जाएगा। दूसरा अविरल गंगा, इसके तहत पारिस्थितिकी और प्रवाह को बेहतर करने का कार्य शामिल किया गया। तीसरा जन गंगा, इसके तहत सफाई की कोशिशों में जनभागीदारी को सुनिश्चित करना रखा गया। चौथा था ज्ञान गंगा, इसके तहत नदी के प्रबंधन एवं और नीतियों पर अनुसंधान को बढ़ावा देना रखा गया।

नरेंद्र मोदी की कोशिश थी कि अतीत की छाया से निकलकर नदी के समूचे स्वरूप का कायाकल्प कर दिया जाए। नदी बेसिन जलीय और तटीय जैव विविधता में नई जान फूंकने और उनका संरक्षण करने पर भी जोर दिया गया। इन सब में एक विशेष बात का उल्लेख आवश्यक है कि विभिन्न परियोजनाओं को मंजूरी मिलने के पहले ही सात आईआईएम संस्थानों ने नदी बेसिन के प्रबंधन की विस्तृत कार्ययोजना तैयार की और इसमें आने वाला बहुत सारा मैदानी काम भी पूरा किया। इसमें नदी के किनारे बसे बड़े शहरों और ग्रामीण क्षेत्रों से छोड़े जाने वाले गंदे पानी की मात्रा का अनुमान लगाना भी शामिल था। ताकि प्रारंभ की जा रही योजनाओं पर समयावधि के तहत वैज्ञानिक तरीके से काम पक्का किया जा सके। सरकार ने समस्याओं से उबरने के लिए नीतिगत निर्णयों को लिया इसमें सीवरेज इन्फ्रास्ट्रक्चर परियोजनाओं के लिए हाइब्रिड एन्यूइटी माडल (एचएएम) भी शामिल था। इसमें परिचालन और रखरखाव को परियोजनाओं का अभिन्न हिस्सा बना दिया गया, इससे सार्वजनिक-निजी भागीदारी की संभावना पैदा हो गई। यह उसी तरह से था जैसे राष्ट्रीय राजमार्ग संबंधित परियोजनाओं में किया जाता रहा है। इसके तहत सरकार पूंजीगत खर्चों की 40 फीसदी रकम अग्रिम के तौर पर अदा करेगी। बाकी 60 फीसदी धनराशि वार्षिक तौर पर दी जाएगी। यह मुख्य बदलाव था। इसी के साथ एक नियम बना दिया गया कि प्रत्येक शहर के लिए एक ही आपरेटर होगा, जिसे परियोजना दी जाएगी। इसके तहत जल-मल प्रबंधन पर

जवाबदेही तय की जा सकी। एनएमसीजी ने उद्योगों के मलबे को शोधित करने पर विशेष ध्यान दिया। स्थानीय अधिकारियों के अलावा प्राधिकरण भी सालाना निरीक्षण करने का काम करता है। इसका शानदार परिणाम आया है। यह भी पक्का किया गया है कि पनबिजली परियोजनाओं के बांध से समय पर पानी छोड़ा जाए। ताकि नदी के बहाव में बाधा ना आने पाए। इसके तहत देखभाल केवल नदी की नहीं बल्कि उसकी घाटी के रखरखाव की भी की गई है। ताकि इलाके के भूमिगत जलस्तर में सुधार लाया जा सके। गंगा में बड़ी तादाद में डाल्फिन अब देखी जा सकती हैं। इंडिया टुडे की मार्च के एक रिपोर्ट के मुताबिक एनएमसीजी ने 29,578 करोड़ रुपये की लागत से कुल 355 परियोजनाओं को मंजूरी दी है। इसमें 142 परियोजनाएं पूरी हो चुकी हैं। उत्तर प्रदेश में कुल 49 परियोजनाएं चल रही हैं, जिसमें से 20 पूरी की जा चुकी हैं। जबकि उत्तराखंड में 34 परियोजनाएं चल रही हैं, जिसमें 27 पूरी की जा चुकी हैं। इंडिया टुडे की मार्च की एक रिपोर्ट कहती है कि करीब 15 लाख लोगों के आवास वाला 40 मोहल्लों से गुजरता हुआ सीसामउ नाला जो कि 12 किमी लंबा और छह किमी चौड़ा था, इससे हर रोज 140 एमएलडी (प्रतिदिन मिलियन लीटर) प्रदूषित जल और सीवेज कानपुर के "भंवर साइड पावर हाउस" के पीछे गंगा में गिरता था। मार्च 2017 में यूपी में योगी सरकार आने के बाद जुलाई 2017 में इस नाले में टैपिंग का काम शुरू हुआ। इसे पूरा करने के लिए नमामि गंगे कार्यक्रम के तहत दो स्तरीय रणनीति की योजना बनाई गई। इसके तहत कानपुर के बकरमंडी में एक टैपिंग प्वाइंट बनाने के साथ ही सीसामउ नाले का 80 एमएलडी पानी बिंगवान सीवर ट्रीटमेंट प्लांट एसटीपी में भेजा गया। यहां पर पानी को साफ करने के बाद पांडु नदी में छोड़ दिया जाता है। इसके अलावा 60 एमएलडी पानी को सीसामउ नाले के बहाव की ओर एक टैपिंग प्वाइंट बनाकर नदी के किनारे स्थित पावर हाउस के पास नवनिर्मित पंपिंग स्टेशन भेजा गया। यहां से पानी को पंप करके जाजमउ एसटीपी भेजा जाता। इस तरह से शुद्ध किए गए पानी को जाजमउ नहर में छोड़ दिया जाता है। दिसंबर 2018 में सीसामउ नाला पूरी तरह बंद कर

दिया गया। इसी के साथ केंद्रीय प्रदूषण नियंत्रण बोर्ड ने गंगा के पानी की गुणवत्ता के लिए कानपुर के गंगा बैराज और बिठूर में रियल टाइम सेंसर स्थापित किए। 2020 में प्रकाशित डेटा के मुताबिक कानपुर में बहने वाली गंगा नदी में डिजाल्वड आक्सीजन (DO)का अनुमानित स्तर 8.51 है जो 2016 की तुलना में पांच लेवल तक बढ़ा है।

वहीं, बनारस में प्रधानमंत्री नरेंद्र मोदी 25 अक्तूबर 2021 के दौरे पर वाराणसी के रामनगर में 10 एमएलडी अत्याधुनिक सीवेज ट्रीटमेंट प्लांट का उद्घाटन किया। 26 अक्तूबर 2021 को पीटीआई में छपी एक रिपोर्ट के हवाले से कहा गया कि वाराणसी में यह यह एसटीपी आधुनिक तकनीक से युक्त अपनी तरह का पहला एसटीपी है। इसे नवीनतम ए-20 (एनारोबिक-एनोक्सिस-एनोक्सिस) तकनीक पर बनाया गया है। 10 एमएलडी क्षमता वाले इस एसटीपी की खास बात यह है कि विभिन्न देशों के आधुनिक और उन्नत उपकरणों से प्रदूषित पानी को ट्रीटमेंट किया जाएगा। अब गंगा में ट्रीटेड पानी ही गिरेगा। इस एसटीपी की आधारशिला प्रधानमंत्री ने 12 नवंबर 2018 को रखी थी। इस एसटीपी के काम करने के बाद बनारस के पांच नालों से गंगा में गिरने वाला दूषित पानी पर पूरी तरह से रोक लग जाएगा। दैनिक भास्कर में 21 मार्च 2023 में छपी एक रिपोर्ट बताती है कि बनारस में गंगा के पानी को शुद्ध करने के लिए भगवानपुर एसटीपी के साथ ही रामनगर में 40 एमएलडी शोधन क्षमता, लोहता में 25 एमएलडी का सीवेज ट्रीटमेंट प्लांट तैयार हो रहा है। इन सबके आने के बाद बनारस शहर में 10 एसटीपी एक्टिव हो जाएंगे। इस समय बनारस में कुल सात एसटीपी काम कर रहे हैं। इसमें 50 एमएलडी का नगवां भगवानपुर प्लांट, 80 एमएलडी का दीनापुर सीवेज ट्रीटमेंट प्लांट, 50 एमएलडी का रमना एसटीपी,12 एमएलडी का बरेका सीवेज ट्रीटमेंट प्लांट, 170 करोड़ से तैयार है। 140 एमएलडी का दीपापुर 120 एमएलडी का गोइठहा है।

प्रधानमंत्री नरेंद्र मोदी की एक विशेषता है कि वह असाधारण काम को बहुत साधारण तरह से करने में विश्वास रखते हैं। यही बात

उलट दी जाए तो साधारण काम को असाधारण तरीके से करना नरेंद्र भाई को बहुत भाता है। तभी तो लेखक जिमी जानसन कहती है कि "साधारण और असाधारण के बीच अंतर थोड़ी ज्यादा लगन और कोशिशों का ही होता है।"

नमामि गंगे कार्यक्रम गंगा नदी बेसिन के कायाकल्प के लिए सरकार की प्रतिबद्धता को दर्शाता है। 2015 से शुरू हुए इस कार्यक्रम गंगा को पुनर्जीवन देने की योजना बनी। आगे इसे जन आंदोलन का रूप देने के लिए गंगा मित्र, गंगा विचार मंच, गंगा प्रहरी, गंगा दूत व गंगा रक्षकों को भी इसमें जोड़ लिया गया। इसी के साथ गंगा उत्सव, नदी-उत्सव, गंगा क्वेस्ट, भारत जल प्रभाव शिखर सम्मेलन, नियमित सफाई, श्रमदान वृक्षारोपण अभियान के साथ ही जन भागीदारी को सुनिश्चित करने के लिए दूरदर्शन में रग-रग में गंगा यात्रा वृतांत, पौधरोपण के तहत 35 हजार हेक्टेयर से अधिक क्षेत्रों में पौधे लगाए गए। पहली राष्ट्रीय गंगा परिषद की बैठक के दौरान 2019 में अर्थ गंगा अवधारणा महत्वपूर्ण होती जा रही है। जनता का नदी जुड़ाव आवश्यक है। इसके तहत जीरो बजट की प्राकृतिक खेती, जैविक खेती, अपशिष्ट जल और कीचड़ का पुनः उपयोग इसी के साथ सामुदायिक घाट, फेयर वे विकास, रो-रो टर्मिनल के साथ ही गंगा का सांस्कृतिक मानचित्रिकरण, पर्यटन के तहत नाव पर्यटन सर्किट, 1,500 से अधिक गंगा प्रहरियों को प्रशिक्षण देना प्रमुख रहा है। मोदी सरकार की तरफ से 22,500 करोड़ के रुपये के आवंटन के साथ नमामि गंगे मिशन को दूसरे चरण के लिए 2026 तक बढ़ा दिया गया है। 14 दिसंबर 2019 को कानपुर में पीएम मोदी ने कहा "जो भी मंत्रालय गंगा से जुड़े हैं उनको अपने विभागीय कार्य से हटकर कुछ ऐसा भी करना चाहिए, जिससे गंगा के जरिए अर्थ प्राप्ति का साधन लोगों से जोड़ा जा सके। यहीं से यूपी में गंगा यात्रा की योज़ना बनी। 13,581 किलोमीटर की इस यात्रा के तहत 27 जिलों और 21 नगर निकायों के साथ ही 1,038 ग्राम पंचायतों में विकास की शुरूआत हुई है। नौ जनवरी 2022 को मोदी ने गंगा को लेकर कहा कि मैंने पूरी ईमानदारी से काम किया। हमने 120 साल पुराना नाला बंद कर दिया। हमने

आने वाले पचीस सालों के लिए प्लान तैयार किया है। गंगा नदी और सहायक नदियों को प्रदूषण से मुक्त करने के लिए जल शक्ति राज्य मंत्री विशेश्वर टूडू ने 8 दिसंबर 2022 में सवाल के जवाब में कहा कि अब तक 32,897.83 करोड़ रुपये की अनुमानित लागत से कुल 406 परियोजनाओं को शुरू किया गया है। इन योजनाओं के तहत भारत सरकार की तरफ से केंद्रीय प्रदूषण नियंत्रण बोर्ड (CPCB) संबंधित राज्य प्रदूषण नियंत्रण बोर्डों एसपीसीबी के माध्यम से पांच मुख्य स्टेम राज्यों में 97 स्थानों पर गंगा नदी के जल की गुणवत्ता के आकलन के लिए अध्ययन हो रहा है। संसद में सरकार की तरफ से यह भी कहा गया कि सीपीसीबी की तरफ से जल की गुणवत्ता के आकलन के आधार पर, पाई गई जल के गुणवत्ता से पता चलता है कि घुलीय आक्सीजन का औसत स्तर जो नदी के स्वास्थ्य का संकेतक है, अधिसूचित प्राइमरी बाथिंग के लिए जल की गुणवत्ता मानदंड और गंगा नदी के पूरे खंड के लिए नदी के परिस्थितिकी तंत्र की सहायता हेतु स्वीकार्य सीमा के भीतर है। बायोकेमिकल आक्सीजन डिमांड (BOD) औसत दर उत्तर प्रदेश में एक-कन्नौज यू/एस से कालाकंकर, रायबरेली और डीएस मिर्जापुर से तारीघाट, गाजीपुर (यू/एस) वाराणसी से असीघाट को छोड़ कर) और दो- पश्चिम बंगाल में शीतला घाट ,पल्टा तक सीमान्त अधिकता (BOD: 3.3 से 4.7 mg/leater) को छोड़कर स्वीकार्य सीमा के भीतर पाया जाता है। क्षेत्रीय कार्यों के कारण वर्ष 2014 से 2022 (जनवरी से सितंबर) के जल गुणवत्ता का बायो कैमिकली आक्सीजन डिमांड (BOD) मध्य कोलिफार्म (FC) स्थानों खंडों में सीमांत अधिकता (BOD-(मेडियन) ने 40 स्थानों में सुधार किया है और एफसी (मेडियन) ने 33 स्थानों पर। यही कारण है कि दिसंबर 2022 में कनाडा के मांट्रियल शहर में दो सप्ताह तक चलने वाले COP-15 में भारत में चलाए जा रहे नमामि गंगे परियोजना की सराहना संयुक्त राष्ट्र सुरक्षा परिषद में की गई। इसमें पूरी दुनिया से आए हुए 196 देश भाग ले रहे थे। गंगा नदी केवल एक नदी नहीं है बल्कि इसके किनारे देश के 52 करोड़ लोग निवास करते हैं, जो भारत की कुल जीडीपी का 40 प्रतिशत है। संयुक्त राष्ट्र

सम्मेलन में जारी की गई रिपोर्ट में कहा गया है कि नमामि गंगे परियोजना ने नदी के 1500 किलोमीटर के हिस्से को प्रदूषण से मुक्त कर दिया है, इसे पुर्नजीवित किया है। नदी के जल ग्रहण क्षेत्र की सफाई के साथ-साथ इसके किनारों पर तीस हजार एकड़ में नए वन लगान के साथ पुराने जंगल का भी उचित संरक्षण किया गया है। अगर इस जंगल की बहाली नहीं होती तो 2030 तक 25 करोड़ कार्बन उत्सर्जन की मात्रा बढ़ती जो इस क्षेत्र की आबादी के साथ ही पशु पक्षियों के लिए संकट का सबब बन जाता। देश और दुनिया के लिए यह बहुत बड़ी परियोजना है। इसके जैसी दूसरी परियोजना शायद पूरी दुनिया में कही नहीं चल रही है। मोदी का संकल्प धीरे धीरे रंग ला रहा है अब वह दिन दूर नहीं है गंगा अविरल और निर्मल नजर आएगी।

24 अप्रैल 2014 को मोदी ने जब वाराणसी में नामांकन दाखिल करने के लिए काशी की धरा पर कदम रखा। तो वह कहते हैं कि यह एक ऐसी सुखद अनुभूति हुई थी जिससे लगा कि मैं अपनी मां की गोद में आया हूं। नामांकन वाले दिन गंगा से अपने संबंध के बारे में स्फुटित शब्द मेरे जेहन में पहले नहीं आए थे। बोलने से पहले मैंने सोचा भी नहीं जो भी आया था वह स्वतः बाहर आया था। मोदी ने कहा कि उस दिन मैं काशी का बेटा और गंगा का पुत्र बन गया था। मोदी आगे कहते हैं, गंगा की सफाई के लिए बड़े काम करने हैं। इसमें काशी के एक-एक व्यक्ति की सेवा और सहयोग की आवश्यकता है। गंगा और काशी की सफाई के लिए एक-एक व्यक्ति को शपथ लेना पड़ेगा। संबोधन करते हुए मोदी एक बार पुनः मां को लेकर अपनी बात कहते हैं। जब मोदी कहते हैं, जो बिना मांगे परोसे उसे मां कहते हैं। बच्चे को अपनी मां से कुछ भी मांगने की जरूरत नहीं पड़ती है, मां तो बच्चे का सुख-दुख चेहरा देखकर ही जान लेती है। भगवान की इच्छा थी कि मैं काशी आया। मुझे मां का प्यार आशीर्वाद मिला। मोदी ने कहा काशी ने तो मेरे मुख पर ताला लगा दिया है, मुझे बनारसियों से मांगने का सौभाग्य भी नहीं मिला। न मै जनता से बोल पाया न वोट मांग पाया। भारत के इतिहास में ऐसा पहली बार हुआ।

लेकिन इसके बाद भी जनता ने मेरे मौन पर मोहर लगा दी। बिना जनसंपर्क के जनता ने मुझे भारी मतों से जीत दिलाई। मोदी ने आगे जोड़ते हुए कहा कि मुझे अपने संसदीय क्षेत्र में प्रचार का मौका नहीं दिया गया। नामांकन के बाद दूसरी बार मुझे चुनाव कार्यालय जाने का मौका मिला। मेरे गरीब बुनकर भाईयों काशी का सारे विश्व में spiritual capital के रूप में स्थान बने ईश्वर मुझे शक्ति दे, मां मुझे शक्ति दें कि मैं उससे भी बढ़कर मेरी मां गंगा का मेरी इस काशी का जय-जय कार हो।

आने वाले कल को देखने के दो तरीके होते हैं। कुछ लोगों को आने वाला कल दो रातों के बीच घिरा हुआ होता दिखाई देता है, कुछ लोगों को लगता है कि आने वाला कल एक रात है। जो दो दिनों के बीच दिखाई देता है। अंततः मां गंगा ने मोदी को बनारस की सेवा करने का मौका दे ही दिया। जीत के रथ पर सवार होकर मोदी जब एक बार फिर से बनारस पहुंचे तो वह यहां की जनता से मिले प्यार से अभिभूत थे। बाबतपुर एयरपोर्ट से लेकर मोदी के हर रास्ते पर बस हर-हर महादेव की गूंज सुनाई दे रही थी। हर किसी को मोदी अपने लग रहे थे। चारों तरफ ढोल नगाड़े की गूंज मानों कानों में रस घोले जा रहा था। यह जीत का जश्न था, मेहनत का जश्न था। यह किसी लक्ष्य को हासिल कर लेने का उत्सव था। प्रधानमंत्री नरेंद्र मोदी का काफिला बाबा विश्वनाथ के धाम की तरफ बढ़ता जा रहा था। सड़क पर भीड़ बेकाबू होती जा रही थी। किसी नेता के लिए हाल में मैंने जनता की ऐसी दीवानगी तो खुली आंखों से नहीं देखी थी। मैं गवाह था, इस मदमस्त भीड़ का जो अपने नेता की एक झलक पाने को बेताब थी। भीड़ को रोकने के लिए लगी बास बल्लियां अगर आड़े आती तो उसे भी जनता जमींदोज़ कर दे रही थी। पुलिस के जवानों को भी शायद इतनी मशक्कत पूरे चुनाव के दौरान न करनी पड़ी हो, जो आज करनी पड़ रही है। बाबा का दर्शन करने के बाद नरेंद्र मोदी जब मां गंगा के तट दशाश्वमेध घाट पर पहुंचे तो मोदी मां के चरणों को बहुत देर तक निहारते रहे। फिर मां गंगा को स्पर्श कर प्रणाम किया। मां के स्पर्श के साथ ही मन में ही मां के कर्ज को चुकाने का भी प्रण लिया होगा

कि मां अब मैं तुम्हें गंदगी और प्रदूषण की बेड़ियों से मुक्त करने का प्रण लेता हूं।

इतिहास और पुराण में कई ऐसी माताओं का ज़िक्र है, जिन्होंने अपने बच्चे को गढ़ा और ऐसा गढ़ा कि वह युद्ध के मैदान में फौलादी बन कर उभरा या फिर संस्कृति और सभ्यता के बीच ऐसा फ़ूल बना जिसकी महक से सदियां गुंजायमान रही। हिंदू संस्कृति शायद पहली ऐसी मां सीता हैं, जिन्हें लोकभय के कारण शाही महल से दूर कर दिया गया और जंगल में भेज दिया गया था। वहां उन्होंने लव-कुश को जन्म दिया। राज रानी सीताने जंगल में रहकर अपने बेटों की ऐसी परवरिश की। अपने बेटों को ऐसी परवरिश दी, उसने उन्हें इतिहास में अमर कर दिया है। राम के अश्वमेध यज्ञ के घोड़े को रोक पाना, लक्ष्मण, हनुमान जैसे महावीरों को बांध लेना आसान काम नहीं था। लव-कुश ऐसा इसलिए कर पाए की उनकी मां ने वैसी परवरिश की थी। मध्यकालीन इतिहास में जीजाबाई को कुछ ऐसा ही सम्मान प्राप्त है। जीजाबाई नहीं होती तो एक सिपाही के बेटे को दुनिया शिवाजी के रूप में न जान पाती। शिवाजी ने इतिहास में जब कोई बड़ा युद्ध जीता तो उनके सामने उनकी पालनकर्ता जीजाबाई ही उनकी प्रेरणा बनी रहीं। वह कभी प्रत्यक्ष रही तो कभी परोक्ष रहीं। राष्ट्रपिता महात्मा गांधी के जीवन में भी उनकी मां ने बहुत बड़ा योगदान दिया था। अपनी आत्मकथा "सत्य के प्रयोग" में गांधी अपनी मां के दिए संस्कारों को शिद्दत से याद करते हैं। इंग्लैंड की हाड़ कंपा देने वाली सर्दी में भी अगर वह मांसाहारी नहीं बने और शराब से दूर रहे तो उसके पीछे उनकी मां के दिए संस्कार ही रहे। नरेंद्र मोदी को भी मां ने ही संस्कार दिया है। मां ने ही इस कच्ची मिट्टी के घड़े को गढ़ने का काम किया है। नरेंद्र मोदी ने हर दिन मां से कुछ न कुछ सीखा। अभाव में जीवन जीने की कला रही हो या संकट से हल निकालने का पराक्रम सब कुछ मां ने ही दिया है। मोदी ने अपने ब्लॉग पर मां के पानी संरक्षण को लेकर एक घटना का ज़िक्र किया था। मोदी कहते हैं कि हम गरीब थे और जिस घर में रहते थे। वह छोटा तो था ही उसकी छत भी कई जगहों से टूटी थी। जब बरसात होती तो बरसात का पानी घर

के अंदर आने लगता। तब मां इस पानी को इकट्ठा करने के लिए कहीं परात तो कहीं बाल्टी रख देती थी। जब यह पानी जमा हो जाता था तो मां कई दिनों तक इसी पानी से घर का काम करती थी। मां को पता होता है कि हमें किस रास्ते पर चलना है। पर अब तो मोदी की बारी है क्योंकि मां गंगा ने उन्हें बनारस तो बुला ही लिया था। अब बेटे को मां का कर्ज उतारना था। 16 फरवरी 2020 दीनदयाल उपाध्याय स्मारक एवं अन्य योजनाओं के लोकार्पण के अवसर पर मोदी ने कहा मां गंगा जब काशी में प्रवेश करती हैं तो अपनी दोनों भुजाओं को फैला देती है।

नरेंद्र मोदी अपने विश्वस्त अमित भाई शाह और बीजेपी अध्यक्ष राजनाथ सिंह के साथ मां गंगा की अर्चना में लग गए थे। पहले बक्कों ने पूजा पाठ गंगा जल से आचमन करवाया। मोदी ने मां को एक बार फिर से प्रणाम किया। मन्नत मांगी, दीप जलाकर गंगा की पूजा की। फिर अपने मंच की तरफ बढ़ चले। इसके गवाह उस समय के बीजेपी अध्यक्ष लक्ष्मी कांत बाजपेयी, अपना दल की नेता अनुप्रिया पटेल, बीजेपी सांसद बन चुके जगदम्बिका पाल के साथ मंच साझा किया। आरती ठीक सात बजे आरंभ हुई और तकरीबन पैंतालिस मिनट तक चली। इस बीच नरेंद्र मोदी बैठे रहे कभी एकाएक बीच में उठ जाते। कभी आरती और कभी तट को निहारते। आरती के दौरान उनके हाथ बचाव के लिए लगी रेलिंग को थपथपाते रहे। वह तालियां बजाकर भी मां गंगा का स्वागत करते रहे। शांत चित्त मोदी कभी लोगों को निहारते कभी दोनों हाथ हिलाते कभी दोनों उंगलियों से विक्ट्री साइन दिखा कर मुस्कुराते। जैसे ही आरती समाप्त हुई वह अपनी कुर्सी से उठे और सभी का अभिवादन स्वीकार किया। मोदी के आने को लेकर प्रशासन की तरफ से चौकस सुरक्षा व्यवस्था की गई थी किसी भी आम आदमी को वहां पर गंगा आरती देखने की अनुमति नहीं थी, उन्हीं लोगों को वहां आने की अनुमति थी जिन्हें भारतीय जनता पार्टी की तरफ से पास उपलब्ध करवाया गया था। मीर घाट से लेकर अहिल्याबाई घाट तक मोदी की सुरक्षा सीआरपीएफ और एसपीजी के हवाले थी। गंगा आरती में भाग लेने वाले कांग्रेस छोड़ कर बीजेपी में शामिल हुए जगदम्बिका पाल ने बातचीत में कहा कि

मोदी की कार्यशैली और नेतृत्व क्षमता ने उन्हें भाजपा की तरफ आकर्षित किया अब आप हमें भगवा रंग में देख रहे हैं, पाल ने आगे जोड़ते हुए कहा कि जब से राहुल और सोनिया गांधी आम जनता से दूर होते जा रहे हैं, तभी से उनका मन कांग्रेस से दूर होता जा रहा था। अंत में पाल ने कहा कि उन्होंने जो फैसला लिया वह ठीक है क्योंकि जनता मोदी के साथ है।

मोदी ने चुनाव में विजय को लेकर कहा कि “मोदी एक व्यक्ति के रूप में सबसे आग्रह करता है कि इस विजय के जश्न को मोदी के खाते में नहीं डाला जाए, बल्कि इसे भाजपा के उन लाखों कार्यकर्ताओं के खाते में डाला जाए, जो 1952 से ही भाजपा को इस मुकाम पर पहुंचाने के कठिन परिश्रम में लगे हैं।

बदल गए बनारस के घाट

वाराणसी वैभव में पंडित कुबेर नाथ शुकुल लिखते हैं कि आदि काल में तीर्थों से संबंधित स्थानों पर गंगा स्नान की परिपाटी रही है। वहां पर स्नान करने की सुविधाएं प्राप्त करने की दृष्टि से तख्ते-चौकी आदि का प्रबंध होता था। कालांतर में इन्हीं को घाट कहा जाने लगा। यह पुस्तक कहती है कि वाराणसी में गंगा का प्रवाह पांच मील तक है। इसमें 98 तीर्थ आते हैं। पर सभी तीर्थों का महात्म्य एक सा नहीं है।

गहड़वालों के ताम्रपत्रों में कुछ घाटों का उल्लेख है। इसमें प्रमुख तौर पर आदि केशव घाट, वेटेश्वर घाट, त्रिलोचन घाट, स्वपनेश्वर घाट प्रमुख हैं। अब इनमें से कई घाटों के नाम बदल गए हैं। यह ग्यारहवीं शताब्दी से बारहवीं शताब्दी के बीच की बात है। एकनाथी गीता में मणिकर्णिका का संकेत है। यह पंद्रहवीं शताब्दी के चतुर्थ चरण की बात है। 1600 -1650 के बीच वरदराजन की गीवार्ण पद मंजरी में पचीस घाटों का उल्लेख मिलता है।

इसमें प्रमुख तौर पर राजघट्ट, गोघाट, त्रिलोचन घाट , ब्रह्मा घाट, दुर्गा घाट, बिन्दु माधव घाट, मंगला गौरी घाट, राजघाट, अग्नीश्वर घाट, दशाश्वमेध घाट प्रमुख थे। इन घाटों के नामों के बारे

में कहा गया है कि यहां पर जो प्रधान देवता था उनके नाम पर इन घाटों का नाम पड़ा है। जैसे गो घाट पर गाय की प्रतिमा होने के कारण इसका नाम गऊ घाट कर दिया गया। कई घाटों के नाम बाद में बदल गए उदाहरण के तौर पर नागेश्वर घाट के पास भोसला मंदिर था। इसलिए इस घाट का नाम भोसले घाट हो गया। महारानी अहिल्याबाई के नाम पर अहिल्याबाई घाट भी बनारस में ही है। यह मनुष्य के नाम पर घाट से जोड़ने का बनारस में पहला उदाहरण था। (वाराणसी वैभव-पेज-375) पहले यह घाट कच्चे थे जैसे-जैसे उनके बनाने का क्रम आरंभ हुआ यह घाटों के निर्माण करने वालों के नाम से जाना जाने लगा। जोसफ प्रिंसेप के अनुसार बनारस में 57 घाट थे। जबकि वैक्स के नक्शे के मुताबिक बनारस में 56 घाट थे। 1909 में लिखी पुस्तक "काशी द सिटी इलस्ट्रियस" में 64 घाटों का उल्लेख किया गया है। नरेंद्र मोदी के बनारस के सांसद बनने के बाद घाटों की रंगत बदलने लगी। सुंदरीकरण के साथ ही कई नए घाटों का निर्माण हुआ है।

महान फिल्मकार सत्यजीत रे ने बनारस के घाटों पर अपनी फिल्म "अपराजित" की शूटिंग को लेकर अपने संस्मरण और अनुभव 'माई इयर्स विथ अपू' नामक किताब में दर्ज किए हैं।

यह बात है एक मार्च 1956 की है। सत्यजीत रे लिखते हैं कि घाटों को देखने समझने के लिए सुबह पांच बजे निकल पड़ता हूं। सूरज अभी आधे घंटे बाद निकलेगा। लेकिन इस बीच इस जगह काफी उजाला सा हो गया। लोग तरह-तरह के क्रियाकलापों में व्यस्त हैं। सत्यजीत रे लिखते हैं कि स्नानार्थी उजाला होने से काफी पहले करीब चार बजे से ही यहां पहुंचने लगते हैं। घाट पर अभी कबूतर नहीं दिख रहे हैं। अलबत्ता कुश्ती करने वाले लोग इस बीच पहुंच गए हैं। घाट का यह आलम अतुलनीय है। मन मिजाज पर इसका असर होता है। एक तरह के उद्दीपन का एहसास होता है। जितनी देर संभव हो इस वातावरण को अपने भीतर मानों जज्ब कर लेने की इच्छा होती है। सत्यजीत रे लिखते हैं कि घाट पर एक माहौल जो काम के मामले में सचमुच प्रेरणा जगाता है।

बनारस में 88 घाटों की सफाई का कार्य किया गया है। यूपी सरकार की परफारमेंस बजट (2023-2024) की एक रिपोर्ट बताती है कि इस काम को करने के लिए सरकार की तरफ से 8.23 करोड़ रुपये दिए गए।

हेमंत शर्मा अपनी पुस्तक "देखो हमरी काशी" में लिखते हैं मेरे बचपन में बनारस के गंगा घाट कभी सोते नहीं थे। रात एक बजे लोग वहां अड्डेबाजी करते थे। फिर तड़के तीन बजे वहां पर नहाने वालों का रेला लग जाता था। बनारस के आस-पास के इलाकों से लोग आधी रात से ही गंगा स्नान के लिए आना शुरू कर देते थे। यह महान दृश्य होता था। सब तरफ मनुष्य होता। यहां आकर आदमी आत्मविस्तृत सा हो जाता था। तब लगता था कि दुनिया से परे भी एक दुनिया है।

दक्षिण अफ्रीका की यात्रा के बाद महात्मा गांधी का बनारस आना हुआ। यह 1903 की बात है। जब गांधी महात्मा नहीं बने थे। न ही उनका नाम इतना चर्चित था। वह बस अपना नाम मोहन दास करमचंद गांधी लिखते थे। गांधी जी ने लिखा कि वह गंगा स्नान कर दशाश्वमेध घाट की सीढ़ियां चढ़ रहे थे कि देखा घाट पर बैठे व्यास जी राम कथा सुना रहे थे। कथा का प्रसंग राम रावण युद्ध का था। व्यास जी तुलसी दास जी की इस चौपाई का भाष्य कर रहे थे 'रावण रथी विरथ रघुवीरा।' गांधी खड़े होकर सुनने लगे कि युद्ध के मैदान में विशाल सुसज्जित रावण की सेना के सामने राम, बंदर-भालुओं की जमात में तीर-धनुष लिए नंगे पांव बिना रथ के जमीन पर खड़े थे। रावण की इस वैभवशाली सेना से राम की दीन-हीन सेना भला कैसे जीतेगी। बावजूद इसके अंततः विजय राम की ही होती है और उसका सबसे बड़ा कारण यह था कि रावण असत्य के रथ पर सवार था और राम सत्य के रथ पर आरूढ़। महात्मा गांधी को मंत्र मिल गया था। गांधी के मन में धारणा बनी असत्य के साथ जहां रावण खड़ा था वहीं तो आज अन्यायी ब्रिटिश साम्राज्य खड़ा है और जहां सत्य की ध्वजा लिए राम खड़े हैं वहां हम खड़े हैं। सत्य के सहारे एक रोज हम ब्रिटिश साम्राज्य को हरा सकते हैं। नरेंद्र मोदी ने असत्य रूपी गंदगी को उखाड़ फेंकने के लिए महात्मा

गांधी के जन्म दिवस को चुना। इसी के साथ ही अस्सी घाट से प्रारंभ किया गया वह सफाई अभियान अब आंदोलन बन कर हर जगह अपनी छाप छोड़ रहा है। पर हम गांधी के सपनों का भारत तभी बना सकते हैं जब सब मिलकर उस गंदगी को जड़ से खत्म करने की कसम खाएं और इस अभियान में कंधे से कंधा मिलाकर साथ खड़े रहें।

गंगा में जल परिवहन

बनारस में परिवहन के नाम पर मैंने बचपन से पानी में नाव को चलते हुए देखता था। कभी कोई सरकारी स्टीमर या बड़ी बोट दिख जाती तो यह लोगों में कौतूहल पैदा कर देता था। प्राचीन, मध्यकालीन और आधुनिक भारत में जलमार्ग ही व्यापार और आवागमन का महत्वपूर्ण साधन हुआ करता था। पर पुलों और सड़कों के निर्माण से यह माध्यम धीरे-धीरे खत्म होने लगा। काशी का इतिहास में डॉ. मोती चंद्र लिखते हैं कि बनारस में विल्सन प्रिंसेप 20 मई 1920 को कलकत्ता (अब कोलकाता) से बनारस नाव से पहुंचे थे। लेकिन, नरेंद्र मोदी के प्रधानमंत्री बनने के बाद गंगा में जल परिवहन को लेकर लगातार काम होने लगा। जिससे काशी के पुराने वैभव को फिर से पा लिया जाए। परिवहन के लिए देश की बड़ी नदियों के प्रयोग की केंद्र की योजना का आगाज प्रधानमंत्री नरेंद्र मोदी के संसदीय क्षेत्र बनारस से हुआ। सड़क परिवहन, राजमार्ग व पोत परिवहन मंत्री नितिन गडकरी ने राजघाट के समीप अघोरेश्वर भगवान राम घाट से हरी झंडी दिखाकर वाराणसी से हल्दिया तक दो कार्गो जलयानों के परिचालन का शुभारंभ किया। इसमें मालवाहक पोत वीवी गिरी पर तीस मारुति कार और एमबी जय वासुदेव पर भवन निर्माण सामग्री हल्दिया भेजी गई। इसके बाद तो गंगा के पानी में व्यापार दिखने लगा। इस क्रम में पहली बार भारत आए इंग्लैंड, फ्रांस, न्यूजीलैंड के सैलानियों को लेकर गंगा यात्रा कराने निकले आलीशान क्रूज 'राजमहल' ने 18 दिन में कोलकाता से बनारस की यात्रा पूरी की। वहां से बनारस आए सैलानियों ने यहां बनारस की गलियों में जमकर खरीदारी की। दुनिया भर में विश्व प्रसिद्ध गंगा आरती देखी।

मेहमानों का बनारसी अंदाज में स्वागत किया गया। बनारस आने के बाद सभी सैलानियों को सारनाथ ले जाया गया। बनारस की संस्कृति से दो चार करवाया गया। राजमहल से आने वाले यात्रियों में 23 में से ज्यादातर सैलानी युवा और पेशे से शिक्षक, डॉक्टर और कारोबारी थे। इंग्लैंड की पालोमी, न्यूजीलैंड के एड्रेम, लंदन की हेलेन, ब्राइन, डेविड निकोला, फ्रांस के जानी मार्फी, जेम्स एम हेली ने कहा कि भारत के बारे में जितना पढ़-सुन कर जाना था, यह कहीं उससे ज्यादा अद्‍भुत है। सैलानियों ने कहा यहां की जीवंतता और गंगा के किनारे बसे ग्रामीण जीवन से रूबरू होकर जो कुछ महसूस हुआ वह कभी न भूलने वाला है। हेलने राबिसन व विक्टोरिया क्रियान के मुंह से बरबस निकला 'नो डाउट काशी इज ग्रेट एंड होली सिटी' बेंजामिन हेरी का कहना था कि गंगा यात्रा के जरिए भारतीय जीवन और भारतीय संस्कृति को नजदीक से जानने-समझने का मौका मिला साथ ही यह यात्रा बहुत रोमांचकारी रही।

गंगा में ई बोट

एक मई 2016 को प्रधानमंत्री नरेंद्र मोदी ने गंगा को प्रदूषण से मुक्त रखने के क्रम में बनारस में एक नई शुरुआत की। वह थी मछुआरा भाई-बहनों को ई-बोट देने का प्रारंभ। मोदी इस कार्यक्रम में कहते हैं कि पहले चुनाव आता था, तो मछुआरों को कितना डीजल देंगे, कितने में डीजल देंगे। इसी की बातें हुआ करती थीं। आज उनको हम उस संकट से बाहर कर रहे हैं। उनको उस मुसीबत से मुक्ति दिला रहे हैं और हम ई-बोट देना शुरू कर रहे हैं। मोदी ने आगे बताया कि जब मैंने मछुआरा भाइयों से बात की, तो मैंने उनसे पूछा कि एक दिन में कितना डीजल लग जाता है तो उन्होंने जवाब में कहा 10 लीटर जिसकी कीमत करीब 500 रुपये होती है। इसके कारण इंजन में आवाज भी बहुत होती है। मोदी आगे कहते है कि वह टूरिस्ट बेचारा उसी से तंग हो जाता है, उसको लगता होगा कि जल्दी उतर जाएं तो अच्छा होगा। मोदी इसी भाषण में कहते हैं कि अगर ई-बोट होगी तो आवाज का

नामोनिशान नहीं होगा। ई-बोट को सोलर सिस्टम से चार्ज करने का इंतजाम होने के साथ ही इसमें टूरिस्ट को अपना फोन चार्ज करने की सुविधा भी उपलब्ध करवाई गई है। मोदी कहते हैं कि वह नाविक ही है जिसको कहीं जमीन नजर नहीं आती। लेकिन, गहरे समंदर में छोटी सी नाव लेकर निकल पड़ता है। पानी के साथ जिंदादिली का खेल खेल लेता है। महीनों पानी में रह कर तट पर पहुंचता है। मोदी कहते हैं कि इसलिए हमने जो जीपीएस सिस्टम बनाया है उसका नाम 'नाविक' रखा है। मोदी कहते हैं कि जब दुनिया पूछेगी नाविक क्या होते हैं, तो हम समझाएंगे कि हमारे काशी में आएं तो बताएंगे नाविक क्या होते हैं। मोदी कहते हैं कि यह नजारा अपने आप में मां गंगा की गोद में एक ताकत देता है। मैं जब भी आपके पास यानि बनारस आता हूं तो सारी थकान चली जाती है। एक नई ताकत लेकर जाता हूं, फिर काम करता हूं। फिर आपके चरणों में आकर बैठ जाता हूं, फिर ताकत लेकर चला जाता हूं।

विश्व की सबसे लंबी क्रूज यात्रा गंगा विलास पर

पीएम मोदी ने कहा "गंगा नदी पर दुनिया की सबसे लंबी नदी क्रूज सेवा की शुरुआत एक ऐतिहासिक क्षण है। यह भारत में पर्यटन के एक नए युग की शुरुआत करेगा।" बनारस के लोगों के लिए गंगा विलास क्रूज कौतूहल का विषय था। इससे पहले न जाने कितने बनारसियों ने इतना लंबा क्रूज फिल्मों या तस्वीरों में देखा होगा। पर बनारस के सांसद नरेंद्र मोदी ने उन्हें इसे देखने और चर्चा करने का मौका दिया। यह भी हो सकता है कि बनारसियों ने इस पर सफर भी किया हो। पीएम नरेंद्र मोदी ने वीडियो कान्फ्रेंस के जरिए 13 जनवरी 2023 को सबसे लंबे क्रूज एमवी गंगा विलास और वाराणसी में टेंट सिटी के उद्घाटन कार्यक्रम में हिस्सा लिया। आगे मोदी इस क्रूज से सफर कर रहे यात्रियों को बताना चाहते हैं कि "भारत में वह सबकुछ है जिसकी आप कल्पना कर सकते हैं। इसमें आप की कल्पना से परे भी बहुत

कुछ है। भारत को शब्दों में परिभाषित नहीं किया जा सकता। भारत को केवल दिल से अनुभव किया जा सकता है। क्योंकि भारत ने अपना दिल सभी के लिए खोल दिया है।" क्रूज के जरिए यात्री पीएम मोदी के संसदीय क्षेत्र वाराणसी से डिब्रूगढ़ तक की यात्रा करेंगे। इस यात्रा में 3100 किमी का सफर तय किया गया और यह क्रूज कुल 27 नदियों से होकर गुजरा। इस क्रूज से यात्रा का सफर कुल 51 दिन का होता है। इस पांच सितारा क्रूज में कुल 18 कमरे और तीन डेक हैं। सबसे पहले इस क्रूज पर स्विटजरलैंड के 32 यात्रियों ने सफर किया। इस सफर के दौरान भारत और बांग्लादेश के 50 टूरिज़्म के प्लेसेज दिखाए गए। अखबार दैनिक भास्कर के हवाले से पीएमओ ने इस पर प्रतिक्रिया देते हुए कहा है कि इस क्रूज का निर्माण का एकमात्र उद्देश्य था कि दुनिया भारत में मौजूदा विरासत को देख सके। गंगा विलास क्रूज की लंबाई 62.50 मीटर 12.80 मीटर चौड़ा तथा 1.35 मीटर गहरा है। इसी के साथ यह दुनिया का सबसे लंबा क्रूज बन गया है। इस क्रूज को मशहूर डिजाइनर अनुपूर्णा गरिमाला ने डिजाइन किया है। इसके निदेशक राज सिंह कहते हैं कि इस क्रूज को बनाने में किसी भी तरह के विदेशी सामानों का उपयोग नहीं किया गया है। इस क्रूज में प्रदूषण मुक्त और साउंड कंट्रोल टेक्नोलॉजी का भी उपयोग किया गया है। ताकि पानी में तैरने वाले जीवों को किसी तरह का डिस्टरबेंस न हो। इस क्रूज पर एक एसटीपी यंत्र भी लगाया गया है। इस यात्रा के दौरान यात्री 15 दिन बांग्लादेश में रुकने के साथ बिहार, बंगाल, उत्तर प्रदेश, झारखंड की संस्कृति और अध्यात्म से परिचित होंगे।

गंगा की रेती में टेंट सिटी

हर कोई बनारस में मोक्ष पाने की नियत से आता है। हर कोई यह सोचता है कि गंगा में नहा कर मेरे सारे पाप धुल जाएंगे। पर बनारस के सांसद नरेंद्र मोदी रेत में भी सपनों का महल सजा कर यह दिखा दिया कि रेत पर केवल सपनों के महल नहीं हकीकत के

महल भी साकार होते हैं। बनारस के टेंट सिटी की तो कुछ ऐसी ही कहानी है। जैसा मैंने पहले ही कहा है कि मेरा बचपन गंगा के किनारे बीता है। हर दो-चार दिन बाद गंगा में हमें गोता लगाने का मौका जरूर मिल जाता था और रविवार के दिन तो गंगा तैर कर पार करना और वहीं पर पतंग उड़ाना और पतंग लूटना मेरे सबसे प्रिय कार्यों में शामिल था। उस समय के गंगा पार रेती की बात करें। क्योंकि हम सब यही कहते थे कि रेती में आज चलना है। वहां की दशा तो भयावह थी। पर इसका कोई जवाब देने वाला नहीं था। दूर से ही आ रही अजीब सी दुर्गंध किसी को भी वहां से भागने के लिए मजबूर कर देती थी। यह दुर्गंध मनुष्यों द्वारा उत्पन्न की गई थी। बहुत दूर से आप को बालू निकालने वाले माफिया के गुर्गे दिख जाते थे। जिनसे कोई सवाल पूछने वाला नहीं था। नरेंद्र मोदी के बनारस से सांसद बनने के बाद आज गंगा की रेती की पूरी दुनिया में चर्चा हो रही है। यहां गंगा की रेती में अब पांच सितारा टेंट सिटी बना दी गई है। इस टेंट सिटी में सबसे महंगे कमरे के लिए 30 हजार रुपये खर्च करने पड़ते हैं। यह वह कमरा होगा जो आप को गंगा दर्शन करवाता रहेगा। अब यहां पूरी दुनिया के पर्यटक आ रहे हैं। इस टेंट सिटी में सबसे सस्ता कमरा आठ हजार रुपये का और दस हजार रुपये का है। यह सिटी 100 हेक्टेयर में बनाई गई है। इसमें प्रमुख रूप से स्वीस कॉटेज, जिसे वातानुकूलित बनाया गया है। रिसेप्शन एरिया, कान्फ्रेंस हाल, योगा सेंटर भी शामिल है। यहां बच्चों के लिए वाटर स्पोर्ट्स की व्यवस्था की गई है। ऊंट और घुड़सवारी का आनंद भी लिया जा सकता है। यहां पर आने के लिए बाकायदा लोहे के प्लेट से सड़क बनाई गई है। 92 वे टेंट विलास दशाश्वमेध और केदार घाट के बीच में बनाया गया है। इसमें पैकेज के तौर पर विश्वनाथ धाम का दर्शन और गंगा आरती की व्यवस्था की गई है। टेंट सिटी में पर्यटक खुद गंगा आरती कर सकते हैं। इस टेंट सिटी में बनारस की कला के साथ ही अयोध्या की झलक भी देखने को मिल रही है। इसमें काशी के उन महान विभूतियों के पोस्टर आप देख सकते हैं। जिन्होंने देश और दुनिया में काशी के गौरव को आसमान पर

पहुंचाने का काम किया। यहां पर लगे पोस्टर आप को काशी के आध्यात्मिकता से भी परिचय करवाएंगे। इस टेंट सिटी में बनारस की बनारसी साड़ी को कैसे तैयार किया जाता है उसे आप देख सकते हैं। इसका लाइव डामेस्ट्रेशन आप देख सकते हैं। इस सिटी में बनारस घराने की नामचीन हस्तियों से भी पर्यटकों से दो चार करवाया जाएगा। इस सिटी में पर्यटकों के स्वागत का बनारसी इंतजाम किया गया है आने वाले पर्यटकों का चंदन लगाकर और रूद्राक्ष की माला पहनाकर स्वागत किया जाता है। यह सिटी 30 एकड़ में बसाई गई है। इसमें 270 कॉटेज बनाए गए हैं।

2017 से 2022 तक नमामि गंगे बनारस की रिपोर्ट

18 सितंबर 2018 को वाराणसी में योजनाओं के उद्घाटन के मौके पर नरेंद्र मोदी ने कहा मां गंगा की सफाई के लिए गंगोत्री से लेकर गंगासागर तक एक साथ प्रयास चल रहे हैं। सिर्फ साफ सफाई ही नहीं, बल्कि शहरों की गंदगी गंगा में न गिरे इसके लिए भी प्रबंधन किया जा रहा है। वर्ष 2018 में लगभग 21 हजार करोड़ की दो सौ से अधिक परियोजनाओं को स्वीकृति दी जा चुकी है। बनारस में 600 करोड़ रुपये से अधिक परियोजनाएं सिर्फ इस मकसद से शुरू की गई हैं। दीनापुर और रमना में सीवरेज ट्रीटमेंट प्लांट का निर्माण प्रारंभ हुआ था जो अब पूर्ण हो चुका है। शहर भर में हजारों सीवर चैंबर का निर्माण पूर्ण हो चुका है। नमामि गंगे प्रोजेक्ट से पूरे देश और दुनिया को आशा की किरण नजर आ रही है। रणदीप सिंह सुरजेवाला के राज्यसभा में 27 मार्च 2023 के सवाल के जवाब में जल शक्ति राज्य मंत्री विरेश्वर टुडु ने जवाब देते हुए बताया कि जनवरी 2017 से फरवरी 2023 तक नमामि गंगे कार्यक्रम के तहत कुल 290 परियोजनाओं को मंजूरी दी गई थी। इसमें से 206 परियोजनाएं पूरी हो चुकी हैं। इस जवाब में यह भी बताया गया है कि 24 एसटीपी परियोजनाओं में देरी हुई है, इसमें समय से भूमि निष्पादन न होने को देरी का प्रमुख कारण बताया गया है। कोविड-19 के कारण देरी का हवाला जवाब में

दिया गया है। इस रिपोर्ट में बनारस के अस्सी घाट से लिए गए पानी की रिपोर्ट को भी सार्वजनिक किया गया है। इसमें 2017-2018 की रिपोर्ट संलग्न है। इसमें में DO (Mili gram) 8.1, BOD (per miligram) 3.2 , FC (MPN/100 ML) 1700 , PH-8.4 है। वहीं, बनारस के मालवीय ब्रिज के पास से लिए गए गंगा के पानी का विवरण कुछ इस तरह से मिला। DO (Mili gram) 6.5, BOD (per miligram) 5.8, FC (MPN/100 ML) 31000, PH-8.6। वर्ष 2018 की रिपोर्ट के मुताबिक अस्सी घाट पर गंगा के पानी के नमूने की जांच के बाद की रिपोर्ट DO (Mili gram)7.8, BOD (per miligram)2.8, FC (MPN/100 ML)1300 , FC (MPN/100 ML)PH-8.3 , 2018 में मालवीय ब्रिज से गंगा जल के नमूने के परीक्षण के बाद का परिणाम भी राज्यसभा में मंत्री के दिए जवाब में शामिल था। वह कुछ इस तरह से था। DO (Mili gram) 6.4, BOD (per miligram) 5.1, FC (MPN/100 ML) 32000, PH 8.2 बताया गया था। 2019 में गंगा जल की रिपोर्ट का विवरण भी राज्यसभा में पटल पर रखा गया। यह रिपोर्ट बताती है कि बनारस के विश्वसुंदरी पुल के पास से लिए गए नमूने का परिणाम कुछ इस तरह से था। DO(Mili gram) 8.2, BOD (per miligram) 2.7, FC (MPN/100 ML) 800, PH-8.3। वहीं, मालवीय ब्रिज के पास से लिए गए गंगा जल के नतीजे बताते हैं कि उस समय गंगा के पानी का DO(Mili gram)7.2, BOD (per miligram) 3.7, FC (MPN/100 ML)19500, PH-8.2 था। 2020 के गंगा जल के बनारस के नतीजे कुछ इस तरह से रहे। बनारस के अस्सी घाट से लिए गए गंगा जल का परिणाम -DO (Mili gram)8.6, BOD (per miligram) 2.6,FC (MPN/100 ML)1100, (FS,MPN/100 ML)1100, PH-8.4। वहीं, मालवीय ब्रिज के पास पानी का नमूना बताता है कि यहां पर -DO(Mili gram)7.3, BOD (per miligram) 3.7, FC (MPN/100 ML)13000, (FS,MPN/100 ML)7500 रहा। 2021 मध्य में लिए गए गंगाजल का भी परिणाम संसद में

रखा गया। बनारस के विश्वसुंदरी ब्रिज के पास से लिए गए पानी के नमूने का परिणाम कुछ इस तरह से था। DO(Mili gram)8.5, BOD (per miligram)3.7,FC (MPN/100 ML)11000, (FS,MPN/100 ML)850 PH-8.3। मालवीय ब्रिज के पास गंगा पानी के नमूने का आरक्षण परिणाम कुछ इस प्रकार रहा। DO(Mili gram)7.6, BOD (per miligram) 3.7, FC (MPN/100 ML)11000,(FS,MPN/100 ML)7000, PH-8.1। वहीं, जनवरी 2022 और दिसंबर मध्य में लिए गए परिणाम कुछ इस प्रकार थे। बनारस के विश्वसुंदरी ब्रिज के पास लिए नमूने का परिणाम DO(Mili gram)8.2, BOD (per miligram)2.5, FC (MPN/100 ML)920, (FS,MPN/100 ML)645, PH-8.3। वहीं, मालवीय ब्रिज का परिणाम कुछ इस तरह से है। DO(Mili gram)7.4, BOD (per miligram)3.8, FC (MPN/100 ML)11000, (FS,MPN/100 ML)7900, PH-8.1पाया गया।

भारत जैसे देश में परिणाम ही आपकी सफलता और असफलता का माप दंड तय करता है। ऐसा मेरा मानना है। वीरेंदर कपूर अपनी पुस्तक 'बोलते तो मोदी जैसे' में लिखते हैं कि भारत महान लोगों का देश है। जिन्होंने अनेक बलिदान दिए हैं। एक व्यक्ति विदेशी शासन के खिलाफ खड़ा हुआ और राष्ट्र के लिए खुशी से जीवन का बलिदान कर दिया। फिर एक और आया और उसने भी यही किया। यह सिलसिला चलता रहा। पर हमें स्वत्रंतता नहीं मिली। क्योंकि वह सब लोग अकेले थे। महात्मा गांधी भी अकेले थे। लेकिन, इसे उन्होंने जन आंदोलन में परिर्वतित कर दिया। उन्होंने हर गतिविधि हर काम को आजादी से जोड़ दिया। स्कूल में पढ़ाने वाला शिक्षक आजादी के लिए पढ़ाने लगा। कारखाने में काम करने वाला मजदूर मानने लगा कि वह आजादी के लिए काम कर रहा है। हमारे देश, हमारे प्रगति को बदलने के लिए सरकारी कार्यक्रम काम नहीं करेंगे। जन आंदोलन खड़ा करना पड़ेगा। तभी सफलता मिलेगी। नरेंद्र मोदी ने देश में गंगा की सफाई का अलख तो जगा दिया। हमने भी गंगा को देश और दुनिया में मां का दर्जा दे दिया। पर क्या हम वाकई अपने कर्तव्य का

पालन करते हैं। शायद नहीं, हम सपने तो देखते हैं। पर उसे दूसरों के जरिए पूरा करने की अपेक्षा करते हैं। कलाम ने तभी तो कहा कि खुली आंखों से देखे जाने वाले सपने ही पूरे होते हैं। अब वो वक्त आ गया है, जब हम हर दिन गंगा के लिए सोचें, विचार करें और उसे क्रियान्वित कर दें। तभी हम अपनी मां को भविष्य में देख पाएंगे।

14

बनारस, स्वच्छता और नरेंद्र मोदी

नरेंद्र मोदी ने प्रधानमंत्री बनने के बाद सबसे पहला काम पूरे देश में स्वच्छता की अलख जगाने का किया। उन्होंने इसकी शुरुआत तो दिल्ली से की, पर उनका संसदीय क्षेत्र बनारस भला इससे कैसे अछूता रहता। मोदी ने कहा मैं सारे देशवासियों से प्रार्थना करता हूं। कभी-कभी ऐसा लगता है कि क्या इस देश को गंदगी से मुक्त करना सिर्फ सफाई कर्मचारियों का काम है? क्या यह उन्हीं का जिम्मा है? सवा सौ करोड़ देशवासियों का कोई दायित्व नहीं है क्या? हम हर बात उन्हीं पर थोपते रहेंगे क्या? अगर कुछ अच्छा हुआ कुछ बुरा हुआ तो उन्हीं को कोसते रहेंगे क्या? यह स्थिति बदलनी है। नरेंद्र मोदी ने आगे उसमें जोड़ते हुए कहा कि मैं जानता हूं कि यह प्रचार अभियान से होने वाला काम नहीं है। पुरानी आदतों को बदलने में समय लगेगा। कठिन काम है। मैं जानता हूं। लेकिन हमारे पास 2019 तक महात्मा गांधी का जन्मशताब्दी का 150 वर्ष मनाएंगे। तब तक का समय है। मोदी ने कहा हमारे सवा सौ करोड़ देशवासी भारत मां की संतान हैं, हमारी इस भारत मां को अब गंदा नहीं होने देंगे। मोदी ने सोशल मीडिया पर एक आंदोलन चलाने का कार्यक्रम प्रारंभ किया। इस कार्यक्रम में मोदी ने नौ लोगों को निमंत्रित किया। मोदी ने आगे कहा, वह जरूर इस काम को करेंगे। मोदी आगे कहते हैं कि इतना ही नहीं मैंने जिन नौ लोगों को निमंत्रित किया है, वह भी आगे नौ लोगों को निमंत्रित करेंगे। आप सफाई का वीडियो बनाकर उसे अपलोड करें। यह

नौ-नौ लोगों को शामिल करने का क्रम चलता रहेगा। मोदी कहते हैं आज मैंने गोवा की गवर्नर मृदुला सिन्हा जी को सफाई के लिए निमंत्रित किया। क्रिकेटर सचिन तेंदुलकर, योग गुरू बाबा रामदेव, कांग्रेस के नेता शशि थरूर, दक्षिण भारत के सुपर स्टार कमल हासन, फिल्म अभिनेता सलमान खान, फिल्मों की लोकप्रिय अभिनेत्री प्रियंका चोपड़ा को आमंत्रित करने के साथ ही मोदी ने तारक मेहता के उल्टा चश्मा धारावाहिक के सभी कलाकारों का आह्वान किया कि आइए इस महाअभियान में शामिल होइए। मोदी ने अपनी बात पर वजन रखने के लिए WHO के एक आंकड़े का भी उल्लेख किया। जिसके तहत कहा गया था कि भारत में गंदगी के कारण बीमारी आती है। बीमारी के कारण लोगों की रोजी-रोटी की छुट्टी हो जाती है। WHO का कहना है कि गंदगी के कारण हर वर्ष भारत के प्रत्येक नागरिक को 6,500 रुपये का अतिरिक्त नुकसान झेलना पड़ता है। नरेंद्र मोदी आगे कहते हैं कि अगर हम सिर्फ गंदगी साफ करें तो हमारे देश के गरीबों की जेब से कम से कम 6,500 रुपये बचने वाले हैं।

मोदी ने इस अभियान में देश में टॉयलेट बनाने के अभियान का भी आह्वान किया। मोदी कहते हैं हमारे देश में 60 प्रतिशत (2014 के अनुसार) से ज्यादा लोग आज भी खुले में शौच करने के लिए जाते हैं। मोदी ने आह्वान के साथ ही लोगों को शपथ दिलाई। कहा कि मेरी प्रार्थना है कि बैठे-बैठे ही शपथ लें। जो खड़े हैं वह खड़े रहें। मोदी ने लोगों से प्रार्थना की कि दोनों हाथ ऊपर करके महात्मा गांधी का स्मरण करें। मोदी ने सबको शपथ दिलाई "मैं शपथ लेता हूं कि मैं स्वयं स्वच्छता के प्रति जागरूक रहूंगा और उसके लिए समय दूंगा। हर वर्ष 100 घंटे यानी हर सप्ताह दो घंटे श्रमदान करके स्वच्छता के इस संकल्प को चरितार्थ करूंगा। मोदी के इस शपथ के साथ ही पूरे देश में सफाई का अभियान प्रारंभ हो गया। बड़े-बूढ़े, महिलाएं, बच्चे, स्वयंसेवी संस्थाएं, स्कूल, कॉलेज, मंत्री सभी जुट गए सफाई को लेकर। ऐसा सामूहिक आंदोलन तो मैंने इससे पहले नहीं देखा था। देश में ठोस कचरा तेजी से बढ़ रहा था। एक आकलन के मुताबिक 2012 में देश में शहरी कचरा प्रतिदिन करीब 13,376 करोड़ टन

हुआ करता था। इस दौरान इसमें हर साल 5 फीसदी की दर से बढ़ोत्तरी की संभावना जताई जा रही थी। इससे 2031 तक 45013.2 करोड़ टन हो जाने की संभावना थी (इंडिया टुडे की रिपोर्ट के मुताबिक -अगस्त -2015)। शहरी विकास मंत्रालय की शहरी इंफ्रास्ट्रक्चर और सेवाओं के मामले में गठित कमेटी ने कचरा प्रबंधन में आने वाले खर्च का आकलन किया था। इसमें शहरी कचरा प्रबंधन के लिए कुल पूंजी निवेश 48,587 करोड़ रुपये का अनुमान लगाया गया था। जबकि जन सुविधाओं के रखरखाव और संचालन के लिए 2,37,906 करोड़ रुपये की जरूरत होगी। अगर हम इस संबंध में किए गए काम की बात करें तो (2005 में आरंभ किए गए जवाहर लाल नेहरू शहरी पुनर्नवीकरण योजना या जेएएनयूआरएम के तहत) उपलब्ध कराए गए उनसे 26,208 करोड़ की लागत वाली मंजूरशुदा 177 परियोजनाओं में से केवल 55 ही पूरी हो पाई थीं। इस समय तक देश में जल-मल के निस्तारण की हालत भी बेहद खराब थी। इनके शोधन पर भारी निवेश की आवश्यकता थी। केंद्रीय प्रदूषण नियंत्रण बोर्ड के 2013 में लगाए गए एक आकलन के मुताबिक एक लाख से अधिक आबादी वाले पहली श्रेणी के शहरों में 2013 में भूमिगत सीवरेज से प्रतिदिन 3,555.80 करोड़ लीटर जल-मल निकलता है, जो देश के कुल जल-मल का 93 प्रतिशत है। इन शहरों के जल-मल शोधन संयंत्रों की क्षमता 1,155.2 करोड़ लीटर प्रतिदिन बताई जाती है, जो कुल जल-मल का महज 32 फीसदी है। यह घरों से निकलने वाले गंदे पानी का महज 10 से 12 फीसदी ही है। इसे शहरों में शोधित करने की जरूरत है। 2009 की शहरी विकास मंत्रालय की एक उच्चस्तरीय कमेटी की रिपोर्ट के आंकड़े बताते हैं कि 2031 तक 2,42,688 करोड़ रुपये का निवेश होने की संभावना है। इसके अलावा शोधन यंत्रों के संचालन और रखरखाव के लिए 2,36,964 करोड़ रुपये लगने का अनुमान बताया गया है। एक रिपोर्ट यह भी कहती है कि 2014 तक 50 प्रतिशत तक शहरी भारतीयों को शौचालय की सुविधा नसीब नहीं थी। इस काम में भला मोदी का बनारस कैसे पीछे हो सकता था। प्रधानमंत्री नरेंद्र मोदी के बनारस से चुनाव जीतने के बाद 20 मई 2014 को राष्ट्रीय

सहारा अखबार में छपी एक रिपोर्ट कहती है कि केवल 50 से 60 प्रतिशत ही कूड़ा उठाया जा रहा है। नगर को दो जोन में बांट कर यहां पर अफसर भी तैनात कर दिए गए, पर मुख्य सड़क पर से ही कूड़ा हटाया जा रहा है। अखबार में स्वास्थ्य विभाग के हवाले से कहा गया है कि सामान्यतः हर दिन एक व्यक्ति 600 ग्राम कूड़ा फेंकता है। इस प्रकार हर दिन 800 से 1000 मीट्रिक टन कूड़ा बनारस से निकलता है। उस समय परिवहन विभाग की तरफ से 16 गाड़ियों को कूड़े के निस्तारण में लगाया गया था। एक गाड़ी में औसतन 4 से 5 मीट्रिक टन कूड़ा ढोया जाता है। इस तरह से जितने वाहन उपलब्ध थे, उससे लगभग 350 मीट्रिक टन कूड़ा ही ढोया जा सकता है। उस समय नगर निगम संसाधनों की कमी का रोना रो रहा था, बनारस बदहाल था। मोदी के शपथ ग्रहण के बाद आई संसदीय समिति की रिपोर्ट ने ढेरों सवाल उठा दिए। इस समिति की कमान मार्गदर्शक मंडल के सदस्य मुरली मनोहर जोशी के हाथ में थी। इस समिति ने कहा कि "प्रस्तावित मदों से स्वच्छता मिशन के लिए फंड कहां से उपलब्ध होगा, सरकार अभी तक यह तय नहीं कर पाई है। जबकि मिशन को पूरा करने के लिए सरकार ने 2019 का लक्ष्य निर्धारित कर दिया है।" संसाधनों का उचित बंदोबस्त किए बिना मिशन की समय सीमा निर्धारित कर दिए जाने से न सिर्फ लक्ष्य प्रभावित होगा। बल्कि गंभीर अनिश्चितता का माहौल भी पैदा होगा। इसलिए सरकार को पहले मिशन के लिए जरूरी धन की व्यवस्था पर ध्यान देना चाहिए।

प्रधानमंत्री नरेंद्र मोदी ने सफाई के काम को लेकर कई मंत्रालयों की भूमिका तय कर दी थी जिसकी अगुवाई केंद्रीय शहरी विकास मंत्री वेंकैया नायडू कर रहे थे। वेंकैया ने अगस्त 2015 को दिए एक साक्षात्कार में कहा कि मार्च 2016 तक 25 लाख घरेलू शौचालय के लक्ष्य के मुकाबले 13 लाख शौचालय मंजूर कर लिए गए थे। इसमें 3.83 लाख शौचालय का काम पूरा हो चुका था। इस तरह से सार्वजनिक शौचालयों की दिशा में मार्च 2016 तक एक लाख के लक्ष्य के मुकाबले 18,663 का निर्माण पूरा हो चुका है। वेंकैया ने बताया कि 28,908 वार्ड में ठोस अपशिष्ट प्रबंधन के तहत घर-घर

कचरा उठाने का सौ फीसदी लक्ष्य हासिल किया जा चुका है। वेंकैया ने इस साक्षात्कार में यह भी बताया कि पहले नगर निकायों को 27 हजार करोड़ रुपये दिए जा रहे थे मोदी सरकार ने इसे 82 हजार करोड़ रुपये कर दिए। मोदी सरकार ने सांसदों को भी इस काम में लगा दिया था और उन्हें जिला निगरानी समिति का अध्यक्ष बनाया गया था। देश के सभी स्कूल और कॉलेजों को भी इसमें जोड़ा गया है। वेंकैया ने इस इंटरव्यू में यह भी बताया की सभी मंत्रियों को कहा गया है कि नौ लोगों को स्वच्छता एम्बेसडर नामित करें। वेंकैया ने देश की सफाई के लिए धन के व्यस्थापन के सवाल पर कहा था कि इस काम में केंद्र का योगदान 14,623 करोड़ है। जबकि राज्यों का 5,000 करोड़ है। शेष धनराशि का इंतजाम पीपीपी मॉडल और बाहरी लोगों से किया जाएगा। वेंकैया ने संसदीय समिति की रिपोर्ट से असहमति जताई। वेंकैया ने यहां बिल गेट्स से हुई अपनी मुलाकात का हवाला देते हुए कहा कि बिल ने मुझसे कहा कि "नायडू जी, मनी इज वन थिंग बट मांइड सेट इज मोर इम्पार्टेन्ट" पर इन सबके बाद भी मोदी सरकार के सामने उस समय अनेक चुनौतियां थीं। भारत की 75 करोड़ आबादी गांवों में रहती थी। आजादी के 68 साल के बाद भी 50 लाख आबादी के पास अपना शौचालय नहीं है। यह 2015 के आंकड़े हैं। जो बताते हैं कि देश भर में उस समय शौचालय निर्माण के लिए सवा दो लाख करोड़ रुपये की जरूरत थी। (इंडिया टुडे-अगस्त 2015 अंक के आंकड़े)। जबकि केंद्र सरकार इसके लिए 14,623 करोड़ और राज्य 5,000 करोड़ व्यवस्था करने स्थिति में थे। इसके पहले भी स्वच्छता को लेकर कोशिशें की गईं, पर वह व्यापक नहीं थीं। वह आंदोलन का रूप नहीं ले सकीं। 1981 की जनगणना में यह तथ्य सामने आया कि स्वच्छता कवरेज सिर्फ एक फीसदी है।

विश्व बैंक की एक रिपोर्ट कहती है 2050 में वैश्विक अपशिष्ट उत्पादन 3.4 अरब टन बढ़ने की संभावना है। केंद्रीय प्रदूषण नियंत्रण बोर्ड की रिपोर्ट के मुताबिक देश में नौ अपशिष्ट से चलने वाले ऊर्जा संयंत्र चालू हैं।

संसद में 21 मार्च 2022 को वरुण गांधी के सवाल का जवाब देने के क्रम में सरकार ने बताया कि केंद्रीय प्रदूषण नियंत्रण बोर्ड के

अनुसार वर्ष 2019-2020 में देश में उत्पन्न अपशिष्ट की कुल मात्रा 1,50,761 टन प्रतिदिन थी। इसमें 1,45,957 (TDP) अपशिष्ट एकत्र किया गया। सरकार ने जवाब के दौरान बताया कि इसमें 70,881 (TDP) अपशिष्ट का शोधन किया गया और 40,952 (TDP) को भराव क्षेत्र में डाला गया। सरकार ने यह भी बताया कि स्वच्छ भारत अभियान के तहत, देश में 86,972 वार्डों में 100 प्रतिशत कूड़ा घर-घर जा कर इकठ्ठा किया जा रहा है।

सरकार ने यह भी कहा कि भारत में खतरनाक अपशिष्ट के प्रति व्यक्ति उत्पादन वर्ष 2017-2018 के 201.45 (MT) मीट्रिक टन की तुलना में वर्ष 2018-2019 में घटकर 189.47 (MT) प्रति व्यक्ति हो गई है। शोधित किए गए खतरनाक अपशिष्ट का अनुपात वर्ष 2017-2018 0.51 से बढ़कर 2018-2019 में 0.56 हो गया है।

02 अक्तूबर 2014 को पीएम की तरफ से स्वच्छ भारत मिशन-ग्रामीण (SBMG) शुभारंभ किया गया था। इसका मुख्य उद्देश्य सभी ग्रामीण परिवारों को शौचालय की सुविधा प्रदान करना था। स्वच्छ भारत मिशन के तहत हर जिले में जिला स्वच्छ भारत मिशन की स्थापना की गई। गांव स्तर पर जिला स्वच्छता की उप समिति इस कार्यक्रम के क्रियान्वयन के लिए उत्तरदायी थी। सरकार ने संसद में जवाब देते हुए कहा कि ओडीएफ का परिणाम हासिल कर लेने के बाद इस कार्यक्रम को वर्ष 2020-2021 से 2024-2025 के दौरान इसके चरण -2 के रूप में जारी रखा गया है। सरकार ने संसद को जानकारी देते हुए कहा कि 2024-2025 तक ओडीएफ से ओडीएफ प्लस में परिवर्तित करने का लक्ष्य सरकार ने रखा है। सरकार ने संसद को बताया कि 2019 देश में सभी गांवों ने स्वयं को ODF घोषित कर लिया। स्वच्छ भारत मिशन, ग्रामीण के तहत ODF को बनाए रखना सभी गांवों में ठोस एवं तरल कचरा प्रबंधन के लिए व्यवस्था करने पर है। देश के सभी गांवों में ओडीएफ से ओडीएफ प्लस में बदलने के लिए SBMG-2 के दायरे में लाया जा रहा है।

सरकार ने जवाब देते हुए संसद में बताया कि राज्यों ने एकीकृत सूचना प्रबंधन प्रणाली (IMIS) पर सूचित किया है कि SBMG स्वच्छ भारत मिशन ग्रामीण के तहत 11 करोड़ से अधिक व्यक्तिगत

पारिवारिक शौचालयों और 2.13 लाख सामुदायिक स्वच्छता परिसर का निर्माण किया गया है। सरकार ने बताया कि 2019 तक सभी गांवों ने खुद को ODF घोषित कर लिया था। 01 अगस्त 2022 तक 96,622 गांवों ने स्वयं को ओडीएफ प्लस घोषित कर लिया।

वित्तीय वर्ष, निधि आवंटन, निधि उपयोग
2019-20, 11938.22, 11854.71

2020-21, 6000.00, 4947.92

2021-22, 6000.00, 3111.36

2022-23, 7192.00, 578.36

स्वच्छ सर्वेक्षण ग्रामीण 2022 से हमें यह जानकारी मिलती है कि देश के 95.4 प्रतिशत ग्रामीण परिवारों जिसमें महिलाएं शामिल हैं की शौचालय तक पहुंच है। इसमें तनिक भी सवाल नहीं है कि देश के प्रधानमंत्री नरेंद्र मोदी लक्ष्य लेकर चुनौतियों का सामना करते हैं। तभी लता मंगेशकर ने नरेंद्र मोदी बारे में कहा है कि मैं उन्हें कई वर्षों से जानती हूं, बहुत दिलचस्पी के साथ मैंने उनके उन असाधारण कामों का अनुसरण किया है, जो उन्होंने देशवासियों के लिए किए हैं। लता मंगेशकर कहती हैं कि नरेंद्र भाई को सत्ता से लगाव नहीं है। लता कहती हैं नरेंद्र भाई अलग इसलिए दिखते हैं क्योंकि लोग उन पर भरोसा करते हैं। लता मंगेशकर ने यह भी कहा कि देश और दुनिया में रहने वाले भारतीय उनको अपने परिवार के सदस्य के तौर पर देखते हैं। क्योंकि वो ऐसे मुद्दों की बात करते हैं, जिनसे लोग जुड़ जाते हैं। लोगों को जोड़ने और उनके मन की बात जान लेने में मोदी को महारत हासिल है। गुजरात में मुख्यमंत्री रहने के दौरान सफाई को लेकर उन्होंने एक गौर करने वाली बात कही है। उन्होंने कहा कि

मुख्यमंत्री रहने के दौरान सफाई पर मेरा बहुत जोर रहता था। किसी दौरे के कार्यक्रम के दौरान ग्रामीण इलाके में मैं एक परिवार से मिलने के लिए गया। गुजरात में मोदी ने ग्रामीण विकास के लिए समरस ग्राम योजना शुरू की थी। इस योजना के तहत गुजरात में सरकार किसी गांव के विकास के लिए वित्तीय सहायता देती है। इसके तहत नाली, सड़क, शौचालयों का निर्माण बहू-बेटियों के लिए करने का प्रावधान था। मोदी आगे कहते हैं कि जब मैं गांव में गया तो एक किसान परिवार से मिला। मैंने पूछा कि अधिकारी आपके पास आए थे। क्या शौचालय बन गया। तो उस परिवार के मुखिया ने बताया कि साहेब सरकारी अधिकारी भी आए थे। हमने उनके कहे से शौचालय का निर्माण भी करवा लिया। फिर मैंने यानि मोदी ने कहा चलिए मुझे अपना शौचालय दिखाएं, तो थोड़ी देर तो वो किसान खड़ा रहा। फिर मुझे लेकर शौचालय दिखाने गया। जब मैंने शौचालय देखा तो उसमें बकरियां बंधी थीं। मैं सोच में पड़ गया कि आखिर इन्होंने यहां जानवर क्यों बांध दिए। मैंने पूछा पर कोई जवाब नहीं था। असल में सवाल यही था कि हमें आदमी की मानसिकता बदलनी होगी। उसे खुद सोचने के लिए विवश करना पड़ेगा कि वह सफाई अपने और अपने परिवार के लिए कर रहा है, हमें मानसिकता बदलनी होगी। गुजरात में मुख्यमंत्री रहने के दौरान गांवों में ग्राम-मित्र योजना चलाई गई थी। इस योजना में गांव का युवक सरकार के बीच सेतु का काम करता था और सरकार का मकसद जनता को आत्मनिर्भर बनाने का था।

शहरों को साफ-सुथरा रखने के क्रम में अमृत मिशन की शुरुआत की गई। यह मिशन देश भर के चुनिंदा 500 शहरों और नगरों में जल आपूर्ति सीवरेज और सेप्टेज प्रबंधन, वर्षा जल निकासी, हरित स्थानों एवं पार्कों, गैर मोटर चालित शहरी परिवहन के क्षेत्रों में बुनियादी अवसंरचनाओं के विकास पर ध्यान केंद्रित करता है। आवासन एवं शहरी कार्य मंत्रालय ने संपूर्ण मिशन अवधि के लिए सभी राज्यों, संघ शासित राज्य क्षेत्रों के लिए 77,640, करोड़ रुपये की वार्षिक कार्य योजनाओं (एसएएपी) को स्वीकृति दे दी। इसमें

35,990 करोड़ रुपये की राज्य आर्थिक सहायता शामिल है। अब तक राज्य एवं संघ शासित राज्यों ने 82,222 करोड़ रुपये की 5,873 परियोजनाओं की शुरुआत की है, जिसमें 32,793 करोड़ रुपये के मूल्य वाली 4,676 परियोजनाएं पूरी हो गई हैं। 49,430 करोड़ रुपये के मूल्य वाली अन्य 1,197 परियोजनाएं निर्माणाधीन हैं, जो कार्यान्वयन के विभिन्न चरणों में है। इसके अलावा लगभग 66,313 करोड़ रुपये के समय कार्य पूरे किए गए हैं। 59,615 करोड़ रुपये का व्यय किया गया है।

मोदी सरकार ने स्लम एरिया के विकास के लिए कई योजनाओं को चला रखा है। सेंसस आप इंडिया देश में दशकीय आधार पर स्लमों सहित जनसंख्या की गणना करता है। पिछली जनगणना जो 2011 में की गई थी। जिसके अनुसार देश भर में 108,277 स्लमों में कुल 6.54 करोड़ लोग रह रहे थे।

बनारस में स्वच्छता

नरेंद्र मोदी की जीत के बाद मानों बनारस को भी पंख लग गए पूरी। दुनिया में बस बनारस की ही चर्चा हो रही थी। हर कोई बनारस के लिए कुछ करना चाहता था। उसके विकास में कुछ योगदान देकर अपना नाम इतिहास के पन्नों में दर्ज करवा लेना चाहता था। इसलिए तो कहा गया है कि "शब्द सत्य नहीं देते हैं न दे सकते हैं, सत्य सदा ही अनुभूति है। स्वयं की और स्वयं में और स्वयं के द्वारा।" बनारस भी सत्य का खुद प्रयोग करना चाहता था। वह भी स्वयं के द्वारा। मोदी पीएम का पद सम्हालने के बाद पहली बार 08 नवंबर 2014 को बनारस संसदीय क्षेत्र के दौरे पर आए। अस्सी घाट से मिट्टी हटाकर कर सफाई अभियान का आरंभ किया। मां गंगा की आरती और पूजा पाठ करने के बाद पीएम ने कहा कि 'आज इस घाट के सफाई का काम शुरू किया है। मुझे यहां के सामाजिक संगठनों ने विश्वास दिलाया है कि एक महीने में पूरा घाट साफ कर दिया जाएगा। कई वर्षों में अपने आप में सफाई के माध्यम से यह अच्छी सौगात होगी। बनारस के लिए भी पीएम

मोदी ने नौ लोगों को nominate किया। इसमें उस समय उत्तर प्रदेश के मुख्यमंत्री रहे अखिलेश यादव, राम भद्राचार्य (प्रसिद्ध संत), मनोज तिवारी (सांसद और गायक), मनु शर्मा (द्रोपदी की आत्मकथा के लेखक), मोहम्मद कैफ (क्रिकेटर), देवी प्रसाद द्विवेदी (विद्वान) राजू श्रीवास्तव (कामेडियन), सुरेश रैना (क्रिकेटर), कैलाश खेर (गायक) को पीएम ने बनारस के सफाई अभियान के लिए nominate किया था। प्रधानमंत्री का हाथ लगाना था कि काम प्रारंभ हो गया। साल भर भी नहीं हुआ, जब अस्सी घाट बनारस की सबसे गंदी जगहों में हुआ करता था। लगभग 400 मीटर में फैले इस घाट पर चारों तरफ मिट्टी जमा रहती थी। अब एक साल के भीतरी ही यह सभी घाटों से अलग दिखने लगा। 17 मार्च 2015 को हुए बुढ़वा मंगल ने इसकी सफाई पर मुहर लगा दी। पहले यह कार्यक्रम दशाश्वमेध पर होता था। सुलभ इंटरनेशनल ने तीन महीने के अपने चलाए गए स्वच्छता अभियान के तहत पूरे अस्सी घाट से मिट्टी हटाने का काम किया। इस पूरे कार्यक्रम की निगरानी खुद पूर्व नौकरशाह और सुलभ के राष्ट्रीय सलाहकार बीएन चतुर्वेदी कर रहे थे। इस अभियान में केवल 70 लाख रुपये ही खर्च हुए जो अब तक सफाई के नाम पर खर्च किए जा रहे धन का बहुत छोटा सा भाग प्रतीत होता है।

प्रधानमंत्री ने बनारस की सफाई का एक वीडियो साझा करते हुए अपने ट्विटर पर लिखा "मां गंगा की सेवा में काशी वासियों के समर्पण भाव ने एक बार फिर मुझे अभिभूत कर दिया। 84 घाटों पर चलाए गए महाअभियान में कई टन कचरा साफ किया गया। इस मुहिम में जुटे सभी अधिकारियों, स्वयंसेवी संस्थाओं और आमजनों का मैं हृदय से अभिनंदन करता हूं।"

सफाई और बनारस मोदी के जेहन में हर पल दस्तक देता रहता है। इसका उदाहरण मैं आपको देता हूं, 02 अक्तूबर 2015 को दिल्ली में सफाईगिरी सम्मेलन एवं पुरस्कार वितरण समारोह में मोदी कहते हैं "बनारस में एक प्रभु घाट है। एक नागालैंड की बच्ची जो काशी में आ करके पढ़ रही थी। उसको उसमें मन लग गया, वह प्रभु घाट की सफाई में लग गई। धीरे-धीरे युवा पीढ़ी जुड़ती गई। आप

जाकर देखना प्रभु घाट। वाह, क्या सफाई की है इन बच्चों ने। सारे युवा पीढ़ी हैं। बीएचयू के विद्यार्थी जाते हैं, सफाई करते हैं, लेकिन कुछ लोगों को पता नहीं क्या मजा आता है। सुबह जाकर वहां पर गंदगी कर आते हैं और वह रो पड़ती है कि फिर गंदा कर दिया। फिर उठती है फिर साफ करती है। कितना कमिटमेंट होगा। जब भी उन लोगों से, उन जवानों से मिला बहुत प्रभावित हुआ। यही बनारस का पानी है जो आप को ताकत और ऊर्जा देता है। आपको लड़ना सिखाता है और उन्मादी भीड़ से भी आपको अपना हक मांगने का हौसला देता है।"

पीएम मोदी के स्वच्छता अभियान को आगे बढ़ाते हुए स्कूल, कॉलेज के साथ ग्रामीण इलाकों में भी इस अभियान ने गति पकड़ ली। इसी के साथ ही एक स्वच्छता रथ को भी निकालने का अभियान प्रारंभ किया गया। इसी के साथ हर दिन दस स्कूलों में भी सफाई अभियान प्रारंभ किया गया। प्रधानमंत्री की वेबसाइट पर दी गई जानकारी के मुताबिक 102 करोड़ रुपये की लागत से ग्रामीण जलापूर्ति योजना और प्राचीन सीवरेज प्रणाली का अपग्रेडेशन किया गया है। मोदी के अभियान के बाद यह तो स्पष्ट हो चुका था कि बनारस में अब बदलाव दिखाई देगा। मोदी की तरफ से नामित किए गए लोगों ने भी अब सफाई दूत के तौर पर लोगों को नामित करना आरंभ कर दिया। इस क्रम में काशी विश्वनाथ मंदिर के आचार्य ने भी नौ लोगों को नामित कर दिया। इसमें महंत रामेश्वर पुरी, मंहत संतोष दास, अवधेश सिंह, दीनानाथ झुनझुनवाला, गुलशन कपूर, शशिकांत दीक्षित, मीना चौबे, गणेश शास्त्री, जितेंद्र सिंह ने मंदिर के गर्भ गृह में सफाई से शुरूआत की। इन लोगों ने ढंडी राज गणेश जी से होते हुए सरस्वती फाटक तक सफाई की। इस दौरान चारों तरफ डमरू और हर हर महादेव का उद्घोष सुनाई दे रहा था। पूरे देश में सफाई अभियान की गूंज सुनाई दे रही थी। महानायक अमिताभ बच्चन, टेनिस खिलाड़ी सानिया मिर्जा, फिल्म अभिनेत्री प्रियंका चोपड़ा, क्रिकेटर सचिन तेंदुलकर, बैडमिंटन खिलाड़ी साइना नेहवाल ने भी इस अभियान में सराहनीय योगदान दिया। प्रधानमंत्री का रेडियो पर प्रसारित किए जाने वाले कार्यक्रम मन की बात में

मध्य प्रदेश के हरदा जिले के सरकारी अधिकारियों की स्वच्छ भारत कार्यक्रम में किए गए उनके काम की प्रशंसा की। पीएम ने बंगलुरू के उन पांच छात्रों की भी प्रशंसा की, जिन्होंने अपशिष्ट खरीदने व बेचने के लिए मोबाइल एप्लीकेशन बनाई। नरेंद्र मोदी ने वाराणसी मिशन प्रभुघाट पहल के लिए तेमसुतुला इमसोंग, दर्शिका शाह और स्वयं सेवकों के दल की भी प्रशंसा की। प्रधानमंत्री की तरफ से प्रारंभ किया गया यह सफर अभी भी जारी है। बनारस में हर दिन कुछ नया प्रयोग किया जा रहा है। हम तो यही कहेंगे की बनारस बदल रहा है। हम और आप इस बदलते बनारस के साक्षी हैं।

16 दिसंबर 2016 को बनारस में दिए एक भाषण में मोदी कहते हैं कि इन दिनों देश में बहुत बड़ा सफाई अभियान चल रहा है। अगर गंदगी का ढेर है तो दुर्गंध आती है। एक सीमा में दुर्गंध महसूस होती है। पर जब सफाई शुरू करते हैं तब कैसी गंध महसूस होती है। एक बार जगह साफ हो जाए तो वहां बगीचा बनाया जा सकता है। यह काशी का आशीर्वाद है। बाबा भोले का आशीर्वाद है। बाबा भोले की धरती के आशीर्वाद में ताकत है। मोदी जी ने इतना बड़ा फैसला ले लिया उनको अनुमान नहीं था।

सफाई के इस क्रम में पीएम के ड्रीम प्रोजेक्ट में शुमार हृदय और अमृत योजना के पहले फेज में मार्च 2017 तक साफ करने के लिए अफसरों को टारगेट दे दिया गया था। इस क्रम में बनारस के 14 वार्डों में सीएसआर फंड के जरिए पायलट प्रोजेक्ट के तौर पर प्रारंभ किया गया था। राष्ट्रीय सहारा में छपी एक रिपोर्ट के मुताबिक केंद्रित शहरी विकास मंत्रालय के संयुक्त सचिव प्रवीण कुमार ने बताया कि 75 जिलों के स्वच्छता सर्वे में बनारस बाकी जिलों से बहुत आगे था। आने वाले समय में नवंबर में होने वाले सर्वे के लिए उन्होंने अफसरों को जनता के साथ मिलकर टारगेट दे दिया था। प्रवीण कुमार ने प्रेस को यह भी कहा कि अमृत के तहत 160 करोड़ की दो योजनाओं को सरकार की तरफ से हरी झंडी मिल गई है। सॉलिड वेस्ट मैनेजमेंट करने के लिए बनारस में प्राइवेट लोगों की सहायता लेना प्रारंभ किया गया। इस क्रम में एनटीपीसी को करसड़ा प्लांट चलाने की जिम्मेदारी दी गई। बनारस में प्रारंभ में 207 जगहों पर टॉयलेट

बनाने के लिए कहा गया था, जो स्वच्छ भारत अभियान के तहत 3300 तक बढ़ा दिया जाएगा। 2017 में बनारस को कैसे स्वच्छ बनाएं, इस बैठक में अफसरों के साथ ही सांसद सीआर पाटिल, पीएमओ के उप सचिव मयूर माहेश्वरी भी शामिल थे।

बनारस में शौचालय

बनारस में टॉयलेट की वर्तमान उपलब्धता और टारगेट को लेकर जो जानकारी उपलब्ध कराई गई है, उसके मुताबिक 10475 सीट का टारगेट दिया गया था। रिपोर्ट के मुताबिक प्रशासन ने यह उपलब्धि हासिल कर ली है। इसमें सामुदायिक शौचालय (COMMUNITY TOILET-330 Seat) का टारगेट दिया गया था, पर प्रशासन की तरफ से 560 सीट के टॉयलेट बनवाए गए हैं, जो कि कुल 54 कॉम्पलेक्स में स्थित हैं। इसी के साथ पब्लिक के लिए 903 सीट के शौचालय को बनाने के लिए प्रशासन ने तय किया था, उसमें भी ज्यादातर टॉयलेट बना दिए गए हैं। यह कुल 158 काम्पलेक्स में बनाए गए हैं। नौ कॉम्पलेक्स में टॉयलेट बनाने का काम जारी है। इस क्रम में 15 पिंक टॉयलेट बनाने का टारगेट था, प्रशासन की तरफ से 18 पिंक टॉयलेट बनवा दिए गए हैं। बनारस में थर्ड जेंडर के लिए भी टॉयलेट बनाया गया है। जिसकी संख्या दो बताई गई है। पूरे शहर में यूरिनल बनाने का 301 का टारगेट दिया गया था, पर 417 यूरिनल जनता के लिए बना दिए गए हैं। यह आंकड़े बनारस नगर निगम की तरफ से दिए गए हैं।

देश के संपूर्ण शहरी क्षेत्रों को खुले में शौच मुक्त बनाने (ODF) और संपूर्ण नगर पालिका अपशिष्ट (MSW) के वैज्ञानिक प्रबंधन के उदेश्य से अक्तूबर 2014 के दौरान स्वच्छ भारत मिशन शहरी प्रारंभ किया गया था। (एसबीएम-यू) के तहत हुई प्रगति को और आगे बढ़ाने के लिए, अगला चरण (एसबीएम- यू -2.0 शुरू किया गया है। (एसबीएम-यू-शहरी 2.0 के तहत, व्यक्तिगत घरेलू शौचालयों, सामुदायिक शौचालयों, सार्वजनिक शौचालयों के निर्माण, प्रयुक्त जल शोधन प्रबंधन, ठोस अपशिष्ट का प्रबंधन केंद्र को लेकर निधि

जारी है। 2014 से कुल 62.81 लाख व्यक्तिगत घरेलू शौचालय इकाइयों और 6.36 लाख सामुदायिक शौचालयों/सार्वजनिक शौचालयों का निर्माण किया जा चुका है। कुल 92 हजार 6 सौ चौतीस वार्डों में से 89,699 वार्ड कचरे के 100 प्रतिशत डोर टू डोर संग्रहण का कार्य कर रहे हैं। 83,487 वार्ड 100 प्रतिशत पृथक्करण का पालन कर रहे हैं। उत्पन्न कुल कचरे का 75 प्रतिशत संशोधित किया जा रहा है। अमृत द्वारा हासिल प्रगति को आगे बढ़ाने के लिए अक्तूबर 2021 में अमृत 2.0 प्रारंभ किया गया। इसमें शहरी कार्य मंत्रालय की शीर्ष समिति की तरफ से 1,29,636 करोड़ रुपये की 6,527 परियोजना वाली राज्य जल कार्य योजनाओं को मंजूरी दी जा चुकी है। इनमें 87,896 करोड़ की 2,996 की जल आपूर्ति परियोजनाएं हैं।

37,636 करोड़ की 447 सीवर-सेप्टेज प्रबंधन परियोजना, 439 करोड़ रुपये की 982 पार्क-ग्रीन स्पेस विकास परियोजनाएं शामिल हैं।

अनुमोदित परियोजनाओं में से अब तक 103.99 करोड़ रुपये की बीस परियोजनाएं पूरी हो चुकी हैं और 5634.55 करोड़ रुपये की 633 परियोजनाएं प्रगति पर हैं।

देश के सभी शहरों में एक अक्तूबर 2021 को 1,41,600 करोड़ रुपये और 2,77,000 करोड़ रुपये के परिव्यय से एसबीएम-यू-2 और अमृत -2 आरंभ किए गए हैं। (यह जानकारी राज्य सभा सांसद धनंजय भीमराव के सवाल पर आवासन एवं शहरी राज्यमंत्री कौशल किशोर ने पटल पर उपलब्ध करवाई थी।)

अक्तूबर 2015 में सफाईगिरी कार्यक्रम में प्रधानमंत्री नरेंद्र मोदी ने कहा था कि हमारे देश में 60 करोड़ लोग खुले में शौच जाते हैं। यही बीमारियों की जड़ है। यह वर्ल्ड बैंक का रिकॉर्ड कह रहा है। मोदी कहते हैं मैंने शौचालय बनाने का अभियान चलाया है। मैंने कैपेसिटी बिल्डिंग का काम किया है। 200 कलेक्टर की ट्रेनिंग कर चुका हूं। देश में 600 ज्यादा जिले हैं। सबको बुलाता हूं और उनकी पूरी ट्रेनिंग करवाता हूं। क्योंकि कैपेसिटी एक बहुत बड़ी आवश्यकता है।

मोदी कहते हैं जब हम इस बार लगे तो गांव में साठ लाख टॉयलेट बनाने का संकल्प लिया। सरकार ने, मैंने कहा देखिए कल दो अक्तूबर है। बताइए कहां तक पहुंचे ? तो मुझे बताया गया कि 95 लाख टॉयलेट इन्होंने पूरे कर लिए हैं। 60 लाख टॉयलेट तय करते हुए डरते थे। यह बदलाव आया है। स्कूलों में करीब 4.15 हजार टॉयलेट कन्याओं के लिए समय सीमा में बन गए। रेलवे ने करीब 5700 टायलेट बॉयोटायलेट से रिप्लेस कर दिए। वरना सिंगापुर, मलेशिया, थाईलैंड, साउथ कोरिया बहुत-बहुत छोटे देश हैं। सिंगापुर में सबसे पहले वहां के प्रधानमंत्री ने 1959 में सबसे पहले सिंगापुर सफाई का विषय शुरू किया। लेकिन 1968 तक नहीं हो पाया। प्रधानमंत्री लगातार इस विषय को कहते रहते थे। कोशिश करते थे। 68 वें प्रधानमंत्री ली क्वाथ यूं स्वयं इस काम का बीड़ा उठा कर चल पड़े। 1959 से लेकर के आज जो हम सिंगापुर देख रहे है न, इतने लंबे समय का लगातार पुरुषार्थ का परिणाम है। उसी प्रकार से मलेशिया के प्रधानमंत्री उन्होंने 1960 में इस विषय को उठाया था और उन्होंने नागरिकों को प्रेरित किया। उनके पास थोड़ी कानून की ताकत भी थी। हमारे यहां तो बड़ा मुश्किल है। जन भागीदारी का भरपूर प्रयास किया। आज मलेशिया अच्छी स्थिति में इतने सालों बाद आया। थाईलैंड के किंग स्वयं इस सफाई अभियान को लेकर निकल पड़े। उन्होंने झाड़ू उठाया, निकल पड़े। वो भी 1960 में किया उन्होंने। इन चारों ने एक साथ इन कामों को शुरू किया सफाई का। लेकिन आज जो हम सफाई और बढ़िया देश देख रहे हैं। इनको आते-आते 2015 आ गया है। हमारा देश कितना बड़ा है, इसका हमको अंदाजा है। हमारी आदतें कैसी हैं। इसका अंदाजा है। हमारी कठिनाई क्या हमको पता है। लेकिन गांधी एक ऐसी प्रेरणा हैं कि सवा सौ करोड़ लोग तय कर लें कि हमें चलना है तो हम चल सकते हैं।

29 सितंबर 2019 को प्रसारित प्रधानमंत्री जी की मन की बात में लता जी की एक बात ने मुझे बहुत प्रभावित किया। प्रधानमंत्री जी कहते हैं -दीदी मुझे तो इतना ही कहना था। बात अधूरी ही थी कि उधर से लता जी की आवाज आती है। वो कहती हैं आप का आशीर्वाद मिले तो फिर इधर से प्रधानमंत्री मोदी कहते हैं आपका आशीर्वाद तो

हम मांगते हैं, आप तो हमसे बड़ी हैं। फिर लता जी कहती हैं उम्र से बड़े तो बहुत लोग होते हैं पर बड़ा अपने काम से बड़ा होता है। उसका आशीर्वाद मिलना बहुत बड़ी चीज होती है।

अब आप को बनारस की गलिया साफ मिलेंगी। अगर आप बनारस की गलियों को थोड़ा बहुत भी जानते समझते हैं, तो आप मैदागिन से प्रवेश करके सीधे दशाश्वमेध पहुंच सकते हैं। यह गली मणिकर्णिका घाट के पास से होकर गुजरती है। इतनी घनी कि आप बिना किसी दूसरे के साथ टकराए चल ना सकें। गली के हर मोड़ पर आप को खाने की दुकान जरूर मिल जाएगी। जो अपना खाना या नाश्ता पत्ते या दोने में देते हैं। पर अब वहां आपको तरतीब से कूड़ेदान में नजर आएंगे। बनारस की गली हो और पान की दुकान और उसके आस पास आप को पान की पीक और पत्ते न दिखाई दें। पर अब अगर पान खाकर कोई थूकता है तो पीछे से आप को आवाज सुनने को मिल ही जाएगी। मैं यह नहीं कहता कि यह 100 प्रतिशत होता होगा पर यह हो रहा है। पहले जब आप कभी दशाश्वमेध घाट के पास बने कॉम्पलेक्स में पहुंचते थे तो वहां पर आपको मछली की गंध और मुर्गे की आवाज सुनाई पड़ती थी। जहां पर यह मंडी हुआ करती थी उसके दस कदम पर दशाश्वमेध घाट और दस कदम पर ही राजेंद्र प्रसाद घाट स्थित है। जहां पर दुनिया की सबसे खुबसूरत आरती हुआ करती थी। 2014 के पहले किसी ने इस तरह का विचार क्यों नहीं ये एक बड़ा सवाल है। नरेंद्र मोदी के आने के बाद वहां से मुर्गा मंडी और मछली की मंडी शिफ्ट कर दी गई। यह कोई साधारण काम नहीं था, इसके लिए बहुत बड़ी इच्छा शक्ति की जरूरत होती है। हर बरसात के दिनों में यहां पर बरसात का पानी भर जाता था। जो आसपास के मकानों को कमजोर करने के साथ वहां पर बीमारियों का संचार करते थे। अब यहां पर बड़ा कॉम्पलेक्स बन गया है। सफाई से दशाश्वमेध चमक रहा है। ये मैंने बस एक उदाहरण दिया है। ऐसी बनारस की कई जगहें हैं, जो चमक रही हैं। यहां के लोग अपने प्रधानमंत्री को आशीर्वाद दे रहे हैं। यहां की गलियों में रहने वाले लोगों के लिए बदलाव आसान नहीं था। पर अब यह बदलाव दिख रहा है। हां, बनारस वाकई बदल रहा है।

15
काशी विश्वनाथ के नरेंद्र मोदी

प्रेरक गुरू साइमन सिनेक ने बड़े आसान शब्दों में इस बात को समझाया था कि महान नेता हमें क्यों प्रेरित करते हैं। इसे वह दुनिया का सबसे आसान मंत्र कहते थे। सिनेक के अनुसार "आप क्या कर रहे हैं, कैसे कर रहे हैं, इस पर जोर देने की जरूरत नहीं है। सारा सूत्र इस बात में छिपा है कि आप जो कुछ कर रहे हैं, उसको लोगों को समझा ले जाएं, कि क्यों कर रहे हैं। नागरिक अधिकारों के हिमायती मार्टिन लूथर किंग जूनियर ने अमेरिकी जनता को केवल अपने काम से प्रेरित नहीं किया था। बल्कि उन्होंने लोगों को भरोसा दिलाया था कि यह आंदोलन लोग खुद अपने लिए कर रहे हैं। सिनेक ने इसकी व्याख्या कुछ ऐसे की है "मार्टिन लूथर यह नहीं कहते थे कि मेरे पास एक योजना है। वह कहते थे कि मेरे पास एक सपना है।" वह सपना बाद में सामूहिक स्वप्न बन जाता था। नरेंद्र मोदी ने यही सपना विश्वनाथ मंदिर कॉरिडोर के लिए देखा और इस सपने को जनता के साथ जोड़ दिया।

औरंगजेब की आज्ञा से तोड़े जाने के दस वर्षों के बाद विश्वनाथ दरबार की पुनः स्थापना की गई। 1780 ईस्वी में महारानी अहिल्या बाई ने वर्तमान मंदिर का निर्माण करवाया था। प्रधानमंत्री नरेंद्र मोदी कहते हैं कि काशी विश्वनाथ मंदिर का निर्माण अहिल्या बाई होल्कर ने करवाया। जिनकी जन्मभूमि महाराष्ट्र थी। जिनकी कर्मभूमि इंदौर-माहेश्वर समेत अनेक क्षेत्रों में थी। मोदी कहते हैं,

दो-ढाई सौ साल पहले अहिल्या बाई ने इतना कुछ किया था। उसके बाद काशी के लिए उतना काम अब हुआ।

बाबा विश्वनाथ की आभा बढ़ाने के लिए पंजाब के महाराजा रणजीत सिंह ने 1853 में काशी विश्वनाथ मंदिर के दो शिखरों को स्वर्ण मंडित करवाया था। इसमें करीब 23 मन सोना लगाया गया था। लेकिन कहते हैं कि यह अंजाम तक नहीं पहुंचा था। पंजाब से गुरूनानक देव जी भी काशी आए। यहां सत्संग किया। दूसरे सिख गुरुओं का भी काशी से विशेष रिश्ता था। पंजाब के लोगों ने काशी के पुनर्निर्माण के लिए सब कुछ अर्पण कर दिया। इन सबके बाद भारत के प्रधानमंत्री नरेंद्र मोदी देश के तीसरे ऐसे महापुरुष हो गए हैं, जिनकी अगुआई में काशी विश्वनाथ दरबार में सोना मढ़ा गया है। यह इंतजार तो 187 वर्षों का था। मंदिर प्रशासन की मानें तो मंदिर में 37 किलो सोना लगाया गया है। मंदिर प्रशासन ने यह भी कहा कि अभी 23 किलो सोना और लगाया गया है। मंदिर प्रशासन के मुताबिक करीब 30 घंटे में दस सदस्यीय कारीगरों की टीम ने अपने काम को अंजाम दिया। कहते हैं, समय कभी नहीं रुकता है। वह नदी की धारा की तरह चलता रहता है। कैलेंडर इस पर बांध बना देते हैं। ताकि आकलन कर सकें कि क्या हुआ और भविष्य में क्या हो सकता है। आगे देखने पर हमें अपने भविष्य का एहसास होता है कि हम किधर जा रहे हैं।

प्रधानमंत्री नरेंद्र मोदी जब काशी विश्वनाथ धाम पहुंचते हैं तो वह बाबा और जनता के दरबार में नतमस्तक हो जाते हैं। नरेंद्र मोदी हाथ जोड़ कर कहते हैं कि हम बाबा के चरणों में शीश नवावत हैं। मां अन्नपूर्णा को वंदन और बाबा भैरो का आशीर्वाद लेकर आ रहा हूं। मोदी ने आगे कहा कि काशी में कुछ भी नया हो तो उनसे परमिशन लेकर करना पड़ता है।

गंगा तरंग रमणीय छटा कला पंगौरी निरन्तर विभूषित वाम भागम।

नारायण प्रिय मनंग मंदाप हारम् वाराणसी पूर्व पति भज विश्वनाथम।।

हम बाबा विश्वनाथ के दरबार से देश और दुनिया के उन श्रद्धालुओं को प्रणाम करत हई, जो अपने स्थान से इस महायज्ञ क

साक्षी बनत हव। आप सब काशी वासी लोगन के प्रणाम करत हई, जिनके सहयोग से इ शुभ घड़ी आयल हव। हृदय गद-गद हव मन आहलादित है। आप सब लोगन के बहुत-बहुत बधाई हव।

हमारे पुराणों में कहा गया है। जैसे ही कोई काशी में प्रवेश करता है वह सारे बंधनों से मुक्त हो जाता है। भगवान विरेश्वर का आशीर्वाद हमारे अंदर अलौकिक ऊर्जा और अंतरात्मा को जागृत कर देता है। आज तो इस चैतन्य काशी का अलग ही स्पंदन है। आदि काशी की अलौकिकता में एक अलग सी आभा है। एक अलग ही सामर्थ्य है। हमने शास्त्रों में सुना है कि जब भी कोई पुण्य अवसर होता है तो सारे तीर्थ सारे देवी देवता बनारस में बाबा के पास उपस्थित हो जाते हैं। कुछ ऐसा ही अनुभव आज मुझे बाबा के दरबार में आ कर हो रहा है। ऐसा लग रहा है कि हमारा सारा चेतन और ब्रह्मांड इससे जुड़ा है। वैसे तो अपनी माया का विस्तार बाबा ही जानें। लेकिन जहां तक हमारी मानवीय दृष्टि जाती है। विश्वनाथ धाम के पवित्र आयोजन पर पूरा विश्व जुड़ा है। आज सोमवार है, विक्रम संवत 2078 दशमी तिथि एक नया इतिहास रच रहा है। हम इसके साक्षी हैं। यहां आसपास जो प्राचीन मंदिर लुप्त हो गए थे। उन्हें भी जीवित किया गया है। बाबा ने भक्तों के तौर पर आशीर्वाद दिया है। यह भव्य भवन भर नहीं है। यह प्रतीक है हमारे भारत के सनातन संस्कृति और परंपरा की। हमारी आत्मा के यह प्रतीक हैं। यह प्रतीक हैं, भारत की ऊर्जा की गतिशीलता का। यहां आप जब आएंगे तो केवल गतिशीलता के दर्शन होगे। ऐसा नहीं है, यहां पर आप को अपने गौरव का भी एहसास होगा। कैसे प्राचीनता और नवीनता एक साथ सजी है। कैसे पुरातन की प्रेरणा भविष्य की दिशा दे रही है। जिसका साक्षात दर्शन विश्वनाथ धाम में मिलेगा। मां गंगा उत्तर वाहिनी होकर बाबा विश्वनाथ के पांव पखारने आती हैं। मां गंगा आज बहुत प्रसन्न होंगी। तब हम बाबा ध्यान में गंग तरंगों के कल-कल का दैवीय अनुभव करेंगे। बाबा विश्वनाथ सबके हैं। मां गंगा सबकी है। उनका आशीर्वाद सबके लिए है। समय और परिस्थितियों के चलते बाबा विश्वनाथ और मां गंगा की सेवा व्यवस्था मुश्किल हो रही थी। यहां हर कोई आना चाहता है। लेकिन रास्तों, जगहों की कमी बुजुर्गों व दिव्यागों

को यहां आने में बहुत कठिनाई होती थी। लेकिन अब विश्वनाथ धाम परियोजना के पूर्ण होने के बाद यहां हर किसी के पहुचना सुगम हो गया है।

मोदी आगे कहते हैं, काशी तो अविनाशी है। काशी में एक ही सरकार है। जिसके हाथों में डमरू है। जहां गंगा अपनी धारा बदल कर बहती है। उस काशी को भला कौन रोक सकता है। काशी खंड में भगवान शंकर ने खुद कहा है "बिना मम प्रयादम वय कह काशी प्रतिपदें" इसका मतलब हुआ बिना मेरे प्रसन्नता के काशी में कौन आ सकता है। कौन इसका सेवन कर सकता है। काशी में महादेव की इच्छा के बिना न कोई आता है। न बिना उनकी इच्छा के यहां कुछ होता है। जो कुछ होता है वह महादेव की इच्छा से होता है। यह जो कुछ हुआ वह महादेव ने ही किया। मोदी आगे कहते हैं इ विश्वनाथ धाम बाबा अपने आशीर्वाद से बनवले हव, उनके इच्छा के बिना का कोई पत्ता हिल सकला। बाबा के साथ बाबा के गणों का भी योगदान है। हमारे काशीवासी बाबा को जब अपनी शक्ति का अनुभव कराना होता है तो वह काशीवासियों को ही माध्यम बना देते हैं। फिर काशी करती है, दुनिया देखती है।

मां गंगा उत्तरवाहिनी होकर बाबा के पांव पखारने काशी आती हैं। वह मां गंगा भी आज प्रसन्न होंगी। अब जब हम भगवान विश्वनाथ के चरणों को प्रणाम करेंगे और ध्यान लगाएंगे तो मां गंगा को स्पर्श करती हुई हवा हमें स्नेह देगी। अपना आशीर्वाद देगी।

विश्वनाथ दरबार को न जाने कितनी बार तोड़ा गया। हम उस इतिहास को बताने की बजाए उसे कितनी बार जोड़ा गया। इस पर ही बात करेंगे। काशी खंड कहता है कि विश्वनाथ मंदिर का नाम मोक्ष विलास था। उसमें पांच मंडप थे। जिसमें मुख्य मंडप गर्भगृह था। जहां विरेश्वर शिवलिंग विराजमान था। उसके चारों ओर चार मंडप थे। दक्षिण की ओर मुक्ति मंडप, पश्चिम में श्रृंगार मंडप, उत्तर में ऐश्वर्य मंडल और पूर्व में ज्ञान मंडप स्थित था।

सिकंदर लोदी द्वारा ध्वंस होने के बाद विश्वनाथ मंदिर का पुनर्निर्माण राजा टोडरमल ने करवाया था। इस दौरान मंदिर की कुर्सी साढ़े सात फीट ऊंची कर दी गई थी। टोडरमल के बनवाए

मंदिर से जेम्स प्रिंसप ने कुछ निष्कर्ष निकाले। इसे प्रिंसेप ने अपनी पुस्तक "view of Banaras" में प्रकाशित किया। प्रिंसेप कहते हैं कि विश्वनाथ मंदिर 124 फीट भुजा के वर्गाकार क्षेत्र में बना है। इसमें पांच मंडप थे। इसमें बीच का मंडप गर्भगृह था। यह 32 फीट लंबा-चौड़ा था। इसके चारों ओर 16 फीट लंबे 10 फीट चौड़े बरोठे थे। इसके मिल जाने से गर्भगृह का क्षेत्रफल लगभग दोगुना हो जाता था।

बनारस में कुछ भी होता है, तो बरबस मुंह से एक ही शब्द निकलता है। सब बाबा विश्वनाथ की मर्जी से है। बचपन से मैंने तो यहीं देखा और सुना है। घर में भी और बाहर भी। विश्वनाथ मंदिर प्रशासन के मुताबिक 2018 के वित्तीय वर्ष के दौरान सर्वाधिक 26.65 करोड़ रुपये का चढ़ावा चढ़ाया गया। जो अब तक रिकॉर्ड है। पिछले साल सावन में सवा करोड़ श्रद्धालुओं ने मंदिर में बाबा विश्वनाथ के दर्शन किए।

समय के साथ बदलते रहना चाहिए। अगर पानी स्थिर हो जाए तो वह पीने लायक नहीं रह जाता है। प्रधानमंत्री भी यहां बदलाव का सपना देख रहे थे। हर कोई अब यहां पर आसानी से पहुंच सकता है। मोदी कहते हैं, हमारे दिव्यांग भाई-बहन, बुजुर्ग माता-पिता सीधे बोट से जेटी तक आएंगे। जेटी से घाट तक आने के लिए वहां पर एस्कलेटर लगाए गए हैं। वहां से सीधे मंदिर जाया जा सकता है। संकरे रास्तों की वजह से दर्शन के लिए जो घटों इंतजार करना पड़ता था और परेशानी होती थी। वह अब कम होगी। मोदी ने कहा पहले मंदिर 3000 वर्ग फीट में था अब पांच लाख वर्ग फीट का हो गया है। अब मंदिर और मंदिर परिसर में 70 हजार श्रद्धालु आ सकते हैं। यानी पहले मां गंगा का दर्शन-स्नान और वहां से सीधे विश्वनाथ धाम। यही तो है हर -हर महादेव।

हाल के दिनों में मुझे इसका अनुभव तब हुआ जब मेरी पत्नी की मौसी चन्द्रावती मिश्रा जो उनकी मां की तरह ही हैं। उन्होंने मुझसे कहा कि मुझे मोदी जी ने जो बाबा का मंदिर बनवाया है उसका दर्शन करवा दीजिए। अब उनकी उम्र 81 वर्ष हो गई है। वह बहुत चल फिर नहीं पाती हैं। पर उनमें मंदिर बन जाने के बाद वहां जाने की ललक कमाल की थी। इसके पहले भी मैं उनसे कहता रहता था

कि चलिए आप को विश्वनाथ जी का दर्शन करवा दें, तब उन्होंने कभी नहीं कहा कि हां चलिए। पर इस बार तो उन्होंने मुझ पर जोर डाला और आदेश सुना दिया कि मुझे मोदी जी के बाबा विश्वनाथ का दर्शन करना है। पहले यह सब कुछ बहुत आसान नहीं था। अब विश्वनाथ कॉरिडोर के निर्माण के बाद अब बहुत आसान हो गया है। अब कोई भी श्रद्धालु सीधे गंगा जल लेकर बाबा विश्वनाथ का जलाभिषेक कर सकता है। यह विश्वास का प्रतीक है।

प्रधानमंत्री नरेंद्र मोदी कहते हैं। जब मैं बनारस आया था तो एक विश्वास लेकर आया था। विश्वास अपने से ज्यादा बनारस के लोगों पर था। आज हिसाब-किताब का समय नहीं है। लेकिन मुझे याद है कि कुछ ऐसे लोग भी थे, जो बनारस के लोगों पर संदेह करते थे। कैसे होगा ? होगा कि नहीं ? यहां तो ऐसे ही चलता है। यहां बहुत आकर गए। मुझे आश्चर्य होता था कि बनारस के लिए ऐसी धारणाएं बना ली गई थीं। ऐसे तर्क दिए जाने लगे थे। यह जड़ता बनारस की नहीं थी। हो भी नहीं सकती थी। थोड़ी-बहुत राजनीति थी और थोड़ा बहुत कुछ लोगों का निजी स्वार्थ था। इसलिए बनारस पर आरोप लगाए जा रहे थे। लेकिन काशी तो काशी है। काशी तो अविनाशी है। काशी में एक ही सरकार है, जिनके हाथों में डमरू है। उनकी ही सरकार है जहां गंगा अपनी धारा बदलकर बहती हो। यहां जो कुछ होता है वह महादेव की इच्छा से होता है। यहां जो कुछ भी हुआ है, महादेव ने किया है। यह विश्वनाथ धाम तो बाबा ने अपने आशीर्वाद से बनवाया है। उनकी इच्छा के बिना तो कोई पत्ता भी नहीं हिल सकता है। कोई व्यक्ति कितना भी बड़ा क्यों न हो, वह बिना बाबा के बुलाए नहीं आ सकता और न ही कुछ कर सकता है।

'इंद शिवाय, इदम न मम्।' प्रधानमंत्री कहते हैं कि मैं आज अपने हर उस श्रमिक भाई -बहनों का भी आभार व्यक्त करना चाहता हूं, जिनका पसीना इस भव्य परिसर के निर्माण में बहा है। कोरोना वायरस के महामारी के इस विपरीत काल में उन्होंने यहां पर काम रुकने नहीं दिया। मुझे अपने इन श्रमिक साथियों से मिलने का अवसर मिला। हमारे कारीगर हमारे सिविल इंजीनियर, प्रशासन के लोग वह परिवार जिनके यहां घर हुआ करते थे उनका स्वागत और

अभिनंदन करता हूं। पीएम मोदी सीएम योगी का भी धन्यवाद करना नहीं भूलते हैं, क्योंकि उनके नेतृत्व में ही काशी विश्वनाथ धाम के कार्य संपन्न हुए।

कहते हैं वाराणसी ने युगों को जिया है। इतिहास को बनते और बिगड़ते हुए देखा है। कितने ही काल खंड आए और गए। कितनी सल्तनतें मिट्टी में मिल गईं। फिर भी बनारस बना हुआ है। बनारस अपना रंग बिखेर रहा है। बाबा का यह धाम शाश्वत ही नहीं रहा, बल्कि इसके सौंदर्य ने भी विश्व को आश्चर्यचकित और आकर्षित किया। हमारे पुराणों में प्राकृतिक आभा से घिरी ऐसी काशी के दिव्य स्वरूप का वर्णन किया गया है। अगर हम ग्रंथों को देखेंगे, शास्त्रों को देखेंगे तो इतिहासकारों ने भी वृक्षों, सरोवरों, तालाबों से घिरी काशी के अद्भुत स्वरूप का बखान किया है। लेकिन, इसे समय का ही फेर कहा जाएगा कि आततायियों ने इस नगरी पर आक्रमण किए। इसे ध्वस्त करने के प्रयास किए। औरंगजेब के अत्याचार और आतंक का इतिहास साक्षी है। जिसने तलवार के बल पर सभ्यता को बदलने की कोशिश की। लेकिन, इस देश की मिट्टी बाकी दुनिया से अलग है। यहां अगर औरंगजेब आता है तो शिवाजी भी उठ खड़े होते हैं। अगर कोई संकर मसूद इधर बढ़ता है तो राजा सुहेलदेव जैसे वीर योद्धा उसे हमारी एकता की ताकत का एहसास करा देते हैं। अंग्रेजों के दौर में वारेन हेस्टिंग्स का क्या हाल काशी के लोगों ने किया था। यह तो काशी के लोग समय-समय पर बोलते रहते हैं। आज समय का चक्र देखिए आतंक का वह पर्याय इतिहास के काले पन्नों तक सिमट कर रह गया है। मेरी काशी आगे बढ़ रही है।। अपने गौरव को फिर से नई भव्यता दे रही है। मैं काशी के बारे में जितना बोलता हूं, उतना डूबता जाता हूं। उतना भावुक होता जाता हूं। काशी शब्दों का विषय नहीं है, काशी संवेदनाओं की सृष्टि है। काशी वह है, जहां जागृति ही जीवन है। काशी वह है जहां मृत्यु भी मंगल है। काशी वह है जहां सत्य ही संस्कार है। काशी वह है जहां प्रेम ही परंपरा है। हमारे शास्त्रों ने भी काशी की महिमा गाते हुए अंत में 'नेति-नेति' ही कहा है। 'शिवम् ज्ञानम इति ब्रयु:, शिव शब्दार्थ चित्तका:।' अर्थात शिव शब्द का चिंतन करने वाले लोग शिव को ही ज्ञान कहते हैं। इसलिए

यह काशी शिवमयी है। इसलिए ज्ञान, शोध, अनुसंधान काशी और भारत के लिए स्वाभाविक निष्ठा है। भगवान शिव ने स्वयं कहा है 'सर्वे क्षेत्रेषु भू पृष्ठे, काशी क्षेत्रम च में वपु:।' अर्थात धरती के सभी क्षेत्रों में काशी मेरा शरीर है। इसलिए यहां का पत्थर-पत्थर शंकर है। इसलिए हम अपनी काशी को सजीव मानते हैं और इसी भाव से हमें अपने देश के कण-कण में मातृ भाव का बोध होता है। हमारे शास्त्रों का वाक्य है 'दृश्यते सवर्ग सर्वे:, काश्याम विश्वेश्वर: तथा।' यानि ब्रम्हांड में सर्वत्र, हर जीव में भगवान विश्वेश्वर के दर्शन होते हैं। इसलिए काशी स्वत्व को सीधे शिवत्व से जोड़ती है। ऋषियों ने यही कहा कि 'विश्वेशं शरणं यायां, समें बुद्धि प्रदायस्ति।' अर्थात भगवान विशेश्वर के श्रम में आने पर सम् बुद्धि व्याप्त हो जाती है। बनारस वह नगर है जहां जगदगुरू शंकराचार्य को डोम राजा से प्रेरणा मिली। उन्होंने देश को एकता के सूत्र में बांधने का निर्णय लिया। मोदी आगे कहते हैं, यह जो जगह है जहां भगवान शंकर की प्रेरणा से गोस्वामी तुलसीदास जी ने रामचरितमानस जैसी अलौकिक रचना की।

आखिर नरेंद्र मोदी के मन में बाबा विश्वनाथ धाम की कायाकल्प करने की योजना कैसे बनी। बाद में उन्होंने उस सपने को लोगों से जोड़ दिया। तभी तो नरेंद्र मोदी को दुनिया का सबसे लोकप्रिय नेता कहा जाता है। वाराणसी में काशी विश्वनाथ मंदिर परिसर कॉरिडोर का काम अब पूरा हो चुका है। अब मंदिर के आसपास तंग गलियों की बजाए बेहद चौड़े गलियारे ने अपनी जगह बना ली है। पहले 3,000 वर्ग फुट में फैला काशी विश्वनाथ मंदिर परिसर अब कॉरिडोर बनने के बाद 5 लाख वर्ग फुट क्षेत्रफल वाला हो गया है। अब श्रद्धालुओं का जत्था दर्शन के लिए गंगा नदी के मार्ग से भी आ सकता है। अब दर्शन के लिए रैंप और एस्कलेटर की सुविधाएं उपलब्ध हैं। मोदी ने जब बनारस में पहली बार कदम रखा तो उसका आरंभ हर हर महादेव के नारे के साथ हुआ था। मोदी ने काशी विश्वनाथ मंदिर को मुद्दा बनाया था। चुनाव जीतने के बाद 17 मई 2014 को मंदिर में पहुंच कर बाबा की पूजा अर्चना की थी। नरेंद्र मोदी ने विश्वनाथ धाम का सोमनाथ मंदिर की तर्ज पर विकास करने का संकल्प लिया था। बनारस के कमिश्नर रहे दीपक अग्रवाल जब विश्वनाथ मंदिर के बनने

की बात बताना शुरू करते हैं। तो मानों वह खो से जाते हैं। दीपक अग्रवाल ने बताया कि काशी विश्वनाथ धाम की परिकल्पना प्रधानमंत्री जी की है। प्रधानमंत्री जी का यह निवेदन था कि इस बड़ी परियोजना को हम लोगों की सहभागिता के साथ करें। लोग स्वेच्छा से इस परियोजना के साथ जुड़ें। प्रधानमंत्री जी का कहना coordination not conflict के साथ होना चाहिए। प्रधानमंत्री जी ने यह भी कहा कि अगर इसे मिशन मोड पर करेंगे तो बनारस में बहुत बड़ा परिवर्तन हो सकता है। प्रधानमंत्री ने कहा बनारस में हर उस ऐतिहासिक स्थानों की पहचान करने की आवश्यकता है। जिसे हम सजा और संवार सकें। दीपक अग्रवाल आगे बताते हैं कि प्रधानमंत्री जी काशी विश्वनाथ धाम को गंगा और सारनाथ के साथ जोड़ना चाहते थे। वह दुनिया भर से आने वाले लोगों को अंतरराष्ट्रीय स्तर की सुविधाएं मुहैया कराना चाहते थे। इसी के साथ बनारस में विकास की गंगा बहाना चाहते थे। जिससे यहां पर रोजगार के साथ ही बनारस की ECONOMY को भी बदला जा सके।

काशी विश्वनाथ कॉरिडोर निर्माण का शुभारंभ:-

प्रधानमंत्री का यह बनारस में उन्नीसवां दौरा था जब उन्होंने बाबा विश्वनाथ धाम के अपने ड्रीम प्रोजेक्ट विश्वनाथ कॉरिडोर की आधारशिला रखी। वैदिक मंत्रोच्चार के बीच भूमि पूजन के बाद प्रधानमंत्री नरेंद्र मोदी ने स्वयं फावड़ा चला कर मिट्टी की खुदाई की और ईंट रखकर कॉरिडोर के निर्माण कार्य का शुभारंभ किया। प्रधानमंत्री ने शिलान्यास के बाद कहा कि काशी विश्वनाथ धाम के सपने को राजनीति में नहीं था तब से संजोए था। भोले बाबा के आदेश, आशीर्वाद से चेतना जागी और सपना सकार हो गया। मोदी ने कहा ढाई सौ वर्षों के बाद आज बाबा के मुक्ति का पर्व है। मोदी ने कहा की सत्तर वर्षों में भी बाबा की चिंता किसी ने नहीं की। पीएम ने कहा सैकड़ों वर्षों से बाबा भोले जकड़े थे। सांस लेने में दिक्कत हो रही थी। विश्वनाथ धाम बनने से मां गंगा के साथ बाबा भोले का सीधा संबंध जुड़ गया। विश्व भर में काशी

की नई पहचान बनी। पुरातन आत्मा को बरकरार रखते हुए आधुनिकता से कैसे जोड़ा जाए, काशी इसका प्रमाण है। उन्होंने कहा 2014 के लोकसभा चुनाव के लिए नामांकन दाखिल करने के समय कहा था कि मुझे मां गंगा ने बुलाया है। आज ऐसी ही अनुभूति हो रही है कि मुझे बुलावा ऐसे कार्यों के लिए मिला था। प्रधानमंत्री ने सेल्फ फॉर सोसायटी मंच से कहा था कि दुनिया अब हिंदुस्तान को इंतजार करते हुए नहीं देखना चाहती। बल्कि अपेक्षा करती है, कि वह दुनिया का नेतृत्व करे।

आरंभिक चुनौती

बनारस के विश्वनाथ धाम की यात्रा आरंभ हो चुकी थी। यह काम इतना आसान नहीं था। संकरी गलियां, राजनैतिक दलों की राजनीति, नेताओं के स्वार्थ। ऐसे में कॉरिडोर निर्माण के लिए सबकी सहमति असंभव थी। पर असंभव को संभव कर दिखाना ही मोदी की आदत है। मोदी ने 2019 में उड़ीसा के भुवनेश्वर की एक रैली में कहा कि उनकी सरकार ने ऐसे फैसले लेने का साहस किया। जिन्हें अन्य लेने में डरते हैं। मोदी ने इसी रैली में कहा कि जब मंशा साफ होती है तो किसी को ऐसे फैसले लेने की जरूरत होती है। जो कोई और लेने का साहस नहीं कर सका। बनारस के कमिश्नर दीपक अग्रवाल ने बताया कि प्रधानमंत्री जी ने कहा कि जो भी काम हो। वह लोगों के सहयोग, आपसी बातचीत और सौहार्द के साथ होना चाहिए। लोगों की स्वयं की सहभागिता होनी चाहिए। दीपक ने बताया कि हम लोगों ने निर्णय किया कि सरकार या प्रशासन जमीन अधिग्रहण के लिए नोटिफिकेशन नहीं करेगा। हम पहले लोगों से बातचीत करके रास्ता निकालेंगे। इस क्रम में हम लोगों ने बातचीत प्रारंभ कर दी। करीब 3000 वर्ग फीट में फैला मंदिर परिसर पांच लाख वर्ग फ़ीट में तब्दील करना लोहे के चने चबाने जैसा था। पर इस सपने को सकार करने के लिए यह आवश्यक था कि सबका सहयोग एक साथ हो। सेल्फ फॉर सोसायटी मंच से पीएम ने यह उदाहरण ऐसे ही उन लोगों

के लिए दिया जो अपने को उस काबिल नहीं समझते कि वह भी किसी बहुत बड़े काम में सहयोगी या भागीदार बन सकते हैं। प्रधानमंत्री ने एक कार्यक्रम में ऐसे ही उदाहरण देकर यह बताया था कि किसी बड़े काम में हर किसी का सहयोग जरूरी क्यों है। उन्होंने कहा कि रामायण में इस बात का उल्लेख है कि किस प्रकार एक गिलहरी ने राम सेतु के निर्माण में योगदान दिया था। इसका दूसरा पक्ष यह है कि भगवान को भी गिलहरी की जरूरत पड़ी है। मोदी ने आगे जोड़ते हुए कहा कि हम कितनी भी योजनाएं बना लें। कितना भी बजट आवंटित कर दें, लेकिन किसी पहल की सफलता लोगों की भागीदारी में निहित है।

प्रधानमंत्री मोदी के संकल्प की गति में उस समय पंख लग गए, जब 2017 में हुए उत्तर प्रदेश के विधानसभा चुनाव में भारतीय जनता पार्टी ने भारी बहुमत से चुनाव जीत लिया। योगी आदित्यनाथ ने उत्तर प्रदेश के मुख्यमंत्री का पदभार सम्हाला। 4 अप्रैल 2017 को वाराणसी से जुड़ी विकास योजनाओं की समीक्षा करने के दौरान ही योगी ने काशी विश्वनाथ कॉरिडोर के निर्माण की दिशा में प्रयास करने का निर्देश दे दिया था। निर्माण के लिए जमीन का प्रबंधन और अन्य सुविधाओं में तेजी लाने के लिए योगी कैबिनेट ने "श्री काशी विश्वनाथ विशिष्ट क्षेत्र विकास परिषद" के गठन को मंजूरी दी। इसी के साथ सरकार ने मंदिर परिसर के विस्तार के लिए जमीन का इंतजाम करना शुरू कर दिया।

यूपी के सीएम योगी आदित्यनाथ के दिशा-निर्देश में बनारस के अधिकारियों ने मंदिर के आसपास के 314 भवनों को चिन्हित किया, जो कॉरिडोर की जद में आ रहे थे। यह 314 संपत्तियों का प्रकार तीन तरह का था। पहली निजी स्वामित्व वाली संपत्ति, इसमें हर संपत्ति में एक से ज्यादा लोग मालिक थे। दूसरी ट्रस्ट की संपत्ति, जिसे लेने में अनेक अड़चनें विद्यमान थीं। तीसरी वह संपत्तियां थीं, जिनका केवल कस्टोडियन ही मौजूद था। इन संपत्तियों में "कस्टोडियन राइट" ही हस्तांतरित करवाने पड़े। निजी संपत्ति को आपसी समझौते के आधार पर खरीदा गया। संपत्ति का मूल्य भूअधिग्रहण अधिनियम के अनुसार निर्धारित बाजार मूल्य का दोगुना दिया गया। इसी के

साथ पहले इस बात पर विचार किया जाए कि काशी विश्वनाथ धाम का कैसा स्वरूप होगा। किस तरह कि डिजाइन बनेगी। इस पर हम लोगों ने काम करना प्रारंभ कर दिया। पीएम सर का सुझाव था कि हमें बाबा विश्वनाथ और मां गंगा को एक करना है। जिससे श्रद्धालु स्नान कर सीधे बाबा का दर्शन कर सकें। मंदिर का डिजाइन ऐसा हो जो वाराणसी से मेल खाए। डिजाइनर ने जो डिजाइन तैयार किया था, उसमें मणिकर्णिका घाट की गली को एक छोर मान कर उसे सीधे ले जाकर गंगा में मिला दिया था। जब पूरी टीम ने डिजाइन का ले आउट देखा तो वह पूरी सीध में मंदिर के जद में नहीं आ रहा था।

यह सब कुछ इतना आसान नहीं था जितना दिखता है। बनारस के कमिश्नर दीपक अग्रवाल ने बताया कि हम लोगों ने सबसे पहले उस इलाके में स्थित संपत्ति के असली मालिकों को खोजना आरंभ कर दिया। इस दौरान प्रशासन की तरफ से तहसील और वकीलों की एक टीम बना दी गई, जो खरीदी जाने वाली संपत्ति की जांच पड़ताल करके पेपरों का वेरीफिकेशन का काम करती थी। प्रधानमंत्री महोदय का हमेशा जोर था कि हर मामले को बातचीत से ही हल करें। दीपक ने कहा कि हम लोगों ने अब अपना महासफर आरंभ कर दिया था। विश्वनाथ धाम कॉरिडोर के तहत लिए जाने वाले उन मकान मालिकों ने अपनी सहमति देना आरंभ कर दिया, जो वहां पर नहीं रहते थे। इसमें कुछ लोग सिंगापुर, यूएसए और कुछ भारत में रहने वाले लोगों ने भी अपनी सहमति देना आरंभ कर दिया। धीरे-धीरे हम लोग बाबा धाम के लिए जमीन एकत्र करने के काम में कामयाब होते हुए दिखने लगे। आरंभ में हम लोगों को 197 मकानों के पेपर के साथ उन लोगों की सहमति मिल गई थी। दीपक अग्रवाल ने बताया कि प्रधानमंत्री जी का विजन और मुख्यमंत्री जी के हर दिन की मानिटरिंग ने काम को गति प्रदान की।

जब जमीनों की जांच पड़ताल की गई, तो अनेकों और अड़चनों का पता चला। लगातार काम का परिणाम था कि हम जमीनों को चिन्हित करने लगे। काशी विश्वनाथ धाम में तीन तरह की जमीन थी। जिसे सरकार उन जमीन मालिकों की सहमति से खरीदना चाहती थी। मार्च 2019 तक सारी सम्पत्तियों को खरीद लिया गया था। सबसे

बड़ी समस्या इन संपत्तियों को खाली कराने की थी। क्योंकि 100 से ज्यादा संपत्तियां ऐसी थीं, जिनमें उनके मालिक और रहने वाले किराएदारों के बीच किसी ना किसी तरह का विवाद चल रहा था।

सरकार के लिए एक बड़ी चुनौती यह भी थी कि उन जमीनों का दाम तय कर, समय पर संपत्तियों के मालिकों को भुगतान कर दिया जाए। दीपक अग्रवाल ने बताया कि उस इलाके में ट्रस्ट की कुल 17 संपत्ति थी, जबकि सेवइत यानि सेवा करने के लिए दी गई संपत्तियों की संख्या 31 थी। इन सब में तमाम तरह की लीगल चुनौतियां थीं। पर सरकार की तरफ से बनाई गई तहसील और लीगल टीम ने सभी चुनौतियों को पार कर लिया। दीपक अग्रवाल मंदिर में जमीनों के खरीदे जाने की हकीकत बयां कर रहे थे। मैं बड़ी ध्यान से इसे सहेजता जा रहा था। दीपक ने एक ट्रस्ट की संपत्ति को लेने का वाकया सुनाया। जिसे लेने में कुल सवा साल लग गए। कहते हैं न पथरीली जमीन पर सपनों के महल नहीं बनाए जाते। पर नरेंद्र मोदी पहले लक्ष्य तय करते हैं फिर उसके रास्ते। विश्वनाथ धाम के निर्माण में भी यह किया मोदी ने। विश्वनाथ धाम से सटा हुआ एक बहुत पुराना ट्रस्ट था, जिसे निर्मल अखाड़ा कहते हैं। यह ट्रस्ट डेढ़-दो सौ साल पुराना था। यह संपत्ति चौक पर स्थित थी। प्रारंभ में यह लोग अड़ गए कि हम लोग अपनी जमीन नहीं देंगे। पर मुख्यमंत्री योगी आदित्यनाथ का निर्मल अखाड़ा के महंत जी से बातचीत के बाद उन्हें मुख्यमंत्री जी ने लखनऊ आमंत्रित किया। इसके साथ ही प्रशासन के लोगों ने एक टीम पंजाब भेजी। उनकी मांग थी, हम लोग बहुत सारी सामाजिक शैक्षणिक गतिविधियों में शामिल हैं, तो हम लोगों को धाम के आसपास ही जमीन दी जाए। इसके लिए भी हम लोगों की तरफ से निर्मल अखाड़ा को विश्वनाथ धाम बाउंड्री के बाहर ही जमीन मुहैया करा दी गई। इस मामले का समाधान करने में सवा साल लगा, पर हम लोगों ने एक बार भी हिम्मत नहीं हारी।

सेवइत जमीन को लेने भी ढेरों चुनौतियां थीं। सबसे पहले कि सेवइत जमीन के दावेदार असली मालिक नहीं होते थे। वह तो किसी देवी या देवता कि सेवा करने के लिए रखे गए थे, जिसके एवज में वह उस संपत्ति के भूभाग से किराया अर्जित कर अपना और अपने परिवार

का जीवनयापन करते थे। यह इस संपत्ति को बेचने के अधिकारी नहीं थे। यह लोग इस इलाके में अपने परिवार के साथ वर्षों से रह रहे थे। यह केवल अपने अधिकार को हस्तगत कर सकते थे। हम लोगों ने सेवइत सपंत्ति को ऐसे ही सेवा भाव से मंदिर ट्रस्ट को ट्रांसफर करवा दिया।

इसी के साथ एक और बड़ी चुनौती थी। जिसका समाधान हम लोगों को खोजना था। वह था मणिकर्णिका घाट पर रहने वाले वह लोग जो लाशों को जलाने का काम करते थे। उन लोगों के परिवार की जीविका उसी पर निर्भर थी। दीपक अग्रवाल आगे बताते हैं कि ऐसे लोगों की कुल संख्या 37 थी। उनके मकान बहुत छोटे-छोटे थे। एक-एक कमरों में कई लोग रहते थे। पर सरकार की मंशा के अनुरूप हम लोगों ने उन्हें रहने के लिए जगह उपलब्ध कराने के साथ ही हर परिवार को 10-10 लाख रुपये भी दिए, जिससे उनकी जिंदगी बेहतर हो सके।

जिन परिवारों का जीविकोपार्जन मर्णिकाघाट पर होने वाले अंतिम संस्कार से जुड़ा था। इन्हें करीब 50 फीसदी तक अधिक राशि दी गई। यह परिवार अब वहीं आसपास मकान लेकर रहते हैं।

इसके अलावा विश्वनाथ धाम के लिए जमीन जुटाने में एक और बहुत बड़ी चुनौती थी। वह थे उस इलाके के रेड़ी पटरी वाले, जिनके पास न तो कोई मालिकाना हक था, न किसी तरह के पेपर। पर वो और उनका परिवार वर्षों से वहां पर माला-फूल, प्रसाद, खिलौने की दुकानें आदि लगाकर कर जीविकोपार्जन किया करते थे। इसमें ढेरों बहुत छोटे दुकानदार थे। दीपक अग्रवाल ने बताया कि हम लोगों ने इनका सर्वे करवाया तो इनका आंकड़ा 1400 के आसपास था। बोर्ड के जरिए हम लोगों ने एक पालिसी बनवाई, जिसके तहत निर्णय किया गया कि इनके जगह के अनुसार हम इन्हें एक से दस लाख रुपये तक का मुआवजा देंगे। प्रधानमंत्री महोदय का निर्देश था कि इन लोगों का सभी समाधान एक ही प्लेटफार्म पर होना चाहिए। विश्वनाथ धाम के पास ही हम लोगों ने गोयनका भवन में ही प्रशासन की तरफ से रजिस्ट्री आफिस खोल दिया। जहां पर चौबिसों घंटे काम होता था। दीपक अग्रवाल ने एक बड़ी दिलचस्प बात बताई कि विश्वनाथ धाम के लिए ली गई सभी जमीनों की रजिस्ट्री रात एक बजे से चार बजे के बीच हुई है।

विश्वनाथ धाम के लिए जमीन अधिग्रहण करने में कुल 390 करोड़ रुपये खर्च हुए और 40 करोड़ रुपये पुर्नवास करने में खर्च हुए, जिसे काशी विश्वनाथ धाम ट्रस्ट ने दिया था। दीपक अग्रवाल यह बताना नहीं भूले कि कई दानदाता ऐसे भी थे, जिन्होंने अपनी जमीन स्वेच्छा से विश्वनाथ धाम को दान कर दी। साउथ के कुछ दान दाताओं ने महेन्द्रा की पिकअप गाड़ियां उपलब्ध करवाई, जिससे मंदिर का काम किया जा सके।

कॉरिडोर के निर्माण के दौरान एक अनोखी बात यह सामने आई कि ज्ञानवापी मस्जिद के सामने मौजूद 1,700 वर्गफुट जमीन मस्जिद की थी। 1993 में यह जमीन सेंट्रल सुन्नी वक्फ बोर्ड ने इस जमीन को स्थानीय प्रशासन को पुलिस कंट्रोल रूम बनाने के लिए दे दिया था। इसमें साल भर में हुए कई वार्तालाप के बाद जुलाई में मंदिर प्रशासन और सेंट्रल सुन्नी वक्फ के बीच जमीन की परस्पर अदला-बदली पर सहमती बनी। जमीन की कीमत के आधार पर हुई अदला-बदली में कॉरिडोर को 1700 वर्ग फीट जमीन मिली। इसके बदले में मंदिर प्रशासन ने बांस फाटक इलाके में 1000 वर्ग फीट जमीन अंजुमन इंतजामिया कमेटी मस्जिद (ज्ञानवापी मस्जिद का संचालन करने वाली संस्था) को दे दी गई। यह हस्तांतरण आर्टिकल 31 में निहित एक्सचेंज ऑफ प्रॉपर्टी के तहत हुआ है।

मकानों का ध्वस्तीकरण

दीपक अग्रवाल ने बताया कि जैसे-जैसे हमें उस इलाके में मकान मिलते जा रहे थे। उसी के साथ हम लोगों ने लोगों ने उन्हें तोड़ने का काम भी आरंभ कर दिया, इसके लिए कुछ छोटे ठेकेदारों की हायरिंग की गई थी।

60 फीसदी जमीन का इंतजाम होते ही लोकसभा चुनाव की घोषणा हो गई। इसके कुछ दिन पहले 8 मार्च 2019 को प्रधानमंत्री महोदय ने विश्वनाथ धाम कॉरिडोर का शिलान्यास किया। 33 महीने के बाद काशी विश्वनाथ कॉरिडोर का 13 दिसंबर को उद्घाटन

करके मोदी ने उत्तर प्रदेश में 2022 में होने वाले विधानसभा चुनाव का रंग ही बदल दिया। इसका फायदा भी बीजेपी को मिला।

दीपक ने बताया कि हम लोगों ने मंदिर निर्माण के दौरान कभी भी मंदिर को बंद नहीं किया।

भगवान का मिलना जारी था

हर किसी को ईश्वर की तलाश होती है। इसलिए वह मंदिर, मस्जिद, गुरू के दरबार में या चर्च जाता है, पर जब बनारस प्रशासन ने विश्वनाथ धाम के लिए घरों को तोड़ना प्रारंभ किया तो लगभग हर घर से देवी या देवता की मूर्तियां निकल रही थीं। कई तो सैकड़ों साल पुरानी थी, जिसे शायद देश और दुनिया के लोग न कभी देख पाते न कभी जान पाते। क्योंकि इनका निजी लोगों के द्वारा पूजा पाठ किया जाता था। पर प्रधानमंत्री का जोर था, हर मिलने वाली मूर्ति या देवता जो ऐतिहासिक हो उनको स्थापित किया जाए।

मकानों, मठों के ध्वस्तीकरण के दौरान 61 देवी-देवताओं की प्राचीन मूर्तियां यहां से निकलीं। इस इलाके में 27 बड़े मंदिरों का जीर्णोद्धार कराया गया है। परिसर में एक देव गैलरी भी बनाई गई। यहां निकले मंदिरों की मूर्तियां और अवशेष को रखा गया है। इसमें कोई शक नहीं है कि जब कोई बड़ा और ऐतिहासिक काम होता है, तो उसका विरोध भी होता है। पर जब लक्ष्य स्पष्ट होता है, तो बाकी बातें पीछे छूट जाती हैं। यहां पर भी कुछ ऐसा ही था। कोशिश यह थी कि ऐसा मंदिर परिसर बने जहां पर जाते ही आप ईश्वर की भक्ति में लीन हो जाएं।

माता अन्नपूर्णा की प्रतिमा की स्थापना

प्रधानमंत्री नरेंद्र मोदी कहते हैं कि यहां काशी में माता अन्नपूर्णा खुद विराजित होती हैं। मोदी ने कहा कि मुझे खुशी है कि काशी से चुराई गई माता अन्नपूर्णा की प्रतिमा एक शताब्दी के इंतजार के बाद स्थापित की जा चुकी है।

माता अन्नपूर्णा की प्रतिमा मंदिर परिसर में ही स्थापित की गई। इस आयोजन के पहले ही सरकार और बीजेपी ने एक तरह से उत्सव मनाना प्रारंभ कर दिया था। इसमें जनता भी शामिल हो गई थी। 18 वीं सदी की यह प्रतिमा 1913 में काशी से चोरी कर कनाडा ले जाई गई थी। यह वहां के रेजिना विश्वविद्यालय में रखी गई थी। जैसे नरेंद्र मोदी को इसकी जानकारी मिली तो उन्होंने उसे भारत लाने का प्रयास शुरू कर दिया। कनाडा से यह मूर्ति मिलने के बाद 11 नवंबर को गोपाष्टमी पर दिल्ली से शोभायात्रा के जरिए गाजियाबाद, अलीगढ़, कानपुर, लखनऊ, अयोध्या होते हुए इसे बनारस लाया गया था। 15 नवंबर को देवोत्थान एकादशी पर मुख्यमंत्री योगी आदित्यनाथ इसे काशी विश्वनाथ मंदिर परिसर में स्थापित किया। मुझे याद है, जब मूर्ति कनाडा से भारत आ गई थी। उत्तर प्रदेश के संगठन महामंत्री रहे अब भारतीय जनता पार्टी के राष्ट्रीय महासचिव और बंगाल, उड़ीसा, तेलंगाना के प्रभारी सुनील बंसल लखनऊ में इस शोभायात्रा की रणनीति बनाने में लगे थे। कितनी बारीकी से योजनाओं को अंजाम दिया जा रहा था। रथ कैसे-कैसे आगे बढ़ेगा। कहां-कहां स्वागत का कार्यक्रम होगा। कैसे यात्रा आगे बढ़ेगी। सब कुछ बड़ा ही रोमांचक लग रहा था। पर यह कितने परिश्रम और आस्था और समर्पण का काम था। लगभग प्रदेश के हर जिले को छूती हुई इस यात्रा को बनारस पहुंचना था।

1913 में चोरी चली गई मूर्ति का भारत लाया जाना एक चमत्कार जैसा लगता है। मूर्तियां मौन होती हैं। क्योंकि उनकी रचना संवेदनाओं के साथ की जाती है। अनुभूतियों के गान में वहां स्मृतियां झिलमिलाती हैं। आईबीएन की एक रिपोर्ट के मुताबिक 1947 से 2014 तक देश से चोरी किए गई केवल 13 मूर्तियों को वापस लाया जा सका था। आंकड़े बताते हैं कि पिछले कुछ दशकों में तकरीबन एक लाख से ज्यादा प्राचीन धरोहर जिसमें मूर्तियां, कलाकृतियां चोरी कर के विदेश स्मगल कर दी गई। 2011 में आई यूनेस्को की एक रिपोर्ट कहती है कि 1989 तक भारत से 50,000 कलाकृतियां चोरी कर ली गई थीं। उस रिपोर्ट में यह अनुमान व्यक्त किया गया था कि बाद के दशकों में यह आंकड़ा दो तीन गुना बढ़ा ही होगा।

प्रधानमंत्री नरेंद्र मोदी के आने के बाद से अब तक विदेशों से चोरी गए 229 पुरावशेषों को वापस लाया जा चुका है। हरियाणा से निर्दलीय सांसद कार्तिकेय शर्मा के राज्यसभा में पूछे गए सवाल के जवाब में सरकार की तरफ से यह जानकारी उपलब्ध कराई गई है।

काशी विश्वनाथ मंदिर कॉरिडोर के लोकार्पण को भव्य बनाने के लिए प्रधानमंत्री ने भाजपा शासित सभी प्रदेशों के मुख्यमंत्रियों और उप मुख्यमंत्री को परिवार समेत आने का न्योता भेजा। काशी विश्वनाथ मंदिर के प्रसाद को गांव-गांव पहुंचाने का जिम्मा भाजपा पदाधिकारियों को दिया गया था। वह ब्लॉकवार ग्रामीणों को दर्शन कराने का काम करेंगे।

यूपी टूरिज्म के मुताबिक काशी में करीब साढ़े दस करोड़ से अधिक सैलानी व श्रद्धालुओं का आगमन हुआ। सिर्फ काशी विश्वनाथ धाम में साढ़े आठ करोड़ पर्यटकों ने मत्था टेका। देश और दुनिया में बनारस में काशी विश्वनाथ कॉरिडोर के बन जाने के बाद सैलानियों की पहली पसंद बन गया है।

2022 के आंकड़े तो यही कहते हैं

मई में---20,83,502

जून-----31,85,205

जुलाई----69,03,388

अगस्त-----49,12,333

यह आंकड़े चौंकाने वाले हैं।

हाल की एक दैनिक भाष्कर में छपी रिपोर्ट बताती है कि काशी विश्वनाथ कोरियोडोर ने डेढ वर्षो में अपने भक्तों को दिव्यता का एहसास करा रहा है ..कोरियोडोर बनने के बाद से ही बाबा विश्वनाथ का दर्शन करने वाले श्रद्दालुओं की संख्या बढ़ गई है। यहां प्रति माह पैतिस से चालीस लाख श्रद्दालू पहुंच रहे है। इससे बाबा विश्वनाथ की आय बढ़ी है। काशी विश्वनाथ मंदिर की आमदनी दो गुनी से अधिक हो गई है। काशी विश्वनाथ मंदिर के मुख्य कार्यपालक अधिकारी सुनिल वर्मा ने बताया कि कोरियोडोर निर्माण के बाद 2022-2023 में मंदिर की आय में भारी वृद्दि हुई। महज डेढ़ साल में लगभग 54 करोड़ रू मंदिर को चढावे के तौर पर मिले।

नरेंद्र मोदी को यह पता होता है कि सपनों को मुट्ठी में कैसे कैद करना है। मोदी पर कटाक्ष करने वाले यह अक्सर भूल जाते हैं कि उन्होंने इन दस वर्षों में किस कदर विशाल उपलब्धियां हासिल की हैं। उन्होंने भारतीयों को पूरी दुनिया में भारतीय होने के गर्व को महसूस करने का मौका दिया। नरेंद्र मोदी ने भारत को वैश्विक तौर पर वह पहचान दिलाई है, जो कमाल है। मोदी हमेशा अपनी कमियों को बेहतर करने में लगे रहते हैं। नरेंद्र मोदी निपट मौलिकता अकल्पनीय हैं। वह दूरदृष्टा हैं। वह काम को नजर रखकर अंजाम तक पहुंचाने वाले शख्स हैं। उनमें संवाद करने का अद्भुत कौशल है। पुरानी रोमन कहावत है कि अगर शांति चाहते हो तो युद्ध के लिए हमेशा तैयार रहो। राजनीति मानव जाति के लिए महाकुंभ की तरह है। यहां पर किसी देवता का नहीं, बल्कि नेता की क्षमता, आकांक्षा और कौशल का सम्मान किया जाता है। मनुष्य महाबली इसलिए बन पाया, क्योंकि उसने प्रकृति के रहस्यों को खोज लिया था। मोदी राजनीति के महाबली इसलिए कहलाते है कि वह जनता के मन को पढ़ने का कौशल रखते हैं। तभी तो हर कोई इस बात की तारीफ तो करता ही है। कद्र भी करता है। दक्षिण भारत के सुपर स्टार विशाल ने हाल में ही बनारस का दौरा किया था और उन्हें बाबा विश्वनाथ के दर्शन करने का भी सौभाग्य मिला। विश्वनाथ धाम कॉरिडोर और बदलते बनारस को देखकर विशाल ने पीएम मोदी को ट्वीट किया यह कुछ इस तरह का था "प्यारे मोदी जी मैंने काशी का दौरा किया, वहां पर दर्शन, पूजा शानदार रहा। गंगा नदी के पवित्र पानी को छुआ। वहां के मंदिरों को रिनोवेट कर आप ने जो ट्रांस्फार्मेशन किया है। उसके लिए भगवान आपका भला करे। अब वह पहले से ज्यादा अद्भुत दिखते हैं। हर किसी के लिए काशी घूमना आसान हो गया। आपको इसके लिए सलाम है।"

विशाल के ट्वीट का जबाब देते हुए पीएम मोदी ने लिखा "खुशी हुई आपका काशी में शानदार अनुभव रहा।" मालूम हो पीएम मोदी बनारस लोकसभा के सांसद भी हैं।

आँखों देखी

मेरा पूरा बचपन गंगा किनारे बनारस में बीता है। मैंने बनारस के हर रंग को देखा है। काशी ज्ञान की शलाका है। बाबा कीना राम का आश्रम और पड़ाव पर औघड़ अवधूत, भगवान राम के ठिकाने ने मुझे हमेशा आकर्षित किया। पूर्व प्रधानमंत्री चंद्रशेखर तो वहां अक्सर आया करते थे। मुझे लगता था कि यहां पर जरूर कोई ऐसा ज्ञानी पुरूष बैठता होगा, जो हर किसी को वह मार्ग बताता होगा जो उसे लक्ष्य को प्राप्त करने में मदद करता हो। रहस्यों की गहराई जानने के लिए मैं हमेशा रात को मर्णिकाघाट या हरिश्चंद्र घाट जाया करता था। वहां जाकर हमेशा मुझे महसूस होता था कि सब मिथ्या है। जिंदगी और मौत ही वह रहस्य है। जिस पर मनुष्य विजय नहीं पा सका। बनारस की भव्यता हमेशा मेरा मन मोह लेती थी। बनारस की सुबह अगर आप नौका विहार कर रहे हों तो दुनिया का इससे बड़ा सुख कोई नहीं। यही तो बनारस के रंग हैं। जिसे दुनिया देखना चाहती है। बनारस की गलिया इटली को भी मात देती हैं। बस वहां दुनिया के सबसे बड़े फैशन ब्रांड के स्टोर और बड़े फैशन शो में मॉडल आप को नहीं मिल पाएंगे। पर यहां बनारस में पीढ़ियों से चल रही बनारसी दुकानों और व्यापार की परंपरा जरूर देख सकते हैं। इस तरह का अपनापन और विश्वास शायद सारी दुनिया में आप को यहीं देखने को मिले। बनारस के रस-रस में रंग है। ज्ञान है। समर्पण है। संत रविदास, संत कबीर, महाकवि तुलसी, बाबा कीना राम, स्वामी तैलंग और देवरहवा बाबा को ज्ञान की दुनिया में कौन नहीं जानता। बनारस सींचता, सिखाता है। आगे बढ़ाता है। यह आप को देश और दुनिया में अमर कर देता है।

मैंने बनारस की हर गली हर सड़क को विश्वनाथ दरबार जाते हुए देखता हूं। हर बार मुझे सड़क या गलियां बाबा के दरबार में लेकर गईं। पर इस बार मैं जल के रास्ते से बाबा के दरबार में पहुंचा। बाबा के दरबार में जाने के लिए पहले मैं बनारस के नमो घाट पर पहुंचा। वैसे तो बनारस में कुल चौरासी घाट हैं। पर नमो घाट का रंग देखते ही बनता है। नमो घाट के गंगा तट पर मल्टीपरपज प्लेटफार्म

काशी विश्वनाथ - नींव का आधार

काशी विश्वनाथ निर्माण- प्रारंभ की पूजा

काशी विश्वनाथ निर्माण- प्रारंभ की पूजा

काशी विश्वनाथ धाम मॉडल

नरेन्द्र मोदी ने काशी विश्वनाथ में फावड़ा चला कर नींव रखी

नरेन्द्र मोदी -स्वप्न देखने वाले दूरदृष्टा

नरेन्द्र मोदी -मज़बूत आधार

नरेन्द्र मोदी -माँ गंगा और काशी विश्वनाथ को साथ लाने वाले

नरेन्द्र मोदी -माँ का कर्ज उतारने का संकल्प

नरेन्द्र मोदी -अस्सी घाट पर बनारस में सफ़ाई का संकल्प

वाराणसी-सपनों का शहर

स्टेशन की तस्वीर

कैंट स्टेशन-नए सपनों की उड़ान

बनारस स्टेशन -बदलाव का प्रतीक

काशी विश्वनाथ विस्तार के दौरान की तस्वीर

काशी विश्वनाथ में जीवन रक्षक पौधा

काशी विश्वनाथ में शंकराचार्य की मूर्ति

महारानी अहिल्याबाई
-मज़बूत इरादों वाली

काशी विश्वनाथ

काशी विश्वनाथ का सपना देखने वाले महानायक

नरेन्द्र मोदी काशी विश्वनाथ में माँ गंगा के साथ

काशी विश्वनाथ में मोदी का वृक्ष

नरेन्द्र मोदी बाबा धाम की परिक्रमा

काशी विश्वनाथ देश और दुनिया को समर्पित

काशी विश्वनाथ की कृपा से ही संभव हुआ

काशी विश्वनाथ का प्रांगण

काशी विश्वनाथ का स्वप्न पूरा हुआ

काशी विश्वनाथ में नरेन्द्र मोदी और सीएम योगी

काशी विश्वनाथ का माडल

माँ गंगा की गोद में

नायक के साथ सहायक

माँ को प्रणाम

है। जहां पर एक से ज्यादा हेलीकॉप्टर सीधे लैंड कर सकते हैं। पूरे बनारस में यही एक मात्र ऐसा घाट है, जहां पर आप जल, थल और वायु तीनों रास्तों से पहुंच सकते हैं। इस घाट पर आप को नमस्कार करती हुई बड़ी-बड़ी आकृति देखने को मिलेगी। इस घाट पर तीन जोड़ी बड़ी हाथ की आकृतियां बनाई गई हैं। जो सूर्य को अभिवादन गंगा को प्रणाम करते हुए दिखेंगी। इसी कारण इसे नमो घाट कहते हैं। अगर देखें तो यह घाट भगवान सूर्य और मां गंगा को समर्पित है। इस घाट की एक विशेषता है। वह यह कि यह घाट दिव्यांगों के लिए समर्पित है। इस घाट की एक और विशेषता मैं आप को बताना चाहता हूं। वह यह कि यह घाट पर आप को "लोकल फॉर वोकल" भी दिखेगा। यहां पर श्रद्धालु सुबह बनारस देखने के साथ ही गंगा आरती में भी शामिल हो सकते हैं। यहां पर ओपेन थिएटर, लाइब्रेरी, बनारसी खानपान के लिए फूड कोर्ट भी हैं। दो चरणों में बनने वाले इस घाट में पहले चरण का काम पूरा हो गया है। बनारस स्मार्ट सिटी के महाप्रबंधक डॉ. डी वासुदेवन ने बताया कि तकरीबन 21,000 वर्ग मीटर क्षेत्र में बन रहे इस घाट की लागत 34 करोड़ रुपये आई है। यहां पर श्रद्धालु काशी विश्वनाथ धाम सुगम दर्शन के लिए टिकट भी ले सकते हैं। इसी के साथ श्रद्धालु जेटी से बोट और बोट से बाबा धाम भी जा सकते हैं। यहां पर नाव की सुविधा के साथ ही स्टीमर में सीएनजी भरने के लिए स्टेशन भी उपलब्ध है।

यह बड़े कारण थे कि मैं नमो घाट से ही बाबा के दर्शन के लिए जाने की योजना बनाई। यह इसलिए बन पाई कि मैं जब भी बनारस आया हूं। मुझे जाम अवश्य मिला। पर इस बार बनारस आने पर ऐसा कुछ नहीं हुआ। मैं बनारस रेलवे स्टेशन पर उतरने के साथ ही गाड़ी में सामान रख कर लोकल कार से सीधे नमो घाट की तरफ कूच कर गया। यहां पर अगर कोई हवाई जहाज से आए तो उसे शहर के अंदर जाने की आवश्यकता नहीं है। वह बाहर-बाहर ही सीधे नमो घाट पहुंच सकता है। इस बार मैंने भी यही युक्ति अपनाई। क्योंकि, नमो घाट पहुंचने के बाद मैंने एक नाव किराए पर ली। नाव में बैठने के बाद मानों मैं अपने बचपन में चला गया। पहले तो मां गंगा का जल लेकर अपने शरीर पर छिड़कर पवित्र हो जाना चाहता था। उसके

बाद मैंने उस जल का पान किया। मुझे आज भी कोई फर्क नजर नहीं आया। जैसा पहले था वैसा ही लग रहा था। मेरी नाव आगे बढ़ रही थी। बचपन की बातें याद आती जा रही थीं। जैसे ही मैं राजघाट के पुल के नीचे से गुजरा न जाने कितनी यादें मेरी आंखों के सामने से घूम गईं। कैसे मेरी दादी मुझे और मेरे बड़े भाई को गांव बस से लेकर इसी रास्ते से आती थीं। पहले बस मैदागिन तक जाया करती थी। बाद में उसका स्टापेज गोलगड्डा कर दिया गया। मेरी नाव आगे बढ़ रही थी। अगले घाट पर जैसे पहुंचे तो मुझे पहले वहां की मिट्टी का ढेर याद आ गया। यहां पर पहले लोकल लोग पशु बांधते। उसके गोबर से उपले पाथ कर आसपास बेचने का काम करते थे। अब यह जगह बदल गई है। अब वहां पर शानदार निर्माण हो गया है। इसके आगे बढ़ने पर प्रह्लाद घाट है। इससे आगे बढ़ने पर कई घाट आते हैं, जिसे हमने बचपन में कई बार देखा होगा। हम गंगा महल घाट, सिंधिया घाट से बढ़ते हुए बाजीराव घाट होते हुए मणिकर्णिका घाट पहुंच चुके थे। बचपन मैंने इस घाट को लेकर दो कहानियां सुनी थीं। वह मैं आप को भी बताना चाहता हूं। एक मान्यता के अनुसार माता पार्वती जी का कर्ण फ़ूल यहां एक कुंड में गिर गया था, जिसे ढूंढने का काम भगवान शंकर जी की तरफ से किया गया था। इसलिए इस घाट का नाम मणिकर्णिका घाट पड़ा। दूसरी मान्यता के अनुसार भगवान शंकर जी ने माता सती के पार्थिव शरीर का अग्नि संस्कार यहीं किया था। इसलिए इसे महाश्मशान भी कहते हैं। इस घाट का निर्माण अहिल्या बाई होल्कर ने करवाया था। मेरी दादी और दादा का दाह संस्कार भी यहीं किया गया था। वो पुरानी ढेरों बातें मेरे जेहन में घूम रही थीं। तभी नाविक शिवा ने कहा कि सर यह रहे मोदी जी के बाबा विश्वनाथ। मैं जैसे नींद से जग गया। मैं कभी सपने में भी नदी के रास्ते से जाकर बाबा विश्वनाथ धाम के दर्शन के बारे में विचार नहीं कर सकता था। इस नाव से यात्रा में तकरीबन 20 से 25 मिनट का समय लगा था। यही अगर हम स्टीमर से आते तो दस मिनट में ही पहुंच जाते। नाव से मैं जेटी के पास उतर गया। इसके पहले मैंने कभी इस घाट को इतना साफ नहीं देखा था। शरीर के जलने की दुर्गंध तो थी ही, पर यहां फैली गंदगी इसे असहज बना देती थी। मेरा बचपन दशाश्वमेध घाट के आसपास बीता है। वहां

बगल में राजेंद्र प्रसाद घाट, मान मंदिर घाट इससे थोड़ा ही आगे ही मणिकर्णिका घाट था। जिसे मैंने न जाने कितनी बार उसे देखा होगा। पर इस बार मणिकर्णिका घाट की छटा ही बदल गई थी। एक बहुत बड़ा प्लेटफार्म वहां मेरा इंतजार कर रहा था। उत्तर प्रदेश के मुख्यमंत्री योगी आदित्यनाथ ने "नवोत्थान" भविष्य की काशी के अपने लेख में लिखा है, इतिहास का निर्माण करने वाले ही इतिहास पुरुष होते हैं, जो सदियों में जन्म लेते हैं। काशी इन दिनों इतिहास के ऐसे ही सृजन की साक्षी है। वह कार्य जो एक हजार साल में भी नहीं हो पाया। उसे प्रधानमंत्री नरेंद्र मोदी ने कर दिखाया। उन्होंने चार सौ साल से मुक्ति प्रतीक्षा में टकटकी लगाए हुए हिंदू स्वाभिमान की पुर्नस्थापना की। सीढ़ियों को चढ़कर मैं आगे बढ़ रहा था। एक बहुत बड़ा द्वार मेरा इंतजार कर रहा था। मैंने अपनी गर्दन ऊपर उठाई और उसे टकटकी लगाकर देखता रहा। लाल बलुआ पत्थर के बने इस द्वार पर शानदार नक्काशी ने मुझे स्थिर कर दिया। थोड़ी देर ठहरने के बाद जब मैं अंदर दाखिल हुआ, तो यहीं से मुझे मंदिर का गुम्बद दिखाई दे रहा था। मैंने अपनी बाईं तरफ देखा तो वहां पर गंगा दर्शनम लिखा हुआ था। वहीं, पास में ही लॉकर रूम बनाया गया है। जहां पर आने वाले श्रद्धालु अपना कीमती सामान जमा कर सकें। यह लॉकर सुविधा मुफ्त है। मैं आगे बढ़ रहा था, इस परिसर में तीन बड़ी मूर्तियां स्थापित की गई हैं। गंगा घाट की तरफ से जब आप विश्वनाथ धाम की तरफ बढ़ते हैं तो पहली मूर्ति भारत माता की है। काले पत्थर की बनी इस मूर्ति का जिस तरह से श्रृंगार किया गया है, वह देखने लायक है। आगे बढ़ने पर महारानी अहिल्या बाई की काले पत्थर की बनी मूर्ति विराजमान है, जिनके हाथ में भगवान शंकर की मूर्ति है। इस मूर्ति को जिस भी कारीगर ने बनाया है उसने छोटी-छोटी बातों का विशेष ध्यान रखा है। अहिल्या बाई की साड़ी के किनारे पर जिस तरह से बूटे बनाए गए हैं, वह अद्वितीय हैं। इससे आगे बढ़ने पर शंकराचार्य जी की विशाल प्रतिमा लगी है। अद्वैत वेदांत के प्रणेता आद्य शंकराचार्य ने दुनिया को ज्ञान दिया। इस विशाल मूर्ति के चेहरे का तेज देखते ही बनता है। इससे पहले मैं आप को बता दूं कि यात्रियों को खाने-पीने के लिए बड़ा फूड कोर्ट बनाया

गया है, जहां पर आने वाले दर्शनार्थियों के लिए अलग-अलग व्यंजन मिलते हैं। मैं आगे बढ़ रहा था विश्वनाथ धाम के पुराने मंदिर की याद मेरे जेहन में घूमने लगी। कैसे मैं तंग गलियों को पार करता हुआ बाबा विश्वनाथ के दरबार में पहुंचता था। तभी मेरे जेहन में एक पुरानी घटना कौंध गई। मुझे याद है जब हम विश्वनाथ गली की तरफ से मंदिर में प्रवेश करने के लिए जाते तो गेट के विपरीत से आते तो सामने ही पुलिस चौकी हुआ करती थी। अंदर प्रवेश करने के पहले दरवाजे के पीछे लगे मोटे सीकड़ जो लोहे का बना है उसे मस्तक से लगाते हुए फिर ड्योढ़ी को प्रणाम कर प्रवेश करते थे। जब मैं छोटा था तो दरवाजे से प्रवेश के बाद फर्श पर लगे दो चार चांदी के सिक्के दिखाई पड़ते थे। जो काले पड़ चुके थे, धीरे-धीरे वो सिक्के भी गायब हो गए। "बनारस तेरे रंग हजार" में लेखक कमल नयन लिखते हैं 5 जनवरी बुधवार को काशी के नागरिकों के रोष और आक्रोश का कोई ठिकाना न रहा। जब उन्हें पता चला कि गत रात चोर विश्वनाथ मंदिर के शिवलिंग के अरधे से सोना एवं चांदी के पूजा पात्र आदि हटा ले गए हैं। पुलिस में दर्ज रिपोर्ट के मुताबिक मंदिर के पुजारी सरदारू मंगलवार 4 जनवरी रात साढ़े ग्यारह बजे शयन आरती के बाद अपने साथ दूसरे पूंछरी राम सूरत के साथ मंदिर का दरवाजा बंद कर सो गए। भोर में साढ़े तीन बजे जब वह लोग उठे तो स्वर्ण मंडित शिवलिंग के अरधे से सोना तथा चांदी और पूजा पात्र आदि की सामग्री आदि गायब थी। रिपोर्ट में यह स्पष्ट नहीं किया गया है कि गायब होने वाले सामानों की कीमत क्या है। लोगों को अनुमान लगा की 15-20 लाख रुपये के सामान चोरी चले गए। पुलिस की प्रथम सूचना रिपोर्ट के मुताबिक परदे से सोने के पत्तर, चांदी का छत्र, मुकुट, खड़ाउ, बर्तन, दानपेटी तथा सत्यनारायण मंदिर से चांदी का मुकुट चोरी चला गया है। चांदी के छत्र में रत्न जड़े हुए थे। इन सबका परिणाम यह हुआ कि विश्वनाथ मंदिर के मंगला आरती का श्रृंगार खंडित हो गया। मंदिर की आरती का समय 3 से 4 बजे भोर का होता है, जो उस घटना के दिन सुबह 8 बजे मुश्किल से हो सका। कुछ समय पहले मंदिर के शिखर पर स्थित कलश से सोने के पत्तर चोरी चले गए थे। कमल नयन ने लिखा है कि पहली चोरी की

घटना 1962 में घटी थी। जब पांच लाख का सोना चोरी चला गया था। दूसरी घटना 1967 में हुई जब चांदी के दो मुकुट चोरी चले गए। फिर सन 1979 में सोने के पत्तर और चांदी का मुकुट चोरी चला गया था। सन 1989 में मंदिर के शिखर पर स्थित सोने के पत्तर कलश से चोरी कर लिए गए थे। इस घटना के बाद बनारस की जनता सड़कों पर उतर गई। पुलिस और प्रशासन पर भारी दबाव था। राज्य सरकार ने मंदिर की घटना को लेकर जांच गुप्तचर विभाग को सौंप दी। इस मामले में पुलिस ने मंदिर के महंत को गिरफ्तार किया। चोरी की पांचवीं घटना जब घटी थी उस समय मैं कक्षा आठ में पढ़ता था। विश्वनाथ धाम का शानदार कंपाउंड और मेरा अतीत। मैं इसी उधेड़बुन में आगे बढ़ रहा था। जहां एक बड़ा दरवाजा मेरा इंतजार कर रहा था। उसे पार करते ही एक बहुत बड़ा कंपाउंड मेरे सामने था। 29,000 वर्ग फीट का विस्तारीकरण उसके साथ भोगशाला, यात्री सुविधा केंद्र, आध्यात्मिक पुस्तकालय, मुमुक्षु भवन, वैदिक केंद्र मल्टीपरपज हॉल, सिटी म्यूजियम और वाराणसी गैलरी बनाया गया है। उस बड़े कंपाउंड में लगाए गए पौधे अब अपने पैरों पर खड़े हो गए हैं। इसमें कुल पांच पौधे लगाए गए हैं। इस बड़े कैम्पस में हजारों लोगों के एक साथ बैठने की व्यवस्था की गई है। इसके चारों तरफ कमरे ही कमरे बनाए गए हैं। नीचे की तरफ दुकाने हैं। जहां आप अलग-अलग किस्म का सामान खरीद सकते हैं। इससे आगे बढ़ने पर मंदिर का भव्य कॉरिडोर दिखने लगता है। मंदिर कॉरिडोर में प्रदर्शित शिला पट्टियां अपनी शिल्प कला की अद्भुत खूबसूरती को प्रदर्शित कर रही हैं। प्रधानमंत्री नरेंद्र मोदी का लगाया हुआ पौधा रूद्राक्ष झूम रहा था। मेरे आंखों के सामने बाबा विराजमान थे। मुझे जो दर्शन मिला वह मुझे सपनों में लेकर चला गया। पहले भी न जाने कितनी बार बाबा के दरबार में मैंने हाजिरी लगाई होगी। ऐसा भी नहीं होगा कि बाबा के आशीर्वाद में कोई कमी तब रही होगी। पर मंदिर की भव्यता किसी का मन मोह ले। मैंने बाबा का दर्शन किया। दर्शन करने के बाद बाहर निकल कर हर उस व्यक्ति का धन्यवाद किया। जिसने बाबा विश्वनाथ धाम को भव्यता, दिव्यता प्रदान की। उन हजारों मजदूरों के लिए मेरा मन श्रद्धा से भर गया।

जब उन्होंने कोरोना काल में अपना घर परिवार छोड़ कर दिन रात लग कर इस मंदिर के कैम्पस का निर्माण किया था। वहां से बाहर निकलकर मैंने माता अन्नपूर्णा के दर्शन किए। मां से आशीर्वाद मांगा। तभी पंडित जी आ गए उन्होंने माथे पर दिव्य तिलक लगाया और हाथ में रक्षा सूत्र बांधा। एक बात और भगवान के पूजा की थाली भी मुझे मंदिर में ही मिल गई थी। यानि किसी तरह का कोई विघ्न नहीं था। मेरा दर्शन पूरा हो चुका था। मन तो बाहर निकलने का कर ही नहीं रहा था। पर जाना तो सभी को है, तो नए लोग आएंगे। नए सपनों का भारत बनाएंगे। तभी तो प्रधानमंत्री नरेंद्र मोदी ने कहा यह परिसर साक्षी है हमारे सामर्थ्य का। हमारे कर्तव्य का। अगर सोच लिया जाए, ठान लिया जाए तो कुछ भी असंभव नहीं है। हर भारतवासी की भुजाओं में वह बल है, जो अकल्पनीय को साकार कर दे। हम तप जानते हैं, तपस्या जानते हैं, देश के लिए दिन-रात खपना जानते हैं।

किसी भी शहर की कहानी वहां के लोगों की कहानी या जीवनी होती है। अब भारत देश एक अरब पैंतीस करोड़ लोगों के जीवन गाथाओं का संगम है। मोदी के बनारस की जनसंख्या भी पचास लाख के करीब पहुंच गई है। बनारस जिसकी संरचनात्मक विभिन्नताओं की तुलना सिर्फ इसकी विषय परक बहुलता से की जा सकती है। इस शहर में आते ही आप भावावेश, विडंबनाओं की लहरों में बह जाएंगे। इसलिए इसमें कोई आश्चर्य नहीं है कि भू -राजननैतिक और वैश्विकता के प्रशस्ति गान में बनारस पूर्व का विस्मयादिबोधक चिन्ह है। इसका लोकतंत्र एकमात्र सुखद अनुभूति है। नरेंद्र मोदी के बनारस आने के बाद यहां पर हर दिन अपार जनसमूह दिखाई देता है, जो कोई भी चमत्कार कर सकता है। इस मुकाम पर बनारस इसलिए है, क्योंकि हमारे देश के राजनीतिक पृष्ठभूमि में ऐसे बहुत दिलचस्प लोग हैं। इतिहास में संत का दर्जा हासिल करने वाले और स्मृतियों में अतिरंजित यह लोग बीते दिनों के नायक भर नहीं हैं, यह ऐसे लोग है जिन्होंने आने वाली पीढ़ी के लिए मंच तैयार कर दिया है। इस मिट्टी में अग्रदूत, योद्धा, क्रांतिकारी, स्वप्नद्रष्टा, साहसी, अन्वेषक और रचनाकार सभी शामिल हैं। इन लोगों ने काशी यानी बनारस

को विस्तार दिया। उन्होंने अपने विचारों और अपनी आस्था के बल से हर चुनौती को स्वीकार किया। बनारस एक ऐसा शहर जो बदलती धारणाओं का प्रतिनिधित्व करता है। महानता कभी स्थाई नहीं होती है। यही सच है कि देश और दुनिया में आम लोग ही किसी भी सभ्यता या किसी भी इंसान को महान बनाते हैं। काशी यानी बनारस ने मोदी को इसी श्रेणी में लाकर खड़ा कर दिया है।

16

मोदी के बनारस में रेल

बनारस से नरेंद्र मोदी के सांसद निर्वाचित हो जाना बनारस के लिए एक ऐतिहासिक क्षण है। नरेंद्र मोदी के सांसद निर्वाचित हो जाने के बाद बनारस में हर दिन कोई ऐसा मेहमान आता था। जो बनारस यानी काशी के लिए कोई न कोई सौगात जरूर ले आता। मोदी का देश और बनारस के लोगों पर इतना प्रभाव है कि वह उनकी एक झलक के लिए जाड़ा, गर्मी हो या बरसात इसकी परवाह किए बिना अपने नायक की एक झलक पाने के लिए घटों सड़कों पर खड़े रह सकते हैं। ऐसा नजारा मैंने न जाने कितनी बार देखा होगा। बनारस का जब इतिहास लिखा जाएगा तो उसे दो भागों में लिखा जाएगा। एक भाग वह जो नरेंद्र मोदी के आने के पहले का होगा। दूसरा वह जो नरेंद्र मोदी के आने के बाद का इतिहास होगा। यह बदलते हुए बनारस का इतिहास है। जो बड़े सपने देखता है। अब आप बनारस में जल, थल और नभ यानी आकाश तीनों माध्यम से पहुंच सकते हैं।

25 सितंबर 2014 को बनारस में रेलवे डीजल लोकोमोटिव वर्क का आरंभ करते हुए मोदी ने कहा “एक तो मैं बनारस का हो गया हूं, दूसरा बचपन से ही एक याद हमेशा जेहन में रही है वह है रेल। इसलिए रेल से जुड़ा हर व्यक्ति मेरे परिवार का सदस्य है। इस अर्थ में मैं परिवार के लोगों के बीच आया हूं। मोदी ने प्रसन्नता व्यक्त करते हुए कहा कि मुझे खुशी है कि 4500 हार्स पावर का इंजन राष्ट्र को समर्पित हो रहा है। मोदी ने कहा आप लोगों ने बार-बार मेरे मुंह से

रेलवे के बारे में सुना होगा। क्योंकि बचपन से आदत है, मेरे लिए रेल बहुत बड़ी प्राथमिकता है। मोदी ने कहा मैं जन्म से रेल से जुड़ा हुआ हूं। आप लोगों से मुझे रेलवे से ज्यादा प्यार है। क्योंकि मेरा जीवन ही उसके कारण बना है। मोदी ने आगे कहा है कि मुझसे ज्यादा रेलवे को कोई प्यार नहीं कर सकता है।

मोदी कहते हैं कि हमारे देश में रेल बहुत पुरानी है। मोदी आगे कहते हैं कि रेलवे को अगर हम पुरानी रहने देंगे, तो वह देश पर बोझ बन जाएगा। जिस रेल ने हिंदुस्तान को गति दी। वह रेल अगर वैसे ही पुरानी हालत में होगी, तो कैसे चलेगा। इसलिए रेल का पूरी तरह से नवीनीकरण होना चाहिए। मोदी कहते हैं कि रेल, सड़क, इंफ्रास्ट्रक्चर उसके अंदर इतनी ताक़त होती है कि वह न केवल विकास की नींव रखते हैं। बल्कि उसे गति देते हैं। आगे मोदी अपनी बात को बढ़ाते हुए कहते हैं कि आज हमारे देश में मध्यम वर्ग की संख्या बढ़ रही है। वह पहले से थोड़ी बेहतर सुविधा चाहता है।

18 सितंबर 2018 को मोदी ने बनारस में कहा है कि सोशल मीडिया पर जब लोगों को खुशी से कैंट स्टेशन की तस्वीरें पोस्ट करते हुए देखता हूं तो मेरी प्रसन्नता दोगुनी हो जाती है। कैंट स्टेशन हो मडुआडीह हो या फिर सिटी स्टेशन सभी पर विकास कार्यों को गति दी गई है। रेल से काशी आने वालों को अब स्टेशन पर ही नई तस्वीर नजर आती है।

दार्शनिक स्टीव मारबोली कहते हैं कि "आपको जो ठीक लगे वहीं करें। लोगों को आपके लिए सही या गलत का निर्णय न करने दें"। शायद मोदी की सोच भी कुछ ऐसी है। वह अपनी सोच को आगे बढ़ाते हैं। हां, यह अवश्य है कि वह सबकी राय जरूर लेते हैं।

24 नवंबर 2015 को सिंगापुर में भारतीय समुदाय की तरफ से आयोजित स्वागत समारोह में मोदी कहते हैं। आज हमारे देश के रेलवे का इतना बड़ा नेटवर्क है, दुनिया के कई देशों की जितनी जनसंख्या है, उससे ज्यादा लोग हमारे यहां एक समय में रेल के डिब्बे में होते हैं। लेकिन समय रहते रेल आधुनिक होना चाहिए। स्पीड बढ़नी चाहिए। सेवाएं सुधरनी चाहिए। मोदी कहते हैं कि मेरे

लिए रेलवे ट्रांस्फार्मेशन का इंजन है। हिंदुस्तान के ट्रांस्फार्मेशन का इंजन।

बनारस में बदलता रेलवे

मेरे जीवन के कई साल बनारस में बीते हैं। बनारस के हर कोने से मेरा वास्ता कुछ ऐसे ही है जैसे शरीर का प्राण से होता है। बनारस के हर कोनों में मेरी ढेरों यादें बसीं हैं। ऐसे में भला कैंट और सिटी स्टेशन मडुआडीह को मैं कैसे भूल सकता हूं। मुझे आज भी याद है, मेरी मां की तबीयत बहुत खराब रहा करती थी। मेरे दादा जी उन्हें Tuberculosis के इलाज के लिए बक्सर स्थित सरकारी अस्पताल ले जाया करते थे। जब मैं पहली बार अपने दादा जी को छोड़ने आया था। तब मैंने जीवन में पहली बार रेलवे स्टेशन और ट्रेन को सामने से देखा। उसकी याद इसलिए मन में है। क्योंकि वैसी बेतरतीब भीड़ मैंने पहले किसी जगह कभी नहीं देखी थी। स्टेशन के प्लेटफार्म पर जानवरों का मजमा लगा था। आम लोगों की ऐसी भीड़ की वह किसी का भी दम निकाल दें। प्लेटफार्म पर मक्खियां भिनभिना रही थीं। नरेंद्र मोदी के 2014 तक देश का पीएम बनने से पहले तक ढेरों नेता इस स्टेशन पर आए और गए होंगे। न जाने कितने ऐतिहासिक पलों का गवाह रहा होगा यह स्टेशन। पर सबने थोड़ा बहुत कुछ करके इसे छोड़ दिया। मैं ऐसा भी नहीं कहता कि किसी ने कुछ नहीं किया होगा। पर हां, हर दिन बनारस स्टेशन को लेकर ख्वाब नहीं बुने होंगे। हर दिन इसे सजाने और संवारने का सपना नहीं देखा होगा। आजादी के पहले की एक ऐसी ही यात्रा का वर्णन महात्मा गांधी ने गोपाल कृष्ण गोखले को लिखते हुए किया था। 4 मार्च 1920 को महात्मा गांधी अपने पत्र में लिखते हैं कि "गरीब मुसाफिरों के लिए बनारस शायद सबसे बुरा स्टेशन है। रिश्वत का दौर-दौरा है। जब तक आप पुलिस सिपाहियों को घूस देने के लिए तैयार न हों, तब तक अपना टिकट पाना बहुत कठिन है। वह दूसरों के साथ-साथ मेरे पास भी कई बार आए और बोले अगर हमें ईनाम यानी घूस दें तो वह टिकट खरीद देंगे। कई लोगों

ने इस प्रस्ताव का फायदा उठाया। हममें से जिन्होंने यह मंजूर नहीं किया, उन्हें खिड़की खुलने के बाद भी करीब एक घंटे तक राह देखनी पड़ी। तब कहीं टिकट मिले।

रेल से काशी आने वालों को अब स्टेशन पर ही नई काशी की तस्वीर नजर आती है। मोदी ने अपने भाषण में आगे कहा कि वाराणसी को इलाहाबाद और छपरा से जोड़ने वाले ट्रैक की डबलिंग का काम प्रगति पर है। वाराणसी से लेकर बलिया तक विद्युतीकरण का काम भी पूरा हो चुका है। वाराणसी-इलाहाबाद सिटी खंड के दोहरीकरण और विद्युतीकरण का कार्य जारी है। इंफ्रास्ट्रक्चर के साथ-साथ वाराणसी की देश के बाकी हिस्सों से रेल कनेक्टिविटी में भी कई गुना बढ़ोत्तरी हुई है। वाराणसी से अनेक गाड़ियों की शुरुआत पिछले चार साल में की गई है। वाराणसी से नई दिल्ली, पटना बड़ोदरा, पटना जाने के लिए अलग-अलग महामना एक्सप्रेस, वाराणसी-पटना जनशताब्दी एक्सप्रेस जैसी आधुनिक सुविधाओं वाली ट्रेनों ने भी सभी का ध्यान खींचा है। हुबली हो, मैसूर हो, गुवाहाटी हो। देश के अन्य शहरों के साथ वाराणसी का रेल संपर्क और मजबूत हुआ है। आज काशी में आना-जाना आसान हो रहा है।

बनारस कैंट

बनारस में बदलते रेलवे के स्वरूप को देखकर मन प्रसन्न था। ब्रिटिश दर्शन शास्त्री जेम्स एलन कहते हैं “एक व्यक्ति जो सोचता है, अक्षरशः वही होता है। उसके विचारों का जोड़ उसका चरित्र है।” बनारस में मोदी ने यही किया। जो सोचा उसे जमीन पर उतार दिया। बनारस में रेलवे का इतिहास जानने और दुनिया को बताने के लिए मैंने रेलवे के कई अफसरों को संपर्क किया। उसमें डीआरएम वाराणसी, स्टेशन डायरेक्टर रेलवे वाराणसी, पीआरओ रेलवे वाराणसी, दिल्ली में भी रेलवे के बड़े अफसरों से मुलाकात की, पर मुझे निराशा हाथ लगी। खैर मैं हिम्मत हारने वाले लोगों में नहीं था। तो मैंने रेलवे मंत्री के आफिस में संपर्क

किया। तो वहां से बनारस के रेलवे स्टेशन पर या बनारस में किए गए काम की डिटेल मिलने लगी। इसके साथ ही खुद मैंने बनारस के सभी स्टेशन पर जाकर उसे अपनी नजर से देखने की कोशिश की है। बनारस कैंट रेलवे स्टेशन पहुंच कर लगा कि मैं किसी ऐसी जगह पर आ गया हूं। जहां अब बैठा जा सकता है। शायद पहले मुझे यहां खुद से बैठना अच्छा नहीं लगता था। स्टेशन के हर कोने को देख कर यह जानने की कोशिश की कि आखिर यह स्टेशन कब बना था। इसका उद्घाटन किसने किया था। जो मुझे पहला पत्थर दिखा वह अब धुंधला हो चुका है। उस पर लिखा था वाराणसी रेलवे स्टेशन के नए भवन का शिलान्यास प्रधानमंत्री श्रीमती इंदिरा गांधी ने 16 जनवरी 1974 को किया था। वहीं, उसके दूसरी तरफ एक बोर्ड लगा था, जिस पर स्टेशन भवन के निर्माण करने वाले अधिकारियों के नाम दिए गए थे। इस शिलापट्ट पर हिंदी में वर्ष १९७७ लिखा था। इससे पता चलता है कि इस नए स्टेशन भवन को बनने में तकरीबन तीन साल का समय लगा होगा। छानबीन और पड़ताल के बाद जो जानकारी मिली है। उसे मैं आप से साझा कर रहा हूं। आगे बढ़ने पर हमें लोहे कि एक प्लेट पर स्टेशन के आगे और पीछे की आकृति बनी मिलती है। जिसके नीचे CPWD लिखा हुआ है।। आगे बढ़ने पर बड़ा सा बोर्ड दिखता है, जिस पर रेलगाड़ी के आने जाने का समय अंकित था। अभी तक यहां पर 9 प्लेटफार्म हुआ करते थे। पर अब यहां दो और नए प्लेटफ़ॉर्म बनाए जा रहे हैं, तो इनकी संख्या अब ग्यारह (11) हो गई है। नरेंद्र मोदी सरकार के बनने के बाद ही कैंट स्टेशन के रिमॉडलिंग का काम आरंभ हो गया था। हर दिन रेलवे का बड़ा अफसर या खुद मंत्री बनारस में डेरा डाले नजर आने लगे। अखबार में छपी एक रिपोर्ट में रेलवे बोर्ड के सदस्य इंजीनियरिंग वीके गुप्ता ने बनारस दौरे के दौरान बताया था कि यार्ड रिमॉडलिंग काम में 5000 किमी सिग्नल लाइन बिछाया जाएगा। इसके अलावा बनारस स्टेशन पर शहर की भारी भीड़ के कारण कैंट के पीछे का भी बड़ा गेट बन चुका है। यह तकरीबन सात एकड़ में फैला हुआ है। इसे द्वितीय प्रवेश द्वार कहा गया है। यह व्यवस्था

वरुणा पार के लोगों के लिए सुविधा देने के लिए यह बहुत कारगर साबित हो रही है। रेल मंत्रालय से मिली जानकारी के मुताबिक प्लेटफार्म नम्बर 1, 6, 7, 8 और 9 को विस्तार दिया गया है। यह काम नरेंद्र मोदी के बनारस से सांसद बनने के बाद हुआ है। इसी के साथ प्लेटफार्म नंबर 8-9, 6-7, 4-5, 2nd entry side पर escalators लगाए गए हैं। इसी के साथ ही प्लेटफार्म नंबर 8-9, 4-5 पर 2nd side में लिफ्ट लगाने का काम किया गया है। इसी के साथ ही बनारस स्टेशन पर सोलर पावर प्लांट भी लगाया गया है। यात्रियों की सुरक्षा के लिए 102 सीसीटीवी कैमरा लगाए गए हैं।

बनारस कैंट रेलवे स्टेशन जंक्शन से झूंसी तक रेलवे लाइन 21 अप्रैल 1913 को पूरी कर ली गई थी। ब्रिटिश शासनकाल में बनारस और वर्तमान प्रयागराज बहुत महत्वपूर्ण था। प्रयागराज से बनारस तक आने के लिए गंगा पर पुल का निर्माण कराना ही एकमात्र विकल्प था। इसके लिए तत्कालीन बंगाल एंड नार्थ वेस्टर्न कंपनी ने 1882 में एक कंपनी का गठन किया। जिसने पुल का निर्माण संपन्न कराया था। (17 फरवरी 2021) दैनिक जागरण की एक रिपोर्ट में पूर्वोत्तर रेलवे के अधिकारी अशोक कुमार के मुताबिक प्रयागराज के दारागंज-झूंसी के बीच गंगा नदी पर रेलवे पुल निर्माण के बाद बंगाल एवं नार्थ वेस्टर्न रेलवे 1943 में अवध एवं तिरहुत रेलवे में मर्ज हो गई थी। जिसके बाद बनारस कैंट से माधो सिंह के बीच तकरीबन 47 किमी लंबे रेल खंड का निर्माण शुरू किया गया। इस रेलखंड का निर्माण 1 मार्च 1909 को पूरा हुआ था।

बनारस में कुल पांच रेलवे स्टेशन हैं। इसके बारे में विस्तार से आगे बताया जाएगा। पर आपको बताता चलूं कि बनारस शहर के लिए पहली लाइन 1862 में हावड़ा से खोली गई थी। 1872 में लखनऊ के लिए एक लाइन खोली गई थी। भारतीय रेल नेटवर्क पर 1,56,417 पुल हैं। जिनमें से सौ साल से अधिक पुराने पुलों की संख्या 33,228 है। मालवीय ब्रिज भी इसी श्रेणी में आता है। मालवीय ब्रिज के बन जाने के बाद बनारस का व्यापार बहुत बढ़ गया। यहां का इतिहास भी बड़ा दिलचस्प है। यहां पर जाकर

नजदीक से देखने पर पता चलता है कि इस पुल को अब मरम्मत की जरूरत है। जब मैं गाड़ी से पुल पार कर रहा था तो कंपन की वजह से वह हिल रहा था। पर इससे मुझे कोई फर्क नहीं पड़ा। क्योंकि इससे पहले भी मैं कई यात्राओं को इस पुल से कर चुका था। जब मैं इसके इतिहास को जानने की कोशिश में लगा था तो मुझे एक शिलापट्ट मिला। जिसमें इस पुल के बारे में विस्तार से बताया गया था। इसमें लिखा गया है कि जब 1887 में शहर को मुगलसराय से जोड़ने के लिए मालवीय ब्रिज खोला गया था। वास्तविक तौर पर इस ब्रिज का नाम डफरिन ब्रिज है। भारतीय उप महाद्वीप पर यह अपने तरह का पहला पुल बताया गया है, जिसे oudh and rohilkhand railway COMPANY ने बनाया था। इस पुल को एक अक्तूबर 1887 को खोला गया था। इस पुल के बन जाने के बाद से पश्चिम बंगाल, असोम, बिहार सबके साथ बनारस जुड़ गया। इस पुल को सिंगल लाइन रेलवे ब्रिज के तौर पर बनाया गया था और इसके उपर ही ट्रैफिक के लिए भी सड़क का निर्माण किया गया था। इस शिला पट्टिका में यह भी लिखा गया है कि मालवीय ब्रिज पूरी तरह से बनकर तैयार पांच दिसंबर 1947 में हुआ था। तब से ही इसका नाम मालवीय ब्रिज रख दिया गया था। इस तरह से इस पुल को बन कर तैयार होने में 60 साल का समय लगा था।

(यहां पर ब्रिज के नीचे लगी पट्टिका की फ़ोटो लगेगी।)

मैं कैंट स्टेशन पर घूम रहा था और मेरे कानों में प्रधानंमत्री की कही बातें गूंज रही थीं। 15 अगस्त 2014 के स्वतंत्रता दिवस की 68 वीं वर्षगांठ पर मोदी ने लाल किले से कहा था। "यह देश राजनेताओं ने नहीं बनाया है, यह देश शासकों ने नहीं बनाया है, यह देश सरकारों ने नहीं बनाया है। यह देश हमारे किसानों ने बनाया है। हमारी माताओं बहनों ने बनाया है। हमारे देश के ऋषियों ने, मुनियों ने, आचार्यों ने शिक्षकों ने वैज्ञानिकों ने, समाज सेवकों ने बनाया है। पीढ़ी दर पीढ़ी कोटी-कोटी जनों की तपस्या से भारत आज यहां तक पहुंचा है। सबका साथ सबका विकास नरेंद्र मोदी (2014-2015) मोदी कहते हैं एक लक्ष्य, एक मन, एक दिशा, एक गति, एक मति इस मुकाम पर हम देश को चलाने का

संकल्प करें। अब रेलवे में यही दिखता है। सभी जगह काम नजर आने लगा है। प्रधानमंत्री ने इस भाषण के दौरान एक कहानी सुनाई। मोदी कहते हैं कि सिद्धार्थ के जीवन में एक घटना घटी थी। एक पंछी को एक भाई ने तीर मार दिया और दूसरे भाई ने तीर निकाल दिया और पक्षी को बचा लिया। मां के पास दोनों भाई पहुंचे। उन्होंने मां से पूछा कि मां अब यह पक्षी किसका ? मां ने कहा बचाने वाले का। मारने वाले से बचाने वाला बड़ा होता है। यही आगे जाकर बुद्ध बन जाते हैं। मोदी आगे कहते हैं कि इस देश की एक नियति है। विश्व कल्याण की नियति। यह विवेकानंद ने कहा था। 4 जुलाई 2014 को माता वैष्णो देवी कटरा उधमपुर रेल लाइन के शुभारंभ के अवसर पर नरेंद्र मोदी ने कहा था कि रेलवे सिर्फ यात्रा करने की सुविधा है ऐसा नहीं है। यह एक प्रकार से विकास की जननी बन जाती है। मोदी अपने इसी भाषण में कहते हैं कि रेलवे स्टेशन एयरपोर्ट से भी बढ़िया होने चाहिए। रेलवे स्टेशनों को अति आधुनिक बनाना, एयरपोर्ट से भी ज्यादा सुविधाजनक बनाने का हमारा सपना है और यह बन सकता है यह कोई कठिन काम नहीं है। आगे मोदी कहते हैं कि यह कोई कठिन काम नहीं है और यह इकोनामिकल वाइबल प्रोजेक्ट बन सकता है। मैंने पिछले दिनों रेलवे के मित्रों के साथ बड़े विस्तार से समय निकाल कर चर्चा की है। और मैंने इसके विषय में बहुत डिटेल में प्रारूप दिया है। अब देखते ही देखते आपको बदलाव नजर आएगा। यह बातें प्रधानमंत्री ने 2014 में कही थी। आज 2023 चल रहा है और बदलाव नजर आ रहा है। इसकी शुरुआत 2014 में मोदी सरकार बनने के साथ ही रेलवे के कायाकल्प की तैयारी प्रारंभ हो गई थी। आर्थिक संपादकों के सम्मेलन में पूर्व रेलमंत्री सुरेश प्रभु ने बताया कि 2014-15 में 45 हजार करोड़ रुपये, 2015-16 में 93 हजार करोड़ रुपये और 2016-17 में 21 हजार करोड़ रुपये का निवेश किया गया है। बाद में रेल मंत्री बनाए गए अश्वनी वैष्णव बताते हैं कि प्रधानमंत्री नरेंद्र मोदी सतही बातों से संतुष्ट नहीं होते हैं। उन्हें बेहद बारीक जानकारियों के साथ विस्तृत बातचीत करना पसंद है। बनारस में रेलवे कैसे आगे बढ़े। इसको लेकर लगभग हर

दिन प्रधानमंत्री और उनके कार्यालय के लोग नजर रखते हैं। आदर्श स्टेशन योजना के तहत विकास के लिए अब तक 1253 रेलवे स्टेशनों का पूरे देश भर में चयन किया जा चुका है। इसके तहत प्लेटफार्म का सुधार, महिलाओं के लिए शौचालय, प्रतीक्षालय, दिव्यागंजनों को स्टेशन पर बैठने की व्यवस्था, वरिष्ठ नागरिकों के लिए प्रवेश द्वार पर रैंप, पिछले तीन वर्षों में स्टेशनों को आधुनिक बनाने के लिए भारत सरकार ने 2018-19 में 1585.88 करोड़ रुपये, 2019-2020 में 1903.11 करोड़ रुपये, 2020-2021 में 2582.90 रुपये, 2021-2022 में 1061.83 करोड़ रुपये व्यय किए जा चुके हैं। यह जानकारी रेलमंत्री अश्विन वैष्णव ने संसद को दी है। इसी के साथ ही देश भर के 6076 स्टेशनों पर वाईफाई की सुविधा मुहैया करवा दी गई है। वित्तीय वर्ष 2021 के दौरान कुल 6,015 किमी रेल लाइन का विद्युतीकरण किया गया है। 2014 से 2019 के बीच रेल मंत्री ने संसद को बताया कि केवल उत्तर प्रदेश के लिए ही 100 जोड़ी ट्रेनों की शुरुआत अलग-अलग शहरों के लिए की गई। बनारस कैंट स्टेशन की अगर हम बात करें तो यहां पर लगभग हर दिन एक लाख यात्रियों का आगमन होता है। 22 ट्रेनें यही से बन कर देश के अलग-अलग हिस्सों में जाती हैं। रिकॉर्ड के मुताबिक हर दिन यहां से 81 ट्रेनें पास होती है। उसमें से कुछ प्रमुख ट्रेन काशी महाकाल एक्सप्रेस, वंदे भारत एक्सप्रेस, शिवगंगा एक्सप्रेस, केवड़िया एक्सप्रेस, महामना एक्सप्रेस प्रमुख हैं। इन ट्रेनों का संचालन नरेंद्र मोदी के बनारस से सांसद बनने के बाद हुआ है। इसके पहले जिस ट्रेन के बारे में में जानता हूं, जिसका प्रारंभ उसके इतिहास की जानकारी 3 जनवरी 2020 को दैनिक जागरण में छपी एक रिपोर्ट से पता चला। इस रिपोर्ट के मुताबिक वाराणसी से दिल्ली के लिए जब कैंट स्टेशन से कोई ट्रेन नहीं थी। तब वर्ष 1977 में तत्कालीन रेल मंत्री कमलापति त्रिपाठी के प्रयासों से दिल्ली के लिए पहली ट्रेन काशी विश्वनाथ एक्सप्रेस चलाई गई थी। इसे काशी का दुर्भाग्य कहेंगे कि आजादी के 30 वर्षों के बाद बनारस को पहली ट्रेन मिली, जो पूरी तरह से बनारस के लोगों के लिए ही थी। विश्वनाथ एक्सप्रेस के संचालन के पहले

दिन 120 यात्रियों ने ट्रेन से यात्रा की थी और इससे रेलवे को कुल 24,000 रुपये मिले थे।

नेपोलियन बोनापार्ट कहते हैं कि "अनजानी राहों पर केवल वीर पुरुष ही आगे बढ़ा करते हैं। कायर तो केवल परिचित राहों पर तलवार चलाया करते हैं। अवसर के बिना काबिलियत किसी काम की नहीं।" मोदी को जब भारत की जनता ने अवसर दिया तब मोदी की काबिलियत को सारे देश और दुनिया ने देखा।

राजनीति में कब कौन और कहां झूठ बोलता है उसे सोचने और समझने में वर्षों लग जाते हैं और उस झूठ का परिणाम भी आम लोगों को वर्षों बाद ही समझ में आता है। झूठ बड़ी तेजी से फैलता है और सच के बनिस्बत आसानी से बिक जाता है। अमेरिकी लेखक मार्क ट्वेन कहते हैं "झूठ आधी दुनिया का सफर तय करके आता है, तब तक सच अपने जूते ही पहन रहा होता है।"

नरेंद्र मोदी रेल को लेकर बहुत इमोशनल हैं। मोदी कहते हैं जब से प्रधानमंत्री बना हूं। बार-बार मेरे मुंह से रेलवे के बारे में सुना होगा। घूम फिर कर कही भाषण करता हूं तो रेलवे तो आ ही जाता है। एक तो बचपन से आदत है और दूसरा मेरा स्पष्ट मानना है कि भारत में रेलवे देश को आगे ले जाने की बड़ी ताकत रखती है, लेकिन हमने उसकी उपेक्षा की है। मेरे लिए रेलवे बहुत बड़ी प्राथमिकता है। आप कल्पना कर सकते हो, इतना बड़ा इंफ्रास्ट्रक्चर! इतनी बड़ी संख्या में मैन पावर! इतना पुराना एक्सपीरिएंस! विश्व में सर्वाधिक लोगों को ले जाने वाला यह इतना बड़ा आर्गनाइजेशन हमारे पास है। इसको अगर आधुनिक बनाया जाए। इसका अगर टेक्नोलॉजी अपग्रेडेशन किया जाए तो क्या हिंदुस्तान की शक्ति और सूरत बदलने में रेलवे काम नहीं आ सकती। मैं यह सपना देखकर के काम कर रहा हूं। इसलिए रेलवे तो आगे बढ़ना ही है। लेकिन रेलवे के माध्यम से आज देश को आगे बढ़ना है। मोदी आगे कहते हैं कि हमें दुनिया भर से धन लाना है। रेलवे में लगाना है और रेल के माध्यम से देश को आगे ले जाना है। (नरेंद्र मोदी ने 25 दिसंबर 2014 को डीजल लोकोमोटिव वर्क के विस्तारीकरण का शुभारंभ करते हुए यह बातें कही थीं)। मोदी

अपने इसी भाषण में कहते हैं रेलवे स्टेशनों पर 12-12 घंटे काम करने वालों को भी रेलवे स्टेशनों पर बैठने की जगह नहीं होती हैं। प्रधानमंत्री नरेंद्र मोदी ने अपने संसदीय क्षेत्र में अपने सांसद निधि से रेलवे प्लेटफार्म और पार्क में लगने के लिए 386 नग बेंच दिए हैं।(डिटेल संसदीय स्थानीय विकास योजना में दी गईं जानकारी के मुताबिक)। प्रधानमंत्री ने दूसरे सांसदों से भी यह करने का आह्वान किया। प्रधानमंत्री के संसदीय क्षेत्र में स्थित बनारस रेलवे स्टेशन कैंट को स्वच्छता को लेकर पूरे देश में जब 14 वां स्थान मिला तो यह बनारस की जनता और यहां के लोगों के लिए गर्व की बात थी। इसके पहले इस स्टेशन की रैंकिंग 63 वीं थी। (साभार- सहारा समाचार पत्र) उस समय मुख्य क्षेत्रीय प्रबंधक रहे रवि चतुर्वेदी ने कहा था कि यह सभी के प्रयासों से ही संभव हो सका है।

बनारस रेलवे स्टेशन

इस समय पूरे देश और दुनिया में एक रेलवे स्टेशन चर्चा विषय बना हुआ है, जिसे बनारस रेलवे स्टेशन के तौर पर जाना जाता है। एक बौद्ध कहावत के अनुसार "जब हमें सही पथ मिल जाए, तो उस पर निरंतर चलना आरंभ कर देना चाहिए।" प्रधानमंत्री नरेंद्र मोदी ने भी यही किया। (Biyond The secret) रास्ता मिल जाने के बाद उस पर चलना प्रारंभ कर दिया होगा। देश का शायद ही ऐसा कोई होगा, जो मोदी के संसदीय क्षेत्र के बनारस स्टेशन पर उनके आधी रात के बाद की विजिट करने का वीडियो नहीं देखा होगा या उस खबर को नहीं पढ़ा होगा। प्रधानमंत्री नरेंद्र मोदी ने अपने जन्मदिन पर काशी में बाबा विश्वनाथ का दर्शन करने के बाद मडुआडीह स्टेशन जो अब बनारस स्टेशन कहलाता है वहां पर रुक गए। प्रधानमंत्री नरेंद्र मोदी के साथ यूपी के सीएम योगी आदित्यनाथ भी थे। यहां पर प्रधानमंत्री लगभग पंद्रह मिनट रहे। वहां पर उन्होंने यात्रियों से बात की और फिर अपने गंतव्य की तरफ बढ़ चले। इसके पहले मैनें किसी भी प्रधानमंत्री को इस तरह से एक-

एक प्लेटफार्म का निरीक्षण करते या सफाई को लेकर जनता से सवाल पूछते हुए नहीं देखा। मैने अपने जीवन काल में कई प्रधानमंत्री देखे हैं। जब से होश सम्हाला तो राजीव गांधी, वीपी सिंह, चंद्रशेखर, इंद्र कुमार गुजराल, पीवी नरसिंहा राव, मनमोहन सिंह शामिल हैं। हो सकता है इन लोगों में बहुतों का कार्यकाल बहुत छोटा रहा हो, पर ऐसी ललक भी कभी नहीं देखी। वैसे तो पहले मैं कभी मडुआडीह स्टेशन पर ट्रेन पकड़ने की नियत से नहीं गया हूंगा। पर हां यात्रा के लिए ट्रेन के टिकट की बुकिंग कराने जरूर गया था। क्योंकि यहां पर बहुत कम लोग ही ट्रेन का टिकट खरीदने आते थे। वैसे भी टिकट बुकिंग विंडो रेलवे प्लेटफार्म के अंदर न होकर स्टेशन के सामने हुआ करता था। उबड़-खाबड़ सड़क पर बारह महीनों पानी लगा रहता था और टिकट बिक्री वाले कंपाउंड में सुअर घुमा करते थे। यह मेरा पुराना अनुभव था। पर हाल का अनुभव अलग है। अब कई बार इस स्टेशन पर आने का सौभाग्य प्राप्त हुआ है। शिवगंगा जो बनारस से दिल्ली और दिल्ली से बनारस के लिए जाने वाली प्रमुख ट्रेन है। वह अब बनारस स्टेशन से ही चलती है। पहले यह कैंट स्टेशन से चला करती थी। पुस्तक लिखने के क्रम में मैं खुद बनारस स्टेशन देखने का फैसला किया। स्टेशन के बाहर से जब हम प्रवेश करते हैं, तब हमें स्टेशन के बाहर ही प्रवेश द्वार पर ही बनारसी संस्कृति और एकता का परिचायक बनारस हिंदी और उर्दू में लिखा दिखाई देता है। अंदर प्रवेश करने पर एक बोर्ड दिखाई देता है। जिस पर लिखा है कि मडुआडीह स्टेशन परिसर तथा यात्री सुविधाओं का नवीनीकरण और सुंदरीकरण का लोकार्पण 3-3-2011 को किया गया है। इस समय मनमोहन सिंह सरकार थी। पर उस समय इस स्टेशन पर इक्का दुक्का पैसेंजर गाड़ियां ही जाया करती थीं। ज्यादातर मालगाड़ी यहां खड़ी रहा करती थी। अब यह स्टेशन एयरपोर्ट की तरह दिखता है। जैसे ही आप स्टेशन कैंपस में प्रवेश करेंगे, तो आप को शंकर जी की एक बहुत बड़ी मूर्ति दीवाल पर नजर आएगी। वहीं पर आप को नंदी के साथ बनारस की शान राजन-साजन मिश्र की तस्वीर भी दिख जाएगी। वहीं पर आप को यात्रियों को बैठने वाले ढेरों बेंच

मिल जाएंगे। जब आपकी सामने नजर जाएगी तो एक बड़ा बोर्ड नजर आएगा। जिस पर passenger amenities लिखा हुआ है। जिसमें स्टेशन मैनेजर से लेकर फूड प्लाजा, एसी लाउंज, फुट ओवरब्रिज, पार्सल आफिस, वेटिंग हाल और कैंटरिंग इसंपेक्टर आफिस का भी पता दिया गया है, जहां पर खाने की अगर आप की कोई शिकायत हो तो आप कर सकें। जब आप गेट से प्लेटफार्म पर पहुंचते हैं, तो खुद को यकीन नहीं होगा कि क्या प्लेटफार्म इतना साफ हो सकता है। पर बनारस स्टेशन कुछ ऐसा ही था। जब मैं आगे बढ़ा तो प्लेटफार्म के बगल से आगे बढ़ने पर एक शिलापट्ट नजर आता है। जिस पर लिखा था मडुआडीह रेलवे स्टेशनों पर चार एस्केलेटरों का लोकार्पण सोमवार 19 दिसंबर 2016 को किया गया। और आगे हमें वह एस्केलेटर नजर आने लगता है। जो आप को आसानी से एक से दूसरे प्लेटफार्म पर ले जाता है। इसी प्लेटफार्म पर आगे बढ़ने पर स्वच्छ काशी, स्वावलंबी काशी का एक बोर्ड दिखता है। पर यह बोर्ड न हो कर एक मशीन थी। जिसमें आप अनयूज प्लास्टिक की बोतल डाल कर रिसाइकल कर सकते हैं। यह विशेष व्यवस्था मुझे मोदी के बनारस स्टेशन पर दिखी। चमचमाते प्लेटफार्म देखकर मैने वहां के सफाई सुपरवाइजर से मिलने का फैसला किया। जब मैने उनसे पूछा कि आखिर कैसे इस स्टेशन को आप इतना साफ कैसे रख पाते हैं ? इस पर उनका मुस्कुराता चेहरा देखते ही बन ही रहा था। उन्होंने चहकते हुए कहा कि यह हमारी लगन और मेहनत का परिणाम है। हम लोग तीन शिफ्टों में काम करते हैं। फिलहाल यहां पर 40 सफाई कर्मचारी हैं, जो दिन-रात एक करके सफाई में लगे रहते हैं। अब बनारस स्टेशन पर आठ प्लेटफार्म बन गए हैं। पहले तीन हुआ करते थे। अब बनारस स्टेशन से 24 गाड़ियां चलती हैं।

सिटी स्टेशन

बनारस सिटी स्टेशन भी अब चमक रहा है। यहां पर कुल पांच प्लेटफार्म हैं। जहां से हर रोज हजारों यात्री अपनी मंज़िल पर जाते

हैं। आगे बढ़ने पर एक शिलापट्ट नजर आता है, जो अब धुंधला पड़ चुका है। पर बहुत ध्यान से देखने पर दिखता है कि यहां पर कंप्यूटरीकृत आरक्षण केंद्र का उद्घाटन 19 मई 1997 को किया गया था। यह स्टेशन पूर्वोत्तर रेलवे के अंतर्गत आता है। जानकारी के मुताबिक यहां से अब 46 ट्रेनें गुजरती हैं। लगभग 15,000 यात्री प्रतिदिन यहां से यात्रा करते हैं। प्रधानमंत्री नरेंद्र मोदी के आने के बाद अब यहां की लाइन डबल हो चुकी है। यहां से अब 12 ट्रेनें बन कर भी चलती हैं। यहां पर भी सफाई का विशेष इंतजाम किया गया है। यहां पर तीन शिफ्ट में कुल 59 सफाई कर्मचारी काम करते हैं, जिसमें दस महिला सफाईकर्मी भी शामिल हैं।

भारतीय रेल के विकास के लिए हाल में ही अमृत स्टेशन भारत योजना शुरू की गई है। इस योजना के तहत स्टेशनों पर परिकलन क्षेत्र, प्रतीक्षालयों, शौचालयों, आवश्यकता अनुसार लिफ्ट-स्वचालित सीढ़ियों, स्वच्छता, निशुल्क वाईफाई, एक स्टेशन एक उत्पाद जैसी योजनाओं के माध्यम से स्थानीय उत्पादों के लिए कियोस्क, बेहतर यात्री सूचना प्रणाली, एग्जीक्यूटिव लाउंज, व्यापारिक बैठकों के लिए आरक्षित स्थान, प्रत्येक स्टेशन पर आवश्यकता को देखते हुए लैंडस्केपिंग आदि के लिए मास्टर प्लान तैयार करना और इन्हें विभिन्न चरणों में कार्यान्वित करना शामिल है। इस मॉडल में स्टेशन इमारत में सुधार, शहर के दोनों छोर पर स्टेशन को एकीकृत करने, मल्टी मॉडल एकीकरण, दिव्यांग जनों के लिए सुविधाएं, स्थायी और पर्यावरण अनुकूल समाधान, गिट्टी रहित पटरियों का प्रावधान, आवश्यकता अनुसार रूफ प्लाजा, लंबी अवधि में स्टेशन पर सिटी सेंटर की चरणबद्ध योजना और निर्माण की परिकल्पना शामिल है। बनारस में भी स्टेशनों का विकास इसी योजना के तहत किया गया है।

सारनाथ स्टेशन

दुनिया भर में सारनाथ को बौद्ध तीर्थ स्थल के तौर पर जाना जाता है। हर वर्ष दुनिया भर से श्रद्धालु यहां पर अपने देवता के सम्मान

में आते हैं। सारनाथ रेलवे स्टेशन भी बनारस के लिए बेहद अहम है। सारनाथ रेलवे स्टेशन विजिट करने पर यहां पर स्टेशन के बाहर ही हमें एक बड़ा शिलापट्ट नजर आता है। इस शिलापट्ट पर लिखा है कि सारनाथ रेलवे स्टेशन पर कंप्यूटरीकृत यात्री आरक्षण प्रणाली का शुभारंभ रेल मंत्री नीतीश कुमार ने दिसंबर 2003 में किया था। यह शिलापट्ट धुंधला हो गया है। पर सारनाथ स्टेशन चमक रहा है जैसे आज कल ही में रंग रोगन किया गया है। स्टेशन अधीक्षक के मुताबिक यहां पर हर दिन 400-से 500 यात्री आते हैं। इस स्टेशन पर कुल तीन प्लेटफार्म हैं। स्टेशन अधीक्षक ने बताया कि यहां से दिन भर में 13 ट्रेनें गुजरती हैं।

(यहां पर सारनाथ स्टेशन की फ़ोटो होगी)

शिवपुर स्टेशन

बनारस में शिवपुर स्टेशन भी बेहद महत्वपूर्ण है। यहां पर माल ढुलाई से लेकर बनारस के दूरदराज से आने वाले वाले यात्रियों की भीड़ ज़्यादा होती है। रेलवे मंत्रालय की तरफ से उपलब्ध कराई गई सूचना के मुताबिक प्लेटफार्म नंबर 1 और 2, 3 का विस्तार किया गया है। इसी के साथ इन प्लेटफार्म पर शेल्टर भी बनाया गया है। सुविधा जनक बिजनेस के लिए शिवपुर स्टेशन पर एक बिल्डिंग भी बनाई गई है। पांच जोड़ी गाड़ियां यहां से रोज आती-जाती हैं। यहां पर एक मेल एक्सप्रेस के ठहराव का भी इंतजाम किया गया है।

बनारस मैसूर एक्सप्रेस

नरेंद्र मोदी के बनारस से सांसद बनने के बाद सबसे पहली ट्रेन जो बनारस से चलाई गई वह थी बनारस मैसूर एक्सप्रेस (22687/22688)। जो कि बनारस से 27 दिसंबर 2014 को आरंभ की गई थी। भगवान विश्वनाथ के दर्शन के लिए दक्षिण भारत से हर दिन सैकड़ों लोग काशी आते हैं। ऐसे में यह ट्रेन उन लोगों के लिए

नरेंद्र मोदी की विशेष भेंट थी। बनारस से भी व्यापार के लिए सैकड़ों लोग हर रोज मैसूर और कर्नाटक जाते हैं। इसलिए बनारस के लोगों के लिए भी यह रेलगाड़ी एक उपहार ही कहा जाएगा।

नरेंद्र मोदी ने 2015 में बनारस से एक और नई ट्रेन का शुभारंभ किया। जिसका नाम है बुद्ध पूर्णिमा एक्सप्रेस (22417/22418)। यह विशेष रेलगाड़ी भी बनारस के लोगों के लिए उपहार कही जाएगी।

महामना एक्सप्रेस

काशी से भव्य समारोह के बीच महामना एक्सप्रेस को प्रधानमंत्री नरेंद्र मोदी ने डीरेका मैदान से हरी झंडी दिखाकर रवाना किया था। कैंट रेलवे स्टेशन के प्लेटफार्म चार पर लगे सीसीटीवी कैमरे के एलसीडी पर जैसे ही पीएम हरी झंडी दिखाते दिखे, पलक झपकते ही ट्रेन ने सीटी दे दी और यात्रियों ने हर-हर महादेव के उद्घोषणा के बीच ट्रेन दिल्ली रवाना हो गई। यह ट्रेन सप्ताह में तीन दिन चलेगी। पहली यात्रा में इस ट्रेन में कुल 269 यात्री सवार थे। आरक्षित बोगियों में 150 यात्री थे, जिसमें एसी प्रथम में 12, एसी द्वितीय में 35 और शयनयान में 103 यात्रियों ने आरक्षण करवाया था। सामान्य कोच में 119 यात्री थे।

इसी के साथ बनारस के लिए प्रधानमंत्री नरेंद्र भाई ने बीएसबी-हुबली एक्सप्रेस, वाराणसी एकता नगर एक्सप्रेस, काशी महाकाल एक्सप्रेस को भी आरंभ किया। जो बनारस की शान बढ़ाने के साथ बनारस के लोगों को लाने ले जाने का काम भी कर रही है।

वंदे भारत एक्सप्रेस

प्रधानमंत्री के संसदीय क्षेत्र बनारस के लिए सुपरफास्ट ट्रेन वंदे भारत को प्रधानमंत्री नरेंद्र मोदी ने दिल्ली से हरी झंडी दिखाकर रवाना किया। अब यह ट्रेन दिल्ली से बनारस और बनारस से दिल्ली सप्ताह में छह दिन चलती है। इस ट्रेन में ढेरों खूबियां हैं। यह तेजी से गति पकड़ती है। इसी के साथ इस ट्रेन में ऑन बोर्ड

मनोरंजन सुविधा उपलब्ध है। इसी के साथ यह ट्रेन जीपीएस सिस्टम से लैस है। इसमें यात्री सूचना प्रणाली, स्वचालित स्लाइडिंग दरवाजे, जीरो डिस्चार्ज वैक्यूम टॉयलेट दिया गया है। यह ट्रेन पूरी तरह से स्वदेशी है। इसलिए इसका नाम वंदे भारत दिया गया है। जब इस ट्रेन का उद्घाटन प्रधानमंत्री नरेंद्र मोदी ने किया तो खुद रेलमंत्री पीयूष गोयल ने इस ट्रेन से यात्रा की। इस ट्रेन की रफ्तार 160 किमी प्रतिघंटा है। यह देश की पहली सेमी हाई स्पीड ट्रेन है। ट्रेन -18 के नाम से इस ट्रेन सेट को इंट्रीग्रिल कोच फैक्ट्री (ICF) में 18 महीने में तैयार किया गया है। इस पर तकरीबन 100 करोड़ रुपये की लागत आई है। जब रेलमंत्री पीयूष गोयल वंदे भारत से कैंट रेलवे स्टेशन पहुंचे तो चारो तरफ बाबा विश्वनाथ और मोदी के जयकारे सुनाई पड़ रहे थे। यहां पर रेल मंत्री पीयूष गोयल ने अपने उद्बोधन में कहा था कि वंदे भारत ने नए इतिहास का पन्ना भारतीय रेल में लिखा है। बनारस के विकास, पर्यटन को बढ़ावा देने के साथ ही धार्मिक दृष्टि से बड़ी संख्या में लोग भारत आना चाहते हैं। पीयूष गोयल ने कहा कि यह ट्रेन मेक इन इंडिया के तहत बनाई गई है। उद्घाटन के समय बनारस में पीयूष गोयल ने इसके सौ सेट बनाने की घोषणा की थी। 24 मार्च 2023 को राज्यसभा में नीरज शेखर के सवाल पर अश्विनी वैष्णव ने पूरे देश में वंदे भारत ट्रेनों के परिचालन को लेकर जवाब देते हुए कहा कि देश में कुल दस जोड़ी वंदे भारत ट्रेनें संचालित हो रही हैं। भारतीय रेल ने देश के विभिन्न भागों को जोड़ने के लिए 75 वंदे भारत चेयर कार गाड़ियों के विनिर्माण की योजना तैयार की है। इसके अतिरिक्त 2022-2023 के बजट में, चार सौ नई पीढ़ी की वंदे भारत के गाड़ियों के विकास तथा विनिर्माण के संबंध में घोषणा की गई है। वर्ष 2023-2024 के बजट में वंदेभारत रैकों के विनिर्माण के लिए 4254.15 करोड़ रुपये आवंटित किए गए हैं। वंदे भारत गाड़ियों में 6646 कोचों और 864 रेलवे स्टेशनों में लगे सीसीटीवी कैमरों से यात्रियों की सुरक्षा की निगरानी रखी जाती है। पूरे देश में जब रेल से 5864.39 मिलियन यात्री यात्रा कर रहे हैं (संसद में राकेश सिन्हा

के सवाल के जवाब का उत्तर) में किसी के लिए भी सुरक्षा बहुत मायने रखती है।

बुलेट ट्रेन

भारत में अगर बुलेट ट्रेन की बात होगी तो वह बिना जापान के नाम लिए बिना कैसे हो सकती है और देश में कहीं भी बुलेट ट्रेन का प्रारंभ होगा तो बनारस भला उससे अछूता कैसे रह सकता है। लेकिन उस बुलेट ट्रेन और बनारस के बीच का वह संबंध, जो इसे मंजिल पर ले जाने का काम करेगी उसकी शुरूआत कहां से हुई वह तो जान लें।

प्रधानमंत्री नरेंद्र मोदी का बनारस से सांसद बनने को एक इत्तेफाक नहीं कहा जा सकता। जिसके जेहन में हर दिन काशी हो, जो हर दिन बनारस के लिए कुछ करने के लिए सोचता हो, वह महज एक दिन की तो बात नहीं हो सकती। 2 सितंबर 2014 को टोक्यो जापान में भारतीय समुदाय की तरफ से अभिनंदन समारोह में लोगों को संबोधित करते हुए मोदी ने कहा था कि मैं पैदा तो गुजरात में हुआ, गुजरात ने मुझे पाला-पोसा, बड़ा किया। लेकिन इन दिनों मैं काशी कि सेवा में हूं। वाराणसी का मैं एमपी भी हूं। मेरा एक दायित्व भी बनता है।

वाराणसी, वेद काल से भी पुरानी नगरी मानी जाती है। शायद दुनिया की सबसे पुरानी नगरी के रूप में उसका वर्णन आता है। मोदी कहते हैं, क्योटो भी बहुत पुरानी नगरी है। यहां भी हजारों मंदिर हैं। यहां पर स्पिरिचुअल यानि आत्मा से जुड़ा जो है, उसको सम्हालते हुए उसे मार्डनाइज किया गया है। मोदी कहते हैं कि मेरे मन में रहता था कि वाराणसी में नहीं हो सकता है ऐसा ? इसलिए, इस यात्रा में मैंने कुछ समय क्योटो के लिए निकाला। मेरे लिए खुशी की बात है कि प्रधानमंत्री सारे प्रोटोकॉल छोड़कर क्योटो आए। मुझे सब जगह दिखाने के लिए ले गए। काफी समय मेरे साथ बिताया। मोदी आगे कहते हैं कि मेरा सपना था, मैं वाराणसी का सांसद होने के नाते वहां के लिए भी कुछ करूं।

जापान ने भारत से मित्रता दिल से निभाने का काम किया। प्रधानमंत्री नरेंद्र मोदी अपने जापानी मित्र शिंजो आबे को बनारस भी लेकर गए। अभी हाल में ही अश्विनी वैष्णव ने बनारस की यात्रा की थी। उस दौरान उन्होंने कहा कि अहमदाबाद और मुंबई रूट पर बुलेट ट्रेन का काम प्रगति पर है। इसी तर्ज पर वाराणसी से नई दिल्ली के बीच भी बुलेट ट्रेन दौड़ाई जाएगी। लखनऊ के एक कार्यक्रम में अश्विनी वैष्णव ने कहा कि यूपीए सरकार में लगातार यूपी की अनदेखी की गई थी। वैष्णव ने बताया कि 2009 से 2014 के बीच यूपीए सरकार ने यूपी को रेलवे के लिए केवल 1100 करोड़ रुपये दिए थे। पर मोदी सरकार बनने के बाद पहले साल में ही रेल बजट की राशि दो गुनी बढ़ा दी गई। फिर यह तीन गुनी, चार गुनी और 2023-2024 में यह राशि उत्तर प्रदेश के लिए 16 गुनी बढ़ा दी गई। इस वर्ष यह राशि 17,560 करोड़ रुपये हो गई है। बनारस के लोगों को भी इंतजार है बुलेट ट्रेन का। पर लगता है कि उसमें अभी समय लग सकता है। राज्यसभा में भाजपा सांसद संजय सेठ के सवाल संख्या 1267 के जवाब में रेलमंत्री अश्विनी वैष्णव ने बताया कि राष्ट्रीय रेल योजना के तहत चार नए बुलेट ट्रेन बनाने की योजना बना रही है। जो नौ शहरों को उच्च गति रेल (HSR) नेटवर्क से जोड़ेंगे।

रेल मंत्रालय के जवाब के अनुसार उच्च गति रेल गलियारों के लिए सर्वेक्षण करने और विस्तृत रिपोर्ट (DPR) तैयार करने का निर्णय लिया गया है। इसमें बनारस से हावड़ा और दिल्ली से बनारस की रिपोर्ट भी शामिल है।

रेलवे यात्रा का ही बस माध्यम नहीं है। बल्कि यह लोगों को जोड़ने का भी सशक्त माध्यम है। हम देखते हैं कि हर जाति और हर धर्म के लोगों को इसमें जगह मिलती है। हर कोई अपनी सामर्थ्य के अनुसार अपनी मनपसंद यात्रा कर सकता है। रेलवे एक उम्मीद है कल की। जहां पर देश के और बनारस के लोगों के हजारों सपने साकार होंगे।

17
बनारस और क्योटो

अमेरिकी फिलास्फर हेनरी डेविड थोरियू कहते हैं "जिस जीवन को जीने की कल्पना की हो उसे पाने के लिए पूरे आत्मविश्वास से अपने सपनों की और बढ़ें।" प्रधानमंत्री नरेंद्र मोदी ने भारत के लोगों में आत्मविश्वास भरने का काम किया है। बनारस से सांसद चुने जाने के बाद नरेंद्र मोदी जब से प्रधानमंत्री बने। तब से बनारस को लेकर पक्ष और विपक्ष, हर रोज बनारस की चर्चा कर ही लेता है। बनारस के साथ ही क्योटो की चर्चा करना नहीं भूलता। यह चर्चा कभी पॉजिटिव होती है तो कभी निगेटिव। पूरी दुनिया में न जाने कितने ऐसे शहर हैं, जो सैकड़ों साल पुराने हैं। पर बनारस को जापान के शहर क्योटो जैसा बनाने और उसके लिए प्रधानमंत्री मोदी के विकास को लेकर हर पल हर दिन सोच और विचार करने का उत्तर देना। किसी पहेली को सुलझाने से कम नहीं है।

प्रधानमंत्री नरेंद्र मोदी बचपन से ही जापान और वहां के लोगों को पसंद करते थे। नरेंद्र मोदी का बचपन गरीबी और संघर्ष में बीता। हर दम हर पल कुछ अलग सोच और नया करने की चाहत, तत्परता ने मोदी को हमेशा दूसरों से आगे रखा। अरविंद चतुर्वेदी की पुस्तक 'द रियल मोदी' में लिखा है जब मोदी के पास कुछ नहीं था। जब वह कभी जापान जाने के बारे में सोच भी नहीं सकते थे। उस समय भी उनके जापान में मित्र थे। यह 1974 की बात है। यह किस्सा नरेंद्र मोदी के संघर्ष के दिनों के साथी भागीरथ भाई देसाई ने बताया था कि 1974 में नरेंद्र भाई ने उन्हें एक पार्सल छुड़ाने के लिए डाकखाने

भेजा। उस दिन नरेंद्र मोदी किसी खास काम में व्यस्त थे। मैं डाकघर गया और वह पार्सल छुड़ा कर ले आया। भागीरथ भाई ने मुझे बताया कि बाद में मुझे पता चला कि यह पार्सल जापान से आया था। भागीरथ भाई उत्साहित होकर वह पार्सल लेकर नरेंद्र मोदी के पास पहुंचे। इस पार्सल को भागीरथी भाई के सामने ही खोला गया। जब पार्सल खोला गया तो उसमें बहुत सारा जापानी सामान था। जैसे शेविंग मशीन, बाल को सुखाने वाला ड्रायर, नेल कटर, जापानी पेन आदि शामिल था। भागीरथ भाई ने बताया कि उन सामानों में से नरेंद्र मोदी ने नेल कटर और जापानी पेन मुझे दे दिया। तब मैंने नरेंद्र भाई से इस किस्से का राज पूछा कि यह क्या है ? तो नरेंद्र भाई ने मुझे बताया कि मैं अलग-अलग प्रकार की पुस्तकों का अध्ययन करता हूं। जिनमें दुनिया भर के लोग लेख लिखते हैं। उस किताब में उन लोगों के पते भी दिए जाते थे, जिस पर आप उन लिखे पते पर अपनी प्रतिक्रिया भेज सकते थे। इस तरह से मेरे इस जापानी मित्र से मेरी दोस्ती हुई है, जिसने यह सारा सामान भेजा है। नरेंद्र ने संघ की राह पर चल कर राजनीति में अपनी जगह बनाते हुए गुजरात का मुख्यमंत्री बनना और उसी रास्ते पर आगे बढ़ते हुए देश का बड़ा प्रधान बनना किसी सपने से कम नहीं है। पर इन सबके पीछे उनका समर्पण, दिन-रात की कड़ी मेहनत ही मायने रखती है। मुख्यमंत्री बनने के बाद पहली बार मोदी 2007 में गुजरात के अधिकारियों और कारोबारियों के साथ जापान गए थे। इसी यात्रा के दौरान पहली बार नरेंद्र मोदी और जापान के प्रधानमंत्री शिंजो आबे से मुलाकात हुई थी। नरेंद्र मोदी ने जापान का दूसरा दौरा मुख्यमंत्री रहते हुए 2012 में किया था। जब वह गुजरात से कारोबारियों का दूसरा प्रतिनिधि मंडल लेकर जापान गए थे। उस दौरे में जापान सरकार ने उनका वैसा स्वागत किया जैसे वह किसी देश के प्रधानमंत्री हों। मोदी इस यात्रा में भी शिंजो आबे से मिले। इस दौरान शिंजो की पार्टी (LDP) तब सत्ता से बाहर थी। देश में जापान-भारत आर्थिक समझौता लागू हो गया था। यह एक तरह से मुक्त व्यापार समझौते जैसा था। जापान में नरेंद्र मोदी तेजी से लोकप्रिय हो रहे थे। उस लोकप्रियता में और वृद्धि उस समय हो गई जब उन्हें भारतीय जनता

पार्टी की तरफ से सितंबर 2013 में प्रधानमंत्री पद का उम्मीदवार घोषित कर दिया गया था। मोदी से आबे के करीबी संबंध का उस समय अंदाजा लगता है। जब आबे की पार्टी एलडीपी ने दिसंबर 2012 में जापान में भारी जीत दर्ज की। शिंजो आबे दूसरी बार जापान के प्रधानमंत्री बने। उन्हें बधाई देने वाले विदेशी नेताओं में सबसे पहले मोदी थे, जो उस समय गुजरात के मुख्यमंत्री ही थे। जबकि बधाई देने वाले अन्य लोगों में दूसरे देशों के राष्ट्राध्यक्ष थे। 2 सितंबर 2014 में प्रधानमंत्री बनने के बाद नरेंद्र मोदी की पहली जापान यात्रा बेहद शानदार रही। जापान की धरती पर कदम रखते ही भारत और मेजबान के बीच में जो पहला करार हुआ। वह क्योटो की तर्ज पर काशी को विकसित करने का था। यानी बनारस को आने वाले वर्षों में स्मार्ट सिटी बनाया जाएगा। इस संबंध में क्योटो के मेयर और भारतीय राजदूत के बीच एक समझौते पर हस्ताक्षर किया गया है। 5 दिनों के इस दौरे में बहुत कुछ मिलने वाला था बनारस को। वाराणसी और क्योटो के बीच सांस्कृतिक आदान-प्रदान सरल बनाने के लिए भारत और जापान के बीच एमओयू पर दस्तखत हुआ। यात्रा में भारतीय समुदाय की तरफ से आयोजित अभिनंदन समारोह में बोलते हुए मोदी कहते हैं कि अपने पास जो भी है, उसके लिए हमें गर्व है। जो स्वाभिमान से जीता है वही आगे बढ़ता है। हम दुनिया में कहीं भी रहें, दुनिया की सारी अच्छी चीजों पर गर्व करें, लेकिन अपने स्वाभिमान के प्रति कभी समझौता न करें। यह अपने आप में बहुत बड़ी ताकत है। मोदी आगे कहते हैं कि छोटी-छोटी चीजों में जो ताकत होती है वह दुनिया बदल देती है। इसी समारोह में मोदी कहते हैं कि मैं पैदा तो गुजरात में हुआ हूं, गुजरात ने मुझे पाला-पोसा बड़ा किया। लेकिन इन दिनों मैं काशी कि सेवा में हूं। वाराणसी का मैं एमपी हूं। मेरा एक दायित्व भी बनता है। वाराणसी वेदकाल से भी पुरानी नगरी है। शायद दुनिया की पुरानी नगरी में उसका वर्णन आता है। क्योटो भी काफी पुरानी नगरी है। यहां भी हजारों मंदिर हैं। यहां पर भी स्पिरिचुअल यानी आत्मा से जुड़ाव जो है, उसको सम्हालते हुए उसको मार्डनाइज किया गया है। मोदी कहते हैं मेरा मन रहता था कि वाराणसी में नहीं हो सकता है ऐसा ?

इसलिए, इस यात्रा मैं मैंने कुछ समय क्योटो के लिए निकाला है। मेरे लिए खुशी की बात है कि प्रधानमंत्री सारे प्रोटोकॉल को छोड़ कर क्योटो आए। मुझे सब जगह दिखाने ले गए। काफी समय मेरे साथ बिताया। हल्की-फुल्की बहुत सी बातें गप-गोष्ठी हुई। हल्का-फुल्का माहौल रहा। लेकिन मेरा सपना था, मैं वाराणसी का जन प्रतिनिधि हूं, तो वहां के लिए भी कुछ करूं। मोदी कहते हैं कि क्योटो से हमारा जुड़ाव हुआ है और विशेषकर उन परंपराओं को बनाए रखते हुए, हेरिटेज को पूरी तरह से सम्हाले हुए हैं। क्योटो एक ऐसी सिटी है, जिसके 17 स्ट्रक्चर ऐसे हैं जो वर्ल्ड हेरिटेज में हैं। दुनिया में कही नहीं हो सकता। ऐसी वह नगरी है। उससे हम बहुत कुछ सीख सकते हैं। क्योटो और वाराणसी दोनों 'हेरिटेज सिटी' हैं। तो उस दिशा में मैंने थोड़ा समय दिया है। मोदी कहते हैं कि मैं मानता हूं कि आने वाले दिनों में जापान के मार्गदर्शन में हम उस काम को कर पाएंगे।

जापान के क्योटो और बनारस में क्या समानता है। पहले उसे समझ लेते हैं। मैं कभी जापान तो नहीं गया पर किताबों की आंखों से जापान के क्योटो शहर को देखा है। क्योटो भी बनारस की तरह हजारों मंदिरों से आच्छादित शहर है। यहां भी रेशमी कपड़े, खिलौने, चीनी मिट्टी के बर्तन, कसीदाकारी प्रमुखता से की जाती है। यह भी बनारस की तरह बौद्ध धर्म का बहुत बड़ा केंद्र है। यहां पर भी एक विश्व विद्यालय और कला केंद्र है। यहां पर भी काशी विश्वनाथ मंदिर की तरह किंकाकू जी बड़ा मंदिर है। इसे स्वर्ण मंदिर भी कहते हैं। यह बौद्ध मंदिर है। यह क्यों-को-ची तालाब के सामने बना है। जिसकी छाया जब तालाब में पड़ती है, तो यह शानदार दिखती है। यह तीन मंजिला मंदिर को यूनेस्को ने वर्ल्ड हेरिटेज में शामिल किया है। (विकीपीडिया के लेख के आधार पर) बनारस और जापान के क्योटो के बीच आदान-प्रदान तो मोदी के प्रधानमंत्री बनने के साथ ही आरंभ हो गया था। इसमें जापान का प्रतिनिधि मंडल बनारस आया और बनारस का प्रतिनिधि मंडल क्योटो गया। जापान के पूर्व प्रधानमंत्री शिंजो आबे की 12 दिसंबर 2015 की बनारस यात्रा ऐतिहासिक थी। यह मोदी और आबे की मित्रता और समीकरण की कहानी बयां करती है। जब शिंजो आबे पहली बार बनारस आए थे, तब खुद मोदी

ने उन्हें बनारस घुमाया था। दोनों प्रधानमंत्रियों ने दशाश्वमेध घाट पर गंगाजल लेकर विश्व के लिए मंगल कामना की थी। भारत-जापान की दोस्ती के प्रतीक के तौर प्रधानमंत्री नरेंद्र मोदी और शिंजो आबे ने रूद्राक्ष कंवेशन सेंटर की नींव रखी थी। बनारस की तरह क्योटो भी गलियों का शहर है। 2017 में नरेंद्र मोदी का एक बार फिर से क्योटो जाना बहुत कुछ कहता है। इंडिया टुडे की 20 सितंबर 2017 की एक रिपोर्ट बताती है कि मोदी किस तरह से क्योटो में लोकप्रिय हैं। इस रिपोर्ट में लिखा गया है कि गगनचुंबी इमारतों, सदियों पुराने मंदिरों गीशा (जापान में नृत्य-गायन में पारंगत महिलाएं) घरों और हरियाली से अटा पड़ा शहर क्योटो, प्रधानमंत्री नरेंद्र मोदी उन चंद विश्व के नेताओं में हैं, जिन्हें यहां लोग आसानी से पहनाते हैं। दोनों देशों में विश्वास का रिश्ता पहले ही बन चुका था। अब वह आगे बढ़ने लगा था। दैनिक भाष्कर अखबार की आठ साल पहले की छपी एक रिपोर्ट बताती है कि बनारस के मेयर रहे राम गोपाल मोहले और अफसरों के नेतृत्व में एक टीम ने जापान के शहर क्योटो का दौरा किया। इस दौरे में मेयर और अधिकारियों ने वहां का सीवेज ट्रीटमेंट प्लांट देखा। यहां 460 एमएलडी क्षमता वाले प्लांट का एसटीपी भी दिखाया गया। क्योटो पहुंचे प्रतिनिधि मंडल को एसटीपी तकनीक के माध्यम से सीवेज और वाटर ट्रीटमेंट की पद्धति समझाई गई। वहां के प्लांट में ट्रीटमेंट के बाद पानी का 50 प्रतिशत नदी में चला जाता है और 10 प्रतिशत पानी मलबे के रूप में निकलता है। इसका इस्तेमाल खेती के लिए किया जाता है। वहीं, 25-30 प्रतिशत पानी शहर के गार्डेनिंग के लिए इस्तेमाल किया जाता है। इसके बाद जापान के डिप्टी मेयर केनेची ओगासवारा काशी के दौरे पर पहुंचे। काशी को क्योटो की तरह विकसित किया जाए, इसको लेकर एक एएमयू भी साइन किया गया। इससे पहले मोदी की जापान यात्रा के दौरान वहां के मेयर दाइसाका कादोकावा ने आपस में दस्तावेज पर सिग्नेचर किए थे। इस दौरान मोदी ने मेयर को काशी का दस फीट लंबा मैप और एक किताब भेंट की थी। यह मैप 1901 में बना था। काशी का विकास इसी मैप के आधार पर किया जाएगा। इसके बाद तो हर वर्ष बनारस से प्रतिनिधि मंडल

क्योटो गया और वहां का प्रतिनिधि मंडल बनारस आया। मोदी ने 11 नवंबर 2016 को जापान यात्रा के दौरान कहा था। उनके प्रधानमंत्री बनने के बाद उनकी और शिंजो आबे की आठ मुलाकातें हो चुकी थीं। पीएम के तौर पर मोदी जब भी जापान गए वह बनारस का जिक्र करना नहीं भूले और न ही शिंजों आबे के बनारस आने की प्रसन्नता का जिक्र करना नहीं भूले। 29 अक्तूबर 2018 को जापान में भारतीय समुदाय को संबोधित करते हुए मोदी ने कहा कि भारत की जनता के प्रति और मेरे प्रति प्रधानमंत्री आबे का प्यार, उनका स्नेह हमेशा से रहा। इस बार इसको नया आयाम देते हुए जिस प्रकार का विशेष सत्कार उन्होंने किया है, इसके लिए मैं प्रधानमंत्री जी का और जापान की जनता का आभार व्यक्त करता हूं। मोदी ने कहा पीएम के तौर पर मेरी यह तीसरी जापान यात्रा है। मोदी कहते हैं कि जब भी जापान आने का मौका मिला तो मुझे आत्मीयता का अनुभव हुआ। वह इसलिए की भारत और जापान के बीच संबंधों की जड़ें पंथ से लेकर प्रवृत्ति तक हैं। हिंदू हो या बौद्ध मत हमारी विरासत साझा है। हमारे आराध्य से लेकर अक्षर तक में इस विरासत की झलक हम प्रति पल अनुभव करते हैं।

मां सरस्वती, मां लक्ष्मी, भगवान शिव और गणेश सबके साम्य जापानी समाज में मौजूद हैं। सेवा शब्द का अर्थ जापानी और हिंदी में एक ही है। 'हों' यहां पर 'गोमा' बन गया और 'तोरण' यहां पर 'तोरी' बन गया। पवित्र ओंताके पर्वत पर जाने वाले जापानी तीर्थ यात्री जो पारंपरिक श्वेत पोशाक पहनते हैं, उस पर संस्कृत-सिद्धम लिपि के कुछ प्राचीन वर्ण भी लिखवाते हैं। वह जब श्वेत जापानी तेंगुई पहनते हैं तो उस पर ओम लिखा होता है। मोदी आगे कहते हैं कि मेरी जब भी प्रधानमंत्री आबे से बात होती है वह भारतीय समुदाय की इतनी तारीफ करते हैं कि मन गदगद हो जाता है। 27 जून 2019 को प्रधानमंत्री मोदी को एक बार पुनः जापान जाने का मौका मिलता है, तो वह एक बार फिर से जापान में बनारस का जिक्र करना नहीं भूले। मोदी जापान में आबे की जनता को संबोधित करते हुए कहते हैं कि वाराणसी में मेरे प्रधानमंत्री मित्र आबे को ले जाने का सौभाग्य मुझे मिला। प्रधानमंत्री मेरे संसदीय क्षेत्र और

दुनिया की सबसे पुरानी संस्कृति और आध्यात्मिक नगरी में से एक काशी में गंगा आरती में भी शामिल हुए और सिर्फ शामिल नहीं हुए। बल्कि उनको जब भी, जहां कुछ बोलने का मौका आया, उस आरती के समय उन्होंने जो अध्यात्म की अनुभूति की, वह उसका जिक्र किए बिना नहीं रहे। आज भी वह उसका उल्लेख करते हैं। उनकी यह तस्वीरें हर भारतीय के मन में बस गईं। शिंजो आबे के साथ प्रधानमंत्री नरेंद्र मोदी का रिश्ता जगजाहिर था। 8 जुलाई 2022 को एक चुनावी रैली में गोली मारे जाने के बाद आबे को नहीं बचाया जा सका। मोदी ने आबे के निधन पर अपनी शोक संवेदना में लिखा था कि "मैं अपने प्यारे दोस्तों में से एक शिंजो आबे के दुखद निधन से स्तब्धऔर दुखी हूं। वह एक महान वैश्विक राजनेता, एक उत्कृष्ट नेता और एक उल्लेखनीय प्रशासक थे। उन्होंने जापान और दुनिया को एक बेहतर जगह बनाने के लिए अपना जीवन समर्पित कर दिया। पीएम ने कहा कि जब मैं उनसे आखिरी बार मिला तो नहीं जानता था कि यह उनसे आखिरी मुलाकात होगी।" 2021 में जापान के सहयोग से बनाया गया रूद्राक्ष कन्वेंशन सेंटर के उद्घाटन के दौरान मोदी ने कहा था कि मेरे मित्र शिंजो आबे जी ऐसे व्यक्ति हैं, जिनका नाम भूला नहीं जा सकता है। पीएम ने कहा कि जब शिंजो आबे प्रधानमंत्री के तौर पर काशी आए थे तो रूद्राक्ष के आईडिया पर लंबी चर्चा हुई थी। उन्होंने तुरंत अपने अधिकारियों को काम करने का निर्देश दिया था। जापान के पूर्व पीएम शिंजो आबे तो अब इस दुनिया में नहीं हैं। पर बनारस और क्योटो के बीच उनके द्वारा बनाया हुआ रिश्ता अब भी कायम है। बनारस हर रोज बदल रहा है। सड़क, बिजली, पानी, गंगा, रेल हर कुछ नया हो रहा है। जब देश और दुनिया में बनारस के विकास की बात होगी तब क्योटो की बात होगी। वहां के धरोहरों की बात होगी और नरेंद्र मोदी के दोस्त शिंजो आबे की भी बात होगी।

18

बनारस में पर्यटन

किसी भी देश, प्रदेश और शहर का पर्यटन वहां की सफाई, वहां के एयरपोर्ट, वहां की चमचमाती सड़क, सुगम यातायात के साधन, चमकता दमकता रेलवे स्टेशन, वहां की साफ-सुथरी नदियां, वहां का पर्यावरण, वहां का खाना, वहां की संस्कृति, वहां के लोगों का सत्कार और उसे करने वाले लोगों पर निर्भर करता है। इसके साथ ही वहां की जाने वाली खरीददारी भी इन पर्यटकों के लिए विशेष होती है। और इसके बिना आप कहीं जाने की कल्पना भी नहीं कर सकते। काशी विश्व का प्राचीनतम शहर है। रोम का स्थान उसके बाद आता है। महामारी से पहले अगर विदेश से भारत आने वाले यात्रियों के आंकड़ों पर नजर डालें, तो यह बेहद शानदार था। भारत में विदेशी पर्यटक यात्रियों की संख्या 10.93 मिलियन थी। 2021 में विदेशी पर्यटकों की संख्या 1.52 मिलियन थी। जब 2023 में यहां 6.19 मिलियन लोगों ने भारत की यात्रा की। पर्यटकों को भारत में आने के लिए आकर्षित करने के लिए भारत सरकार विदेशी पर्यटकों को प्रथम पांच लाख निःशुल्क वीजा प्रदान कर रही है। यह योजना 31 अप्रैल 2022 तक वैध थी। भारत सरकार ने वीजा शुल्क बहुत कम कर दिया है। देश में नौ हवाई अड्डों पर पर्यटक सुविधा एवं सूचना काउंटर उपलब्ध हैं। उसमें बनारस भी शामिल है। चीन में 56 हेरिटेज साइट्स हैं। जबकि भारत में 40 हैं। ऐतिहासिक स्थलों के मामले में भारत एशिया में नंबर दो पर है। पर विदेशी सैलानियों के

मामले में छठें नंबर पर है। देश में कुल रोजगार का 8 से 10 प्रतिशत हिस्सा पर्यटन उद्योग से आता है।

नरेंद्र मोदी के प्रधानमंत्री बनने के बाद पर्यटन के विकास को लेकर हर समय सोच और विचार किया गया। मोदी ने जब भी कहीं की यात्रा की, वहां के लोगों को अपने देश के पर्यटन को देखने के लिए आमंत्रित किया। पीएम बनने के बाद अपनी जापान यात्रा के दौरान मोदी 2 सितंबर 2014 को भारतीय समुदाय की तरफ से आयोजित अभिनंदन समारोह में कहते हैं कि दुनिया के किसी देश में जाइए, तो अगर कोई भी भारतीय मिलता है तो दो-तीन चीज प्रमुख रूप से आती है। साफ एयरपोर्ट पर उतरे और ऐसा हुआ, टैक्सी वाला मिला तो ऐसा हुआ। और साफ शौचालय वाशरूम। यह चार-पांच चीजें कामना रूप से सुनने को मिलती हैं। मोदी आगे कहते हैं कि इसलिए मैंने देश में सबसे बड़ा काम उठाया स्वच्छ भारत का। स्वच्छता के बिना कोई पर्यटक आप के यहां पर नहीं आएगा। मोदी कहते हैं कि छोटी-छोटी चीजों में जो ताकत होती है वही दुनिया बदलती है। मोदी ने देश का पयर्टन बढ़ाने के लिए वहां के भारतीय समुदाय से एक संकल्प लेने की अपील की। आप सब हर वर्ष कम से कम पांच जापानी परिवार को हिंदुस्तान जाने और देखने के लिए प्रेरित करेंगे। मोदी ने आंकड़ा बताते हुए कहा कि पूरे जापान में आप 23000 पूरे 5000 फैमिली हैं। 5000 फैमिली पांच परिवार को भेजे मतलब 25000 फैमिली मतलब 75000 से एक लाख लोग आपके प्रयत्न से हर वर्ष हिंदुस्तान आए। वहां पर मोदी ने अपनी बातों से हर उस भारतीय परिवार को प्रभावित करने का प्रयास किया, जो जापान में रहता था। यह सिर्फ प्रयास ही नहीं एक सोच है। जो भारत को हमेशा बदलने का सपना देखता है। यह सफर यहीं खत्म नहीं होता है। 28 सितंबर 2014 को नरेंद्र मोदी जब न्यूयार्क के मेडिसन स्क्वायर गार्डन में भारतीय समुदाय को संबोधित करते हैं, तब भी वहां के लोगों से भारत आने के लिए अपील करना नहीं भूलते। वह कहते हैं मैं आपसे अपील करता हूं, उन सबसे प्रेरणा लेकर के आइए, हम भी अपने वतन का अपनी मातृभूमि का, जिस धरती पर जन्म लिया है उसका कर्ज चुकाने के

लिए अपनी तरफ से कोई न कोई प्रयास करें। अपने हिसाब से कोई न कोई कोशिश करें।

बनारस एयरपोर्ट

वर्ष 2012 में अंतरराष्ट्रीय हवाई अड्डे का दर्जा पा चुका बनारस एयरपोर्ट अब पूरी तरह से बदल गया है। मुझे फरवरी 2013 का एक ऐसा ही दिन आज भी याद आता है। जब मुझे बनारस से दिल्ली आने के लिए फ्लाइट पकड़नी थी। मैं मिर्जापुर के जमालपुर इलाके से एक कार्यक्रम में भाग लेकर निकला था। मेरे पास ढाई घंटे का समय था फिर भी मैं बुरी तरह से जाम में फंस गया। मैं रामनगर से आगे बढ़ते हुए पड़ाव से मालवीय पुल को क्रॉस करते हुए कचहरी पहुंचा था। उस समय की सड़कें ऐसी थी कि किसी की भी रूह कांप जाए। कचहरी पहुंचते ही मैं एक बार फिर से अर्दली बजार के जाम में फंस गया। मेरी सांस फूल रही थी कि कही फ्लाइट न छूट जाए। आप कल्पना कीजिए कि आप को दिल्ली से बनारस हवाई जहाज से जाने में 55 मिनट से एक घंटे का लगभग समय लगता है पर एयरपोर्ट से कचहरी जाने में लगभग तीन से चार घंटे का समय लग जाता था। यह सच है और मैं उसका भुक्तभोगी रह चुका हूं। कोई भी सरकार अगर काम करती है तो उसे न तो कोई छिपा सकता है न ही दबा सकता है। बनारस का वोटर होने के नाते मैं यह कह सकता हूं कि अब ऐसा नहीं है। अब आपके पास ढेरों विकल्प हैं। आप रिंग रोड पकड़ कर सीधे बीएचयू जा सकते हैं या आप रिंग रोड के जरिए ही सीधे सारनाथ जा सकते हैं। और वहां से राजघाट, नमो घाट से होते हुए बाबा के दरबार का दर्शन कर सकते हैं।

18 सितंबर 2018 को बनारस में योजनाओं के लोकार्पण के दौरान पीएम मोदी ने कहा कि वाराणसी में हो रहे विकास के गवाह यहां एयरपोर्ट पर आने वाले लोग भी बन रहे हैं। बनारस में हवाई जहाज से आने वाले टूरिस्टों की संख्या बढ़ रही है। मोदी कहते हैं, चार साल पहले बाबतपुर पर आठ लाख लोग आते थे, अब यह

आंकड़ा 21 लाख हो गया है। स्मार्ट बनारस में स्मार्ट परिर्वतन हो, इसके लिए ट्रांसपोर्ट के हर तरीके को आधुनिक बनाने का काम चल रहा है। ट्रैफिक व्यवस्था को इंटीग्रेट किया जा रहा है। ताकि किसी एक परिवहन व्यवस्था पर बोझ न पड़े। यहां बन रहे इंटीग्रेटेड कमांड और कंट्रोल सेंटर शहर के प्रशासन और पब्लिक सुविधाओं पर नियंत्रण करने वाला है। बनारस में मल्टी मॉडल टर्मिनल का काम पूरा हो चुका है।

प्रधानमंत्री नरेंद्र मोदी ने 25 सितंबर 2014 को बनारस हिंदू विश्वविद्यालय में भाषण के दौरान कहा था कि हमारे देश में सांस्कृतिक कार्यक्रम तो बहुत होते रहते हैं। कई जगहों पर होते हैं। बनारस में एक विशेष रूप से आरंभ किया है। हमारे टूरिज्म को बढ़ावा देने में बहुत बड़ी ताकत है। आप देखते होगे कि हमारे ऋषियों ने, मुनियों ने हमें योग दिया होलोस्टिक हेल्थ के लिए प्रिवेंटिंग हेल्थ के लिए योग की हमें विरासत मिली और धीरे-धीरे दुनिया को भी लगने लगा है योग है क्या चीज और दुनिया में योग पहुंच गया। नाक पकड़ कर डॉलर भी कमाने लग गए। लेकिन यह शास्त्र आज संकटों के युग में जी रहे मानव को संतुलित जीवन जीने की ताकत कैसे मिले, इनमें योग बहुत बड़ा योगदान कर सकता है। ऐसे ही मोदी ने संस्कृति और विरासत को संजोने की बात कही। मोदी कहते हैं कि हम हमारी सांस्कृतिक विरासत को आत्मविश्वास के साथ कैसे ले जाएं। संगीत, नृत्य, नाट्यकला, साहित्य कितनी बड़ी विरासत है। लेकिन काशी में हमारा टूरिस्ट आएगा हमारे पूर्वजों के प्रयासों के कारण, बाबा भोलेनाथ के कारण, मां गंगा के कारण। लेकिन रुकेगा हमारे प्रयासों के कारण। पीएम मोदी जब 16 मई 2014 को चाइना गए। तब भी उन्होंने भारतीय समुदाय की तरफ से आयोजित कार्यक्रम में भारत के टूरिज्म को बढ़ाने की बात को कहना और अपील करना नहीं भूले। मोदी चीन में निवास करने वाले भारतीयों से अपील करते हैं कि भारत में टूरिज्म के लिए बहुत संभावनाएं हैं। दुनिया में टूरिज्म का तीन ट्रिलियन का बिजनेस है, छोटा नहीं है। हम भारत के नागरिक के नाते, हम यहां जो लोग काम करते हैं, हम कोई बड़े उद्योगकार नहीं है, हम प्रोफेशनल हैं,अच्छी जिंदगी जी सकते हैं, अपने बच्चों को

अच्छी पढ़ाई करा सकते हैं। लेकिन हम हिंदुस्तान में जाकर पांच सौ, हजार, करोड़ का कारखाना नहीं लगा सकते। क्योंकि हम उसी बैक ग्राउंड से यहां पहुंचे हैं। मोदी कहते हैं, तब देश सेवा के रास्ते बंद हो गए क्या ? नहीं हुए हैं। ज्यादा नहीं आप सिर्फ हर साल पांच चीनी नागरिकों को हिंदुस्तान देखने के लिए प्रेरित करो। 18 फरवरी 2018 को नवी मुंबई में अंतरराष्ट्रीय हवाई अड्डे के भूमि पूजन समारोह के अवसर पर मोदी ने कहा कि भारत इतनी विविधता भरा देश है, अगर कनेक्टिविटी मिल जाए तो दुनिया के लोग एक जिले में महीना भी निकाल दें, तो भी शायद पूरा देख करके जा नहीं सकते। इतनी विविधताओं से भरा हमारा देश है। यह एविएशन सेक्टर, इसकी ताकत देश के पर्यटन को भी बहुत बड़ा बल देगी। विमान यात्रियों को बेहतर सुविधाएं देने में लाल बहादुर शास्त्री हवाई अड्डे को देश में पहला स्थान मिला है। एयरपोर्ट अथॉरिटी की ओर से संचालित 13 हवाई अड्डों के सर्वे में यह उपलब्धि हासिल हुई है। वाराणसी एयरपोर्ट पर सर्विस क्वालिटी को लेकर 2022-2023 में सर्वेक्षण किया गया था। आज तक में काम करने वाले वरिष्ठ पत्रकार हिमाशुं मिश्रा ऐसे ही बनारस की गई एक यात्रा का जिक्र करते हुए बताते है कि कैसे 2014 के पहले बनारस जाना और फिर एयरपोर्ट से शहर में जाना युद्द जैसा लगता था पर अब रिंग रोड के बन जाने के बाद रास्ता आसान हो गया है आप सीधे भी शहर में जा सकते है और बाहर से हो कर भी। कहते है ना अगर सही रास्ता आप को मिल जाए तो वो आपकी तकदीर को बदल देता है।

बनारस में सड़क पर्यटन

22 जुलाई 2016 को गोरखपुर में उर्वरक संयंत्र के पुनरुद्धार एवं गोरखपुर एम्स के शिलान्यास के मौके पर नरेंद्र मोदी ने कहा था कि पूर्वी उत्तर प्रदेश में टूरिज्म की अपार संभावना है। मोदी कहते हैं, इस लिए हमने सड़कों को बनाने का अभियान चालू किया। हजारों करोड़ रुपया हम सड़कों में लगा रहे हैं। अगर अच्छी सड़कें इलाके में बन जाएं तो हमारे टूरिस्ट शान से उस इलाके में जा सकते हैं। जब

टूरिस्ट आता है तो गरीब से गरीब व्यक्ति को रोजी-रोटी मिलती है। इस क्रम में गोरखपुर से बनारस के लिए फोरलेन की सड़क 650 करोड़ रुपये से बन रही है। 18 सितंबर 2018 को बनारस में योजनाओं के लोकार्पण के दौरान पीएम मोदी ने कहा कि चार वर्ष पहले जब काशी आया था, और जब आज काशी को देखता हूं। नई सड़कों का विस्तार होते हुए दिखता है। बरसों से बनारस में रिंग रोड की चर्चा हो रही थी। लेकिन इसका काम फाइलों में दबा हुआ था। 2014 में सरकार बनने के बाद दबी फाइल को निकाला गया। हरहुआ से गाजीपुर तक फोरलेन सड़क का काम पूरा हो गया है। राजा तालाब और चंदौली तक के सर्किट का काम तेजी से चल रहा था। इस रास्ते में गंगा पर पुल का भी प्रस्ताव है। काशी रिंग रोड बन जाने के बाद बिहार, नेपाल, झारखंड, मध्य प्रदेश जाने के लिए यहां से निकल रही सड़कों का बहुत महत्व है। बनारस शहर के भीतर जोड़ने वाली सड़कों को चौड़ा किया जा रहा है। वाराणसी से हनमना यानि नेशनल हाइवे नंबर-7, वाराणसी-सुल्तानपुर मार्ग, वाराणसी-गोरखपुर सेक्शन, वाराणसी-हंडिया सड़क संपर्क पर भी हजारों करोड़ रुपये खर्च किए जा चुके हैं। बनारस के भीतर हजारों करोड़ रुपये की परियोजनाएं चल रही हैं। महमूरगंज से मडुआडीह, इसमें मडुआडीह फ्लाईओवर का काम पूरा हो गया है। सामने घाट से रामनगर पुल के पूरी तरह से बन जाने के बाद रामनगर जाना आसान हो गया। मोदी कहते हैं कि शहर में अंधरापुल जितना पुराना था उतना पुराना ही उसका चौड़ीकरण यानी चौड़ा करने की मांग। इस काम को भी पूरा किया गया है। भोजूवीर सिंधौरा मार्ग को चौड़ा करने का काम, शिवपुर-फुलवारिया मार्ग को फोरलेन करने का काम, राजा तालाब पुलिस चौकी से जखिनी तक सड़क के चौड़ीकरण का काम। आस्था और पर्यटन की दृष्टि से अहम पंचकोसी मार्ग के विकास का कार्य भी तेजी से चल रहा है। भावतपुल से कचहरी मार्ग तक बन रही सड़क पर 750 करोड़ रुपये खर्च किए जा रहे हैं। मोदी कहते हैं कि पहले यह सड़क कितनी संकरी थी। कुछ मिनटों का रास्ता तय करने में घटों का समय लग जाता था। भारी जाम होने के कारण कई बार फ्लाइट और ट्रेन तक छूट जाती थी। इस

सड़क के तैयार होते ही इस तरह की समस्या से मुक्ति मिल जाएगी। आज तक में बड़े पद पर काम रहे वरिष्ठ पत्रकार हिमांशु मिश्रा से जब मैंने मोदी के पहले के बनारस और मोदी के बाद के बनारस का अनुभव पूछा तो उनका कहना था, मैं इसके पहले 2003 में बनारस गया था ट्रैफिक इतना जाम लग गया था कि उस जाम को मैं आज तक नहीं भूल पाया हूं।

बेतरतीब भीड़ थी सब कुछ अस्त-व्यस्त था। मोदी के आने के बाद सबसे पहले तो बनारस व्यवस्थित हुआ है। अब वहां पर हाथ रिक्शा है तो फिर ई-रिक्शा भी है। जब मैं काशी विश्वनाथ गया तो वहां का रूप सोच से परे था। किसी ने सोचा भी नहीं था ऐसा भी हो सकता है।

बनारस में सारनाथ

देश और दुनिया में सारनाथ की चर्चा हम भगवान बुद्ध के नाते ही करते हैं। दुनिया भर के लोग भी सारनाथ केवल इसलिए आते हैं क्योंकि उनकी भगवान बुद्ध में गहरी आस्था है। वह बौद्ध धर्म के अनुयायी हैं। नरेंद्र मोदी कहते हैं कि सिद्धार्थ से गौतम बुद्ध बनने की यात्रा, वह कथा, वह केवल निर्वाण प्राप्ति के पथ की कथा नहीं है। यह कथा है सत्य की, कि जो व्यक्ति भी अपने ज्ञान, धन, संपदा से दूसरों की वेदना को दूर करने का प्रयास करता है, वह हर व्यक्ति सिद्धार्थ से बुद्ध की राह पर चल पड़ता है, चल सकता है। बुद्धत्व को प्राप्त कर सकता है। मोदी कहते हैं जीवित वह नहीं है, जो ध्वंस, हिंसा, और घृणा से अपने विरोधी पर हमला करे। जीवन तो उसी का है जो घृणा, हिंसा और अन्याय के तत्व को सार्थक मैत्री करुणानिधि से जीतकर विश्व में सबसे बड़ी विजय हासिल करे। (30 अप्रैल 2018 को पीएम मोदी ने नई दिल्ली में यह बातें कही थीं)

सारनाथ वाराणसी से दस किमी की दूरी पर स्थित है। सारनाथ के हिरण पार्क में भगवान बुद्ध ने पहली बार धम्म का पाठ पढ़ाया था। यानी पहला उपदेश दिया था। बनारस में बौद्ध क्षेत्र के विकास

को लेकर राज्यसभा में राज्यसभा सदस्य गीता उर्फ चंद्रप्रभा के 2 फरवरी 2023 के लिखित सवाल का जवाब देते हुए सरकार ने संसद को बताया था कि प्रसाद योजना के तहत सारनाथ के धामेक स्तूप, सारनाथ में लाइट एंड साउंड शो, बुद्धा थीम पार्क, सारनाथ का संग्रहालय के साथ ही सारनाथ परिक्षेत्र का विकास किया गया है। सरकार की तरफ से पर्यटन राज्यमंत्री जी किशन रेड्डी ने जवाब देते हुए बताया कि इस अलग-अलग कामों के लिए सरकार की तरफ से लगभग साढ़े बारह करोड़ रुपये दिए गए हैं।

19

बनारस में दुनिया भर से आने वाले लोग

बनारस हमेशा से दुनिया के लिए विस्मयबोधक रहा। जहां लोग अपने जीवन से मुक्ति पाने की इच्छा रखते हैं। लोगों को लगता है कि यहां मिली मुक्ति आप को अमर कर देगी। आम हो, खास हो, देवी हो, देवता हो हर कोई काशी में वास करना चाहता है। देशी हो या विदेशी हो। हर किसी का सपना बनारस आने का रहा है। यहां रहने पर यह धरती हर दिन आप को सीखने का मौका देती है। प्राचीन काल से ही दुनिया भर के लोग बनारस आते रहे हैं। चीनी यात्री ह्वेनसांग जब बनारस पहुंचा तो वह मानो खो सा गया। उसके रग-रग में बनारस समा गया। ह्वेनसांग कहता है कि उस समय बनारस में 30 बौद्ध विहार, 3000 भिक्षुक थे। यह हीनयान का अध्ययन करते थे। यहां 100 देव मंदिर हैं, जिसमें 10,000 पुजारी हैं। वहीं, इंग्लैंड से कोलकाता होते हुए जेम्स प्रिंसेप 26 नवंबर 1820 को बनारस पहुंचे। प्रिंसेप लिखते हैं "जनवरी के महीने की दोपहरी में, स्वच्छ आकाश के नीचे, गंगा के उस पार का सजीव और सुंदर दृश्य देखने को मिलता है। उसकी कोई तुलना नहीं। दूर से आदमियों की मिली-जुली आवाजों के बीच सैकड़ों मंदिरों से उठता संगीत और बड़े घंटे-घड़ियालों का नाद मंत्रमुग्ध कर देता है। साथ ही रह-रह कर घरों की छतों पर बने कोटरों से बाहर निकलते, मीनारों के चारों ओर झुंडों में उड़ते

या फिर किसी पड़ोसी दल से अपने दल में शामिल करते समय कबूतरों के पंखों के फड़फड़ाने की आवाज कानों में पड़ती रहती है। साथ ही आंखों के सामने दृश्य आता है रंग -बिरंगे परिधानों में अलग-अलग दलों में स्नान करने वाले आदमी और औरतों का, जिनके हाथों में चमकते पीतल के बर्तन हैं या फिर फूल-पत्ते चबाते मस्ती में घुमते सांड, जैसे इस जगह पर उन्हीं का राज हो। फिर जैसे-जैसे दिन ढलता है। सारा दृश्य बदल जाता है और घाटों के किनारे पानी में तैरते टिमटिमाते दीपक, जलती अर्थियों से उठता सफेद धुआं और चांद की रोशनी से आलोकित पत्थर की इमारतें सम्मोहन पैदा करती हैं। जिसका चित्रण करना किसी कलाकार के लिए संभव नहीं है। वह केवल उन दृश्यों की पृष्ठ बूंद को उकेर सकता है। बाकी जीवंतता तो देखने वाले की कल्पना ही पूरा कर सकती है।" ऐसे ही बनारस आए ब्रिटिश अधिकारी जोनाथन डंकन को बनारस से बहुत लगाव था। बनारस की राजस्व व्यवस्था और जनता की दशा सुधारने के लिए इन्होंने बहुत काम किए हैं। विदेश से बनारस आने वाले एक विदेशी अमेरिकी अंग्रेज को बनारस ने अपना बना लिया। जिनका नाम था सैम्युएल भैंगर्होन क्लेमेन्स, उनका जन्म फ्लोरिडा में हुआ था। पर वह दुनिया भर में मार्क ट्वेन के नाम से जाने जाते हैं। यह वह वक्त था, आसमान में जब हेली धूमकेतु दिखाई दिया था। मार्क ट्वेन ने बनारस के लिए कहा था कि "बनारस इतिहास से अधिक पुराना है, यह परंपराओं से भी अधिक पुराना है। यहां तक की किंवदंतियों से भी पुराना है। और वस्तुतः देखने पर इन सभी को मिलाकर इनसे दोगुना पुराना है। मार्क 1896 में भारत आए थे। मार्क ट्वेन ने अपनी पुस्तक "FALLOING THE EQUATOR" में बनारस की यात्रा के संबंध में विस्तार से लिखा है।

मार्क अपनी पुस्तक में भारत को लेकर लिखते हैं। वस्तुतः यही भारत है। स्वप्नों और रोमांस का, अपार संपदा और अपार गरीबी का, भव्य पोशाकों और चीथड़ों का, महलों का झोपड़ियों का, अकाल और महामारी का, जिन्नों का, राक्षसों का और अलादीन के चिरागों का, बाघों और हाथियों का, कोबरा सांपों और जंगलों का। यह देश

है सौ राष्ट्रों और बोलियों का, एक हजार धर्मों और बीस लाख देवी देवताओं का। यह पूरे मानव जाति का पालना रहा है। किंवदंतियों की दादी और परंपराओं की परदादी रहा है। बाकी पृथ्वी पर अकेला देश है, जो बाहर के शासकों और बाहर के किसानों का हित ख्याल में रखता है। जो शिक्षित और अनपढ़, समझदार और नासमझ, अमीर और गरीब, गुलाम एवं स्वतंत्र सभी लोगों का देश है। यह वह देश है, जिसको देखने की कामना हर व्यक्ति करता है और इसे एक बार देख लेता है तो उसे लगता है कि देश की दृष्टि बाकी सारे विश्व के सारे दृश्यों को देखने के बराबर है। मार्क ट्वेन (1896)उस दौर की कहानी बया कर रहे है जब भारत गुलामी की जंजीरों में जकड़ा था पर उसमें ये तस्वीरें आशा का संचार करती है।

बनारस के बारे में मार्क लिखते हैं कि यह अत्यंत प्राचीन शहर है। जहां ब्राह्मणों की प्रधानता रही है। बाद में करीब ढाई हजार साल वर्ष पूर्व में बुद्ध आए। कई सदियों तक बौद्ध धर्म ही प्रधान रहा। मार्क लिखते हैं बाद में ब्राह्मण फिर प्रधान हो गए और अभी तक हैं। शहर के प्रधान देव शिव हैं और मार्क ट्वेन कहते हैं कि शहर में उतने लोग नहीं हैं, जितने शिवलिंग है। वहीं, "काशी एक रूप अनेक" में धर्मशील चतुर्वेदी ने बनारस में गिन्सबर्ग के बारे में विस्तार से लिखा है कि कैसे यह विदेशी बनारस का होकर रह गया और उसने यहां के लोगों को मानवता का ऐसा पाठ पढ़ाया, जिसने गिन्सबर्ग को अमर कर दिया।

भूटान के प्रधानमंत्री का भारत दौरा

प्रधानमंत्री नरेंद्र मोदी के पीएम बनने के बाद भारत ने देश और दुनिया के साथ रिश्तों को मजबूत करने में जुट गए। ऐसे में भला बनारस पीछे कैसे रहता। देश के दौरे पर आने वाला लगभग हर महत्वपूर्ण नेता बनारस का भी दौरा करना चाहता है। वह भी बनारस में बह रही धर्म की गंगा के दर्शन को आत्मसात करना चाहता। वह भी सारनाथ में भगवान बुद्ध के पढ़ाए हुए पाठ को समझना चाहता है। इस क्रम में भूटान के प्रधानमंत्री शेरिंग तोब्गे

और उनकी पत्नी ताशी डोमा का बनारस दौरा बेहद अहम था। भूटान के पीएम के साथ पंद्रह सदस्यों का दल भी बनारस दौरे पर आया। बनारस दौरे के दौरान वह सारनाथ पहुंचे और उन्होंने वहां पर पुरातात्विक संग्रहालय का भ्रमण किया। बौद्ध स्थलों को देखने के बाद भूटान के प्रधानमंत्री काशी विश्वनाथ धाम पहुंचे। मंदिर को भूटान के प्रधानमंत्री ने 51000 रुपये का दान भी दिया। भूटान के पीएम विश्वनाथ मंदिर में लगभग पंद्रह मिनट रुके थे। काशी विश्वनाथ के दर्शन के बाद वह गंगा घाट आरती देखने पहुंचे।

जापान के पीएम शिंजो आबे का बनारस दौरा

नरेंद्र दामोदर दास मोदी के बनारस से सांसद बन जाने के बाद बनारस में लगभग हर दिन कोई खास विदेशी मेहमान जरूर होता है। इसके पहले मैंने तो ऐसा नहीं देखा था कि सरकार का विदेशी मेहमान बनारस आने को आतुर रहा हो। हां, यह जरूर है कि अपने धर्म-दर्शन और आत्मीयता के कारण दुनिया के अनेक शहरों से ढेरों पर्यटक यहां पर घूमने आते हैं। नरेंद्र मोदी के प्रधानमंत्री बनने के साथ ही बनारस में वीवीआईपी मूवमेंट आरंभ हो गया। इसमें 12 दिसंबर 2015 में जापान के प्रधानमंत्री रहे शिंजो आबे की यात्रा बेहद अहम थी। बनारस की जनता ने जापान के प्रधानमंत्री शिंजो आबे का जो स्वागत किया वह उसे कभी भूल नहीं पाए। बनारस से सांसद नरेंद्र मोदी शिंजो आबे को खुद घुमाने के लिए खुद बनारस लेकर आए थे। यह यात्रा भारत के विदेश नीति का अहम हिस्सा थी। दोनों प्रधानमंत्रियों ने दशाश्वमेध घाट पर हाथ में गंगाजल लेकर विश्व की मंगल कामना का संकल्प लिया। प्रधानमंत्री नरेंद्र मोदी और शिंजो आबे ने लगभग एक घंटे गंगा के किनारे बैठकर गंगा आरती देखी। पीएम मोदी ने गंगा आरती के दौरान उन्हे यहां के 84 घाटों, भगवान बुद्ध के प्रथम उपदेशस्थली सारनाथ सहित काशी के महात्म्य को समझाया था। बनारस में हुए अभूतपूर्व स्वागत से जापानी प्रधानमंत्री गदगद थे।

जापान के पीएम शिंजों अबे के साथ नरेन्द्र मोदी

बनारस के बदलाव की तस्वीर

पीएम मोदी और शिंजो अबे गंगा का चरणों में

गंगा के रेत में पाँच सितारा बदलाव

नेपाल के प्रधानमंत्री बाबा दरबार में

फ़्रांस के राष्ट्रपति का बनारस में स्वागत

मारीसश के राष्ट्रपति बनारस में

प्रधानमंत्री मोदी और शिंजो अबे -सच्चा दोस्त

मोदी जी गंगा आरती

फ़्रांस के राष्ट्रपति के साथ मोदी मिर्ज़ापुर में

बनारस से सांसद नरेंद्र भाई ने बनारस के 68 खास लोगों से जिन्हें अपने-अपने क्षेत्र में महारत हासिल थी। उनकी मुलाकात जापान के प्रधानमंत्री शिंजो आबे से करवाई। इंडिया टीवी की 8 जुलाई 2022 की एक रिपोर्ट बताती है कि शिंजो को भारतीय परंपरा और यहां के परिधानों से विशेष लगाव था। संयुक्त अरब अमीरात के रहने वाले एक भारतीय कारोबारी शमशीर वायलिल, जिन्होंने बुर्जिल होल्डिंग्स की भी स्थापना की है। आबे की तीन दिन की भारत यात्रा के दौरान 2015 में दिल्ली में मिले थे। शमशीर ने कहा कि शिंजो आबे गोल्डेन बेज रंग की जैकेट देखकर बहुत उत्साहित हो गए थे। और कहा कि इसे आजमाते हैं। उन्होंने मुझे सफेद कमीज पर जैकेट डालने के लिए मदद करने को कहा। इसके बाद उन्होंने फोटो भी खिंचाई। शमशीर का कहना था कि जाने के बाद भी उन्होंने जैकेट नहीं उतारी। बनारस यात्रा के दौरान भी शिंजो आबे ने काली कमीज पर वही जैकेट डाल रखी थी।

बनारस में मोदी के संसदीय क्षेत्र में आने से एक नए रिश्ते का आरंभ हुआ। इसी के साथ भारत जापान के दोस्ती के प्रतीक के तौर पर सिगरा इलाके में रूद्राक्ष कन्वेंशन सेंटर की रूपरेखा बनी जो अब भी जापान के पूर्व प्रधानमंत्री शिंजो आबे की दोस्ती की याद दिला रहा है। नरेंद्र मोदी से पूर्व पीएम शिंजो आबे का ऐसा लगाव था कि वह जापानी पीएम रहते हुए 9 साल में उन्होंने भारत की चार बार यात्रा की। शिंजो आबे अब इस दुनिया में नहीं हैं। पर जब भी भारत-जापान की बात होगी तो शिंजो आबे की बात होगी और बनारस भी उसके केंद्र में होगा।

नरेंद्र मोदी के आने के बाद बनारस आगे बढ़ रहा था। बदल रहा था। प्राचीनता के साथ आधुनिकता का मेल होने लगा था। शहर में बिजली के लटकते तार, सड़कों पर खुला बहता मेनहोल, बनारस के मुख्य चौराहे गोदौलिया पर दूर से ही आती कूड़े की बदबू। इससे निजात मिल चुकी थी। तभी तो फिलास्फर जो काउडर्ट कहते हैं "अपने भविष्य की योजना विवेक पूर्ण तरीके से बनाने के लिए जरूरी है कि आप अपने बीते हुए कल को समझें और उसे प्रशंसा भरी निगाहों से देखें।" मोदी के बनारस आने के बाद यहां के लोगों में भी

बड़ा बदलाव देखने मिला। यह कोई साधारण काम नहीं बनारस के लिए तो मैं इसे असाधारण मानता हूं। बनारस तो वैसे भी पूरी दुनिया में बहुत प्रसिद्ध है, पर नरेंद्र मोदी ने इस गौरव को और आगे ले जाने का काम किया।

दुनिया का हर बड़ा व्यक्ति बाबा के बनारस आना चाहता है। इस क्रम में फ्रांस के राष्ट्रपति इमैनुअल मैक्रो का भी बनारस दौरा बेहद अहम था। दुनिया के प्राचीन शहरों में से एक काशी और फ्रांस का बहुत पुराना रिश्ता है। दोनों शहर शिल्प और बुनकरी को लेकर बहुत प्रसिद्ध हैं। दोनों ही क्षेत्रों में रेशम की बुनाई जकॉर्ड पर होती है। जकार्ड पर रेशम के वस्त्र तैयार किए जाते हैं। माना जाता है कि जकार्ड फ्रांस से भारत और फिर काशी पहुंचा। फ्रांस में जकार्ड का इस्तेमाल बेहद कम हो गया पर काशी में अभी इसका खूब इस्तेमाल हो रहा है। (अमर उजाला-6 मार्च 2018) आप को यह भी बताते चलें कि सिल्क रूट पर काशी के साथ ही फ्रांस का लियोन शहर भी शामिल है। इमैनुअल मैक्रो को लेकर जब पीएम मोदी अपने संसदीय क्षेत्र वाराणसी पहुंचे तो बनारस की जनता ने उनका जोरदार स्वागत किया। इमैनुअल मैक्रो के स्वागत के क्रम में प्रवचन, संगीत, नृत्य और रामलीला जैसे धार्मिक कार्यक्रम आयोजन में शामिल थे। असी घाट पर पहुंचने पर महिलाओं के एक समूह ने डमरू की थाप और हर-हर महादेव के मंत्रों के साथ उनका स्वागत किया। 121 पुजारियों ने वैदिक मंत्रों का उच्चारण कर शंखनाद किया। बनारस के लोगों ने आने वाले मेहमानों पर फूलों की बरसात कर दी। मैक्रो ने बाद में राम दरबार की झांकी भी देखी। पीएम मोदी और इमैनुअल मैक्रो जब अपनी सजी नाव पर आगे बढ़े, तो तुलसी घाट पर दोनों नेताओं की 50 फुट लंबी पेंटिंग लगाई गई थी। यहां पर रामलीला और कुश्ती का भी आयोजन किया गया था।

इमैनुअल मैक्रो जब प्रभु घाट पहुंचे। यहां पर बौद्ध पद्धति से प्रार्थना की एक झलक मिली। वहीं, चेत सिंह घाट पर मोदी और मैक्रो ने पुजारियों के धार्मिक प्रवचन को देखा। जब मोदी और इमैनुअल मैक्रो की नाव केदार घाट से गुजर रही थी तो यहां पर मथुरा के 25 कलाकारों के समूह ने मयूर नृत्य प्रस्तुत किया। वहीं,

मानसरोवर घाट पर कबीर पंथियों के एक समूह ने 'एकतारा' बजाया और कबीर के दोहे पढ़े। दोनों नेताओं के दशाश्वमेध घाट पहुंचने पर उन्हें गंगा आरती के महत्व के बारे में बताया गया। मोदी और मैक्रो गंगा आरती देखने के बाद दीनदयाल उपाध्याय हस्तकला केंद्र भी गए।

इस यात्रा में इमैनुअल मैक्रो ने कहा कि "काशी के लोगों ने फ्रांस के राष्ट्रपति का सम्मान और जबरदस्त स्वागत करके कमाल कर दिया। फ्रांस के घर-घर में लोग जरूर पूछेंगे कि वाराणसी कहां है। जहां हमारे नेता का इस तरह से स्वागत हो रहा है। आज एक अद्भुत नजारा देखने को मिला। हमारे इस प्रेम ने भारत और फ्रांस की दोस्ती को भिगा दिया।" वहीं, बनारस के सांसद पीएम नरेंद्र मोदी ने कहा "भारत सरकार डीएलडब्लू का जितना ज्यादा आधुनिकीकरण कर सकती है करेगी।" इसी के साथ बनारस के सांसद नरेंद्र भाई मोदी ने इमैनुअल मैक्रो को तीन किमी गंगा की सैर कराई। दोनों नेता असी घाट से नाव में बैठे और दशाश्वमेध घाट पहुंचे। इस दूरी को तय करने में 20 मिनट लगे। मैं भी इस यात्रा को बहुत करीब से देख रहा था। यह यात्रा बनारस और आसपास के क्षेत्रों में विकास और रोजगार के लिए बहुत कारगर साबित हुई। क्योंकि बनारस से कुछ किमी की दूरी पर स्थित मिर्जापुर में नरेंद्र मोदी और इमैनुअल मैक्रो ने 650 करोड़ रुपये की लागत से सोलर प्लांट का उद्घाटन भी किया। इस दौरे को लेकर बीएचयू के पालिटिकल साइंस के प्रोफेसर केके मिश्रा कहते हैं कि पीएम मोदी भारत को विश्व गुरू और काशी को राष्ट्रगुरू बनाने का सपना देखा है और इसी को मोदी पूरा करना चाहते हैं।

नरेंद्र मोदी और इमैनुअल मैक्रो की डिनर डिप्लोमेसी

बनारस शहर के धार्मिक, सांस्कृतिक कला और आर्थिक गतिविधियों की जानकारी के बाद अब बारी थी लंच की। इसके लिए बनारस भी तैयार था। इसकी खास तैयारी बनारस के नदेसर कोठी में की गई थी। जो कभी काशी स्टेट की हुआ करती थी। इस

पैलेस को 18 वीं सदी में जेम्स प्रिंसेप के कहने पर महाराजा बनारस ने मेहमानों के लिए बनवाया था। पीएम मोदी और फ्रांस के राष्ट्रपति इमैनुअल मैक्रो के आने के क्रम में पूरे नदेसर कोठी को दुल्हन की तरह सजा दिया गया। वरिष्ठ पत्रकार विकास पाठक अपनी 11 मार्च 2018 की एक रिपोर्ट में लिखते हैं कि दोनों नेता आकर्षक टेबल पर सोने की थाली में राजशाही तरीके से लंच करेंगे। इस थाली में बनारस के प्रसिद्ध पकवान शामिल हुए। बनारस के नदेसर पैलेस में इसके पहले भी बड़े भोजों का आयोजन किया जा चुका है। इसके पहले 2014 में मुकेश अम्बानी और नीता अम्बानी के जन्मदिन पर एक समारोह का आयोजन हुआ था। 2015 में शिंजो आबे के सम्मान में यही पर तमाम कार्यक्रम आयोजित किए गए थे।

जर्मन राष्ट्रपति का बनारस आना

जाहिर है कि जब किसी शहर के मेहमाननवाजी और स्वागत की चर्चा पूरी दुनिया कर रही हो तो ऐसे में भला कौन उस शहर में जाना नहीं चाहेगा। जिसकी जनता बड़े उदार मन से आपके लिए पलक-पावड़े बिछाकर स्वागत के लिए तैयार हो। जापान के प्रधानमंत्री शिंजो आबे, फ्रांस के राष्ट्रपति इमैनुअल मैक्रो और अब जर्मनी के राष्ट्रपति फ्रैंक वाल्टर्स स्टेनमायर बनारस पहुंचे। एयरपोर्ट पर स्वागत से अभिभूत जर्मन राष्ट्रपति फ्रैंक वाल्टर्स स्टेनमायर सीधे सारनाथ की तरफ कूच कर गए। रास्ते में दोनों तरफ स्कूली बच्चे और बनारस के नागरिक भारत और फ्रांस का झंडा लेकर उनका स्वागत कर रहे थे। जब उनका वाहन पहड़िया से आगे बढ़ रहा था तो सड़क के दोनों किनारों से हर-हर महादेव का नारा गूंज रहा था। जर्मनी के राष्ट्रपति फ्रैंक वाल्टर्स स्टेनमायर ने सारनाथ में सारनाथ म्यूजियम और धमेख स्तूप का अवलोकन किया। काशी के शिल्पियों ने जर्मनी के राष्ट्रपति का सारनाथ में खास अंदाज में स्वागत किया। महाबोधि सोसाइटी ऑफ इंडिया की तरफ से आयोजित स्वागत समारोह में राष्ट्रपति को लकड़ी की

बनी बुद्ध की प्रतिमा व पीपल के पत्ते संग बुद्धं शरणम गच्छामि अंकित सिल्क का दुपट्टा भेंट किया गया। जर्मनी के राष्ट्रपति फ्रैंक वाल्टर्स स्टेनमायर जब बीएचयू के छात्रों से संवाद कर रहे थे तो उन्होंने छात्रों से पूछा ? क्या हिंदू ही काशी हिंदू विश्वविद्यालय में पढ़ते हैं। तो छात्रों ने जवाब दिया कि नहीं यहां पर हर धर्म के लोगों को पढ़ने की इजाजत है। इस पर राष्ट्रपति ने कहा कि जर्मन मीडिया में दिखाया जाता है कि भारत में जातिगत भेदभाव बहुत अधिक है। हिंदू, मुस्लिम सहित अन्य धर्मों के बीच मतभेद अधिक है। बावजूद इसके कि इतने बड़े देश में एक साथ सभी धर्मों के लोगों के रहने पर आश्चर्य जताया। भारत की एकता पर भी उन्होंने आश्चर्य जताया और उस पर कायल हुए।

प्रधानमंत्री नरेंद्र भाई अमेरिकी राष्ट्रपति बराक ओबामा को भी बनारस की गंगा-जमुनी संस्कृति से परिचिय करवाना चाहते थे। पर सुरक्षा करणों से अमेरिकी राष्ट्रपति बराक ओबामा का बनारस दौरा टल गया। बनारस में ओबामा की कमी को पूरा करने के लिए उनके खास दोस्त फ्रैंक इस्लाम बनारस आए। अखबारों में रिपोर्ट के मुताबिक 1969 में फ्रैंक इस्लाम अमेरिका चले गए थे। फ्रैंक इस्लाम के साथ उनकी बहन कमर जो कि इटली से बनारस आई थीं। बनारस के लोगों ने इन्हें खूब मान सम्मान दिया।

नेपाल के प्रधानमंत्री शेरबहादुर देउबा एक दिन के बनारस यात्रा पर पहुंचे। प्रधानमंत्री का बनारस में भव्य स्वागत किया गया। बनारस आने के बाद देउबा पहले बाबा के दरबार में मत्था टेकने गए।

काशी की यात्रा पर आने वाले फिल्मी मेहमान :- भारत देश के हर कोने से वीवीआईपी बनारस के दरबार में आना चाहता है। प्रधानमंत्री नरेंद्र मोदी के आह्वान के बाद तो संख्या ऐसी बढ़ गई है कि यहां पर खास लोग आम लगने लगे हैं। हर कोई बाबा विश्वनाथ, मां गंगा के साथ सोशल मीडिया पर तस्वीरें शेयर करना नहीं भूलता। बॉलीवुड अभिनेता अक्षय कुमार जब अपनी जॉली एलएलबी-2 की शूटिंग के लिए बनारस पहुंचे। शिवाला घाट पर गंगा को देखकर अक्षय अभिभूत हो गए और अलपक गंगा को

निहारते रहे। वहीं, कुछ दिनों पहले यहां पहुंचे बॉलीवुड अभिनेता विशाल वशिष्ठ और अभिनेत्री अदिति शर्मा घाटों का भ्रमण करने के बाद कहा कि यहां के घाट अच्छे हैं और यहां की आरती को उन्होंने अद्वितीय करार दिया था। अक्षय कुमार के आने के बाद ही टाइगर श्राफ बनारस पहुंचे और उन्होंने गाय घाट इलाके में मुन्ना माइकल की शूटिंग पूरी की। अपने साथ तस्वीर खिंचवाने वालों को भी टाइगर ने निराश नहीं किया। फिल्मों में खलनायक की भूमिका निभाने वाले मोहन जोशी बनारस पहुंच कर बाबा के दरबार में हाजिरी लगाई। फिल्म अभिनेत्री विपासा बासु जब बनारस पहुंचती हैं, तो वह कहती हैं यहां का फक्कड़पन निराला है। बनारस काफी सुंदर शहर है। खासकर गंगा घाट और मंदिर देखने के लिए दुनिया भर से लोग आते हैं। फिल्म अभिनेता जितेंद्र बनारस पहुंच कर कहते हैं, बाबा के दरबार में मत्था टेक कर जीवन धन्य हो गया। वहीं, महिमा चौधरी ने बनारस के लोगों को कहा कि अगर प्रधानमंत्री जी कहते हैं किसी गांव को गोद लेने के लिए तो उन्हें खुशी होगी। बनारस में हर दिन कोई न कोई स्टार बाबा के दरबार में हाजिरी लगाता नजर आ ही जाता है। डीनो मारियो ने बनारस आने पर यहां योगा सीखा और बाबा दरबार में नतमस्तक हुए। बनारस पहुंची रवीना टंडन ने मां गंगा को दीपदान किया। बनारस को निहारते हुए रवीना टंडन ने अपने ट्वीट में लिखा "इससे अधिक दिव्य और सुंदर कुछ भी नहीं है" रवीना ने घाट और पुराने भवनों के साथ फोटो भी खिंचवाई। सुरों की मल्लिका आशा भोंसले बनारस आकर मानों खो गईं। उन्होंने कहा काशी आकर मैं निशब्द हूं। आशा भोंसले ने कहा कि यहां पर मुझे बहुत पहले आना चाहिए था। आशा ताई ने कहा कि बनारसी साड़ी की तरह सुंदर है बनारस। आशा भोसले ने बाबा के दरबार में हाजिरी लगाने के बाद लोगों से कहा कि अगर मोदी पचास साल पहले आ जाते तो देश मजबूत होता। कंगना रनौत भी बाबा के दरबार में सपरिवार हाजिरी लगाने पहुंचीं। दक्षिण भारत के सुपर स्टार रजनीकांत भी बाबा के दरबार में हाजिरी लगाने पहुंचे। उन्होंने दर्शन के बाद बातचीत में कहा कि दर्शन कर के मन धन्य हो गया। गोविंदा, अजय देवगन, मधुर भंडारकर, पंकज उधास, रणवीर

कपूर, आलिया भट्ट, अभिषेक बच्चन, सोनू निगम ऐसे न जाने कितने नाम हैं, जो हर दिन बाबा से आशीर्वाद पाना चाहते हैं। वह बनारस में आकर यहां की भक्ति और मस्ती में खो जाना चाहते हैं। ऐसा नहीं है कि पहले बॉलीवुड के निर्माता या अभिनेता बाबा के दरबार में हाजिरी लगाने या उनका आशीर्वाद पाने नहीं आते रहे होंगे। पर नरेंद्र मोदी के बनारस आने के बाद से इनकी संख्या में बढ़ोत्तरी हुई है। क्यों न हो जब सुविधा और संसाधन बढ़ेगा। तो हर कोई बनारस आना चाहेगा। बनारस के सांसद नरेंद्र मोदी ने तो यही किया है।

बनारस में प्रवासी भारती सम्मेलन

इसके पहले बनारस में शायद किसी विधायक, सांसद ने या मंत्री ने क्यों नहीं सोचा कि यहां पर भी दुनिया भर से लोगों को बुलाया जा सकता है। यहां पर भी बैठकर विकास की बात हो सकती है। नरेंद्र मोदी के बनारस से सांसद चुने जाने के बाद बनारस में हर दिन किसी न किसी आयोजन का गवाह बन रहा है। यह बदलते बनारस की तस्वीर है। यह विकास की तरफ अग्रसर होते बनारस की तस्वीर है, जो दुनिया भर के 75 देशों से आए 3,000 प्रतिनिधियों का स्वागत करने को तैयार है। इस कार्यक्रम में शामिल होने वाले मारीशस, त्रिनिदाद, फिजी, सऊदी अरब, कनाडा, यूएसए, यूके, जर्मनी, फ्रांस समेत कई देशों के मेहमानों का जमघट लगा था। इस कार्यक्रम में मारीशस के पीएम प्रविंद्र जग्गनाथ, नार्वे के सांसद हिमांशु गुलाटी, न्यूजीलैंड के सांसद कंवलजीत सिंह बक्शी, हाउस ऑफ लार्डस के राजेंद्र पाल लुम्बा, अंतरराष्ट्रीय मुद्रा कोष से गीता गोपीनाथ शामिल रहे।

21 से 23 जनवरी 2018 को संपन्न हुए इस सम्मेलन ने विकसित होते बनारस की तस्वीर को पूरी दुनिया में पहुंचा दिया। बनारस के घाटों से लेकर टेंट सिटी तक की एक नई तस्वीर सारी दुनिया ने देखी। प्रवासी भारतीय सम्मेलन में आए लोगों को 16 वीं सदी में जेम्स प्रिंसेप के वाराणसी आने से 21 सदी तक के बनारस को दिखाया गया। “नवीन भारत के निर्माण में प्रवासी भारतीयों की भूमिका”

थीम पर हुए इस सम्मेलन कुल 185 करोड़ रुपये खर्च हुए। इसमें आए प्रवासी भारतीयों का रहना, खाना, घूमना और स्वागत शामिल है। वाराणसी में वरुणा पार इलाके के बड़ा लालपुर इलाके में हुए प्रवासी भारतीय सम्मेलन के मुख्य आयोजन स्थल की छटा ही निराली थी। यहां पर गंगोत्री से गंगा सागर तक गंगा के भव्य रूप के साथ काशी की विरासत को फसाड सीन से दर्शाया गया था। ट्रेड फैसेलिटी सेंटर के पास ही ऐढे गांव में 42 एकड़ एरिया में बसाया गया था। इसमें मेहमानों के लिए 3000 कॉटेज बनाई गई थी। इस कॉटेज में वह सारी सुविधाएं उपलब्ध थीं, जो पांच सितारा होटलों में मिलती हैं।

वहीं, इन प्रवासी भारतीयों को कुंभ स्नान कराने के लिए लग्जरी गाड़ियों का इंतजाम भी किया गया था। इसके साथ ही बनारस के खानपान के लिए फुड स्ट्रीट विकसित किया गया था। जिसमें प्रवासी मेहमान बनारसी पान, लस्सी, मलाइयों और अन्य लजीज व्यजनों का आनंद उठा सकते थे। 50 एनआरआई पर एक अधिकारी की ड्यूटी लगाई गई थी, जिससे इन्हें किसी प्रकार दिक्कत न हो। प्रवासी भारतीयों को बनारस की संस्कृति से जोड़ने के लिए काशी क्रीड़ा उत्सव का भी आयोजन किया गया। इसमें पारंपरिक खेलों को शामिल किया गया था। वहीं, प्रवासी भारतीय दिवस के उपलक्ष्य में बनारस हिंदू विश्वविद्यालय में छात्र-छात्राओं की तरफ से सात दिवसीय कला प्रदर्शनी लगाई गई थी। इसमें लोगों से संवाद, राष्ट्र निर्माण में युवाओं की भूमिका पर चर्चा भी हुई। प्रवासी भारतीय दिवस में लोगों को बनारस की संस्कृति से परिचित कराने के लिए घरों में भी ठहराने का इंतजाम किया गया था।

उस समय बनारस के जिलाधिकारी सुरेंद्र सिंह ने इसकी शुरूआत अपने घर से की थी। सुरेंद्र सिंह ने बताया कि जब हम लोगों ने लोगों के घरों में ठहराने के लिए रजिस्ट्रेशन आरंभ किया तो कुल 1000 लोगों ने खुद को रजिस्टर्ड करवाया था। पर केवल 558 घर ऐसे मिले जो प्रवासी भारतीयों के मेहमान नवाजी के लिए उपयुक्त पाए गए थे। इंग्लैंड से आए डॉक्टर दंपती को अपने घर में ठहराने का काम किया। इस दंपती के भोजन का खास ख्याल सुरेंद्र सिंह की पत्नी

गरिमा ने रखा। उन लोगों के लिए पीढ़ा बनवाया गया था, जो उन्हें अपनी संस्कृति की याद दिलाए।

प्रवासी भारतीय सम्मेलन में प्रधानमंत्री नरेंद्र मोदी ने कहा प्रवासी भारतीयों का अपने पूर्वजों की भूमि के प्रति गहरा लगाव है, जो उन्हें भारत लाया है। पीएम मोदी ने प्रवासी भारतीय समुदाय से नए भारत के निर्माण में हाथ बंटाने का आह्वान किया। प्रधानमंत्री ने वसुधैव कुटम्बकम की परंपरा को जीवित रखने में प्रवासी भारतीय समुदाय की भूमिका की सराहना की। उन्होंने कहा कि प्रवासी भारतीय न केवल भारत के ब्रांड एम्बेसडर हैं। बल्कि भारत की शक्ति, क्षमताओं और विशेषताओं के प्रतिनिधि हैं। प्रधानमंत्री ने कहा कि तेज प्रगति के साथ भारत को ऊंचे स्थान पर देखा जा रहा है। भारत वैश्विक समुदायों का नेतृत्व करने की स्थिति में है। प्रधानमंत्री ने प्रवासी भारतीय दिवस को बेमिसाल बनाने के लिए काशी के निवासियों की सराहना की।

मोदी के एक ट्वीट में लिखा था "आप काशी में हैं, इसलिए मैं काशी और आप सभी में एक समानता देख रहा हूं। बनारस नगरी चिरकाल से भारत की सांस्कृतिक, आध्यात्मिक और ज्ञान की परंपरा से दुनिया में देश का परिचय कराती रही है। आप अपने दिलों में भारत और भारतीयता को संजोए हुए, इस धरती की ऊर्जा से दुनिया के परिचित करा रहे हैं।"

जितेंद्र वैद्य जो कि यूएई से आए थे। उन्होंने बताया कि वह मालवा के रहने वाले हैं। वह यूएई से 650 लोगों को लेकर आए हैं। जितेंद्र का कहना है सभी लोग बहुत एन्जॉय कर रहे हैं। कतर से आए 153 लोगों का दल बनारस में किए गए स्वागत से अभिभूत था। बजने वाले शहनाई ने रोंगटे खड़े कर दिए। इस दल ने कहा कि ऐसा स्वागत पहले कभी हुआ ही नहीं।

प्रधानमंत्री नरेंद्र मोदी के ट्वीट से ही पता चल जाता है कि कैसे बनारस ने अपने उत्सव से आए सभी मेहमानों को जोड़ लिया। इस 15वें प्रवासी भारतीय दिवस ने भारत के विश्व गुरू बनने और नेतृत्व करने की क्षमता को दुनिया को बताने का काम किया। पूरा बनारस मेहमानों के स्वागत में नतमस्तक था। बाबा विश्वनाथ की आभा और

मां गंगा की पवित्रता घाट और मंदिर में करतल करते घंट घड़ियालों ने लोगों को मंत्र मुग्ध कर दिया। लोगों को लगने लगा कि उन्हें अपने पूर्वजों के मिट्टी का कर्ज चुकाना है। मुझे भी इस उत्सव रूपी सम्मेलन को कवर करने का मौका मिला था। मुझे यह कहने में कोई गुरेज नहीं कि ऐसा उत्सव बनारस में पहले तो मैंने नहीं देखा था। जिस उत्सव में सब कुछ शामिल हो। हमारा धर्म, हमारी कला और संस्कृति, हमारा खेल, हमारे लिट्रेचर, हमारी विरासत, हमारा खानपान और हमारी ताकत। तभी तो काशी को तीनों लोकों से न्यारी कहा गया है। जहां पर हर कुछ संभव है। प्रवासी भारतीय सम्मेलन तो खत्म हो गया है पर अपनी विरासत का कर्ज चुकाने के लिए देश और दुनिया से लोगों का बनारस आना लगा हुआ है और यह उत्सव जारी है।

उपसंहार

राजनीति में कई ऐसे भी क्षण आते हैं। जहां से नेता और राष्ट्र की किस्मत और कई बार तो इतिहास की लकीरें भी बदल जाती हैं। नरेंद्र भाई दामोदर दास मोदी का बनारस आना भी कुछ ऐसा ही रहा। बनारस के लिए नरेंद्र मोदी की हर दिन चिंता। हर किसी से बनारस के लिए कुछ करने को कहना। मोदी को बनारस और बनारस के लोगों की आत्मा के साथ जोड़ देता है। इसके पहले भी बनारस से कई सांसद हुए। कुछ ने थोड़े बहुत काम भी किए होंगे। कुछ ने अपने काम के केवल पत्थर लगवाए होंगे। तो कुछ ने सिर्फ उद्घाटन किया होगा। यह सब कुछ दुनिया, देश और बनारस ने देखा और महसूस किया है।

आज देश और दुनिया के लोगों से अगर आप बात करते हैं, तो वह यह जरूर कहते हैं कि वह जीवन में एक बार तो बनारस जरूर जाना चाहते हैं। नरेंद्र मोदी ने बनारस के विकास को लेकर न रंग देखा न रूप न जाति देखा न धर्म। जो मिला उसके सामने बनारस के लिए अपनी झोली फैला दी। बनारस को क्योटो बनाने के लिए जापानी पीएम से न जाने कितनी बार संवाद किया होगा। बनारस और आसपास के लोगों को प्रदूषण मुक्त बिजली मिले, इसके लिए फ्रांस के राष्ट्रपति को बनारस आने का न्योता भेजा। जर्मनी से बनारस का व्यापार और बढ़ जाए, इसके लिए वहां के राष्ट्रपति को बनारस बुला लिया। पड़ोसी देशों के प्रथम नागरिक बनारस आने लगे। इससे बनारस की छवि दुनिया में निखरने लगी। चाहे भूटान के राजा रहे हों या फिर नेपाल के प्रधानमंत्री। नरेंद्र भाई सबको बनारस भेजना चाहते हैं। ऐसा क्यों न हो, जब उन्होंने बाबा विश्वनाथ के लिए जो

सपना देखा था। वह सच कर दिखाया। मां गंगा से जो वादा किया था उसे पूरा करने में लगे हों, तो दुनिया को भी पता चलना ही चाहिए कि मोदी जो कहते है वह कर के दिखाते है। मोदी के बनारस में हर किसी को नरेंद्र मोदी तक अपनी बात पहुंचाने का अधिकार है। चाहे वह आम हो या खास। सब बराबर हैं। इंसानी स्वभाव के पारखी मोदी बहुत जल्द ही हर किसी की फितरत को भांप लेते हैं। नरेंद्र भाई का यह गुण उनको बाकी लोगों से मीलों आगे खड़ा कर देता है। नरेंद्र भाई की एक और विशेषता है कि वह यह कि वह जानते हैं कि कौन किस काम को कर पाएगा। उनकी डिक्शनरी में बनारस में हो रहे विकास के काम में न नहीं है।

मोदी हमेशा से हर काम को अलग तरीके से करने और दुनिया को चौंकाने में विश्वास करते हैं। इसके लिए महीनों से प्लानिंग करते हैं और किसी को कानों कान भनक भी नहीं होने देते। जैसे ही उन्हें सही मंच और मौका मिलता है, वह इसे दुनिया के सामने प्रकट कर देते हैं। बनारस को लेकर भी मोदी ने कुछ ऐसा ही किया। जब पूरी दुनिया कोविड-19 के दौरान घरों में कैद थी उस दौरान मिले वक्त का नरेंद्र मोदी ने बाबा का धाम बनवाने के लिए शानदार तरीके से उपयोग किया। हजारों बेरोजगार मजदूरों को रोजगार दिया। उनको वहीं पर ठहराया। उनके परिवार की देखभाल की और दुनिया के सामने जब विश्वनाथ धाम आया तो लोगों की आंखें चौंधिया गईं। नरेंद्र मोदी आपदा को अवसर में बदलना जानते हैं। ऐसे न जाने कितने उदाहरण बनारस के लोगों ने देखे हैं। तभी तो न तो बनारस मोदी को छोड़ता है, न ही मोदी बनारस को छोड़ने वाले हैं।

मुझे याद है, जब मोदी बड़ोदरा से भारी अंतर से चुनाव जीत गए थे, तो विपक्षी दल कह रहे थे कि मोदी जी तो गुजरात घर चले जाएंगे। पर मोदी जी तो बनारस के होकर रह गए। बाबा विश्वनाथ के, मां गंगा के और बनारस की जनता के। ये सफर अनवरत जारी है। मोदी यह भी जानते हैं कि सपनों के जादुई असर को मुट्ठी में कैसे कैद किया जाता है। अभी बनारस में दुनिया भर से और लोग आएंगे। यहां पर अपने सपने को सच करने के लिए वह बनारस को बहुत कुछ

देकर जाएंगे। नरेंद्र मोदी को याद करके जाएंगे, नए ख्वाब बुन कर जाएंगे।

अंत में यही कहूंगा कि नरेंद्र दामोदर दास मोदी महात्मा गांधी की तरह त्याग और हठ करना भी जानते हैं। सरदार बल्लभ भाई पटेल की तरह फौलादी इरादा रखना जानते हैं। इंदिरा गांधी जैसी रणनीति बनना जानते हैं। जरूरत पड़ने पर अटल बिहारी वाजपेयी जैसा बड़ा दिल दिखाना भी जानते हैं और यही तो बनारस का रंग है कि नरेंद्र भाई हर रंग में पारंगत है।

लेखक परिचय

अरविन्द चतुर्वेदी वरिष्ठ पत्रकार हैं। विंध्याचल धाम के लिए प्रसिद्ध मिर्ज़ापुर जिले में जन्म लेने वाले अरविंद का शुरुआती समय विश्वनाथ की नगरी काशी की गलियों में बीता। बनारस हिंदू विश्वविद्यालय से मास्टर ऑफ सोशियोलॉजी की डिग्री हासिल करने के बाद अरविंद ने पत्रकारिता को अपना लिया दिल्ली पहुंचे। कई बड़े न्यूज चैनलों में काम कर चुके अरविंद इन दिनों एक प्रतिष्ठित न्यूज चैनल में काम कर रहे हैं। प्रधानमंत्री नरेंद्र मोदी पर केंद्रित "द रियल मोदी" उनकी पहली प्रकाशित पुस्तक है, जिसे अंतरराष्ट्रीय प्रकाशक ब्लूम्सबरी ने प्रकाशित किया। "द रियल मोदी" अब तक तीन भाषाओं - हिंदी, अंग्रेजी और गुजराती में प्रकाशित हो चुकी है। यह पुस्तक पूरे देश और दुनिया में बेस्ट सेलर रही। इस पुस्तक ने लेखक को अलग पहचान दी। हमेशा कुछ हटकर करने वाले अरविन्द की नरेंद्र मोदी पर लिखी यह दूसरी किताब है।